周明生
王　帅
王　冬
—— 著

特大城市产业再集聚
及空间效应

Industrial
re-aggregation
and spatial effects
in *megacities*

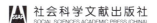

社会科学文献出版社
SOCIAL SCIENCES ACADEMIC PRESS (CHINA)

序

  党的十八届三中全会强调"优化城市空间结构和管理格局，增强城市综合承载能力"，党的十九大报告进一步明确"我国经济已由高速增长阶段转向高质量发展阶段，正处在转变发展方式、优化经济结构、转换增长动力的攻关期"，这是根据我国发展阶段做出的重大判断，为特大城市的发展指明了方向。中国的特大城市高度集中了资本、技术、信息、人才等要素，决定着中国未来的产业竞争力，但由于历史和发展阶段的原因，这些特大城市集聚了过多的低端产业，占据了城市稀缺的空间资源，对周边地区的辐射和带动作用不强，因此，特大城市要率先优化城市的空间结构，推动产业结构升级与再集聚，实现高质量发展。然而，特大城市及其附属城市群之间的要素禀赋差异，决定了特大城市及其附属城市群之间产业再集聚具有不同的模式和效应。本书通过建立城市产业再集聚模型，分析不同要素禀赋结构的城市再集聚模式，从产业结构优化升级和城市空间资源调整的视角重点研究了京津冀、长三角、珠三角和成渝城市群的特大城市产业再集聚效应及其机制，具有一定的理论意义；通过深入分析中国不同类型特大城市的要素结构、禀赋差异的集聚效应及其对再集聚的影响，探讨产业再集聚和扩散的机理和演化路径，提出促进中国特大城市经济转型和产业结构优化升级的产业再集聚政策，有助于解决中国特大城市面临的主导产业布局类同、分散等问题，实现产业结构的优化和升级，增强特大城市国际竞争力，对推动经济增长具有重要的现实意义。

  研究成果的主要内容如下。

  第一，本书对产业再集聚的内涵和特征进行了界定。产业集聚是经济发展的显著特征之一，是产业经济活动在地理空间上的集中，强调的是产业的空间分布。产业再集聚是在工业化过程中，在产业初次集聚基础上，为追逐更大规模经济和正外部性，逐步实现产业优化升级的再次集聚过程，是产业在空间上的重新布局。作为经济增长中心的特大城市只有不断完成产业再集聚，把原有落后产业转移出去，新兴的、有活力的产业才能产生，从而形成新的比较优势，保持经济持续稳定增长。产业再集聚是市场和政府合力作用的结果。在产业升级和转移过程中，特大城市的空间资源配置从合理和有效率逐渐演变为不合理和缺乏效率，企业的边际成本上升，资本、劳动力和技术的边际收益递减，在要素收益率的作用下，产业开始向周边扩散和转移，新的知识密集型、技术密集型产业逐渐占据这些空间，填补产业空缺。从理论上说，这种转移是一个自发的动态过程，是经济和生产效率自然选择的结果。但是，在实际扩散和转移过程中，完全依靠市场这种自然力量实现产业再集聚，缓慢且效率较低。当企业经营面临不确定性风险环境时，除非迫不得已，只要还能够生存，大多数企业就不会主动扩散，产业转移和升级面临着较大压力。因此，政府需要根据城市的功能定位，依照市场规则，扶持新兴产业发展，支持落后产业转移。通过政府和市场的合力作用，才能实现特大城市高效率的产业再集聚。

第二，本书对特大城市产业再集聚的机制进行了分析。产业再集聚是在空间维度上更多利用市场机制实现资源的有效配置，解决产业布局造成的空间资源分配不合理进而出现的稀缺资源低效使用问题，但由此会产生拥挤效应，造成资源的过度使用，带来企业成本的上升；在时间的维度上，反映的是产业布局的动态调整，原来合理的产业布局和产业集聚因技术的进步、产业结构的优化升级而使资源配置效率降低，"向心力"和"离心力"两种相反的力量就会使产业集聚和分散。当"离心力"占据主导位置后，原有产业发生疏散，此时产业集聚将会进行结构调整。一方面，为了缓解产业集聚带来的负效应以及充分利用现有发展基础，部分落后产业将会被转移；另一方面，产业集聚带来的技术进步等优势将会促进产业实现升级，进而推动产业再集聚的发生。在此过程中，技术、市场和政府行为会对产业的再集聚发挥调节作用。

第三，利用钱纳里工业发展阶段理论和经济阶段划分的标准，描述了我国 13 个特大城市发展所处的阶段。从三大产业占国民经济的比重、三大产业的就业人数以及三大产业从业人员结构分析了产业结构的现状，运用区位熵、就业密度和空间基尼系数重点测算了京津冀、长三角、珠三角以及成渝城市群的产业再集聚态势，进一步分析了依托特大城市发展的城市群产业再集聚过程中主导产业的选择，并进一步分析了各城市之间产业相互协同、相互支撑的可能性，认为京津冀地区由于河北和北京、天津两市之间产业落差较大，一定程度上限制了该地区的产业协同和价值链的延长。长三角和珠三角地区区域经济发展相对均衡，特大城市对周边地区的辐射作用较强，城市间产业相互支撑，一定程度上延长了产业链和价值链。长三角地区只有在第二产业内结构加快调整的同时，推动生产性服务业快速协同发展，高端制造业与现代服务业才能实现产业再集聚。珠三角地区拥挤效应较为严重，要适当降低传统中低端产业的集聚度，发挥广州、深圳的技术引领作用，提高企业科研投入，吸引高技术产业进入该地区，推动高科技产业集群的建设，实现产业的再集聚。而成渝城市群位居内陆，重庆和成都生产性服务业集聚发展趋势明显，城市群内部差距较大。在重点考察特大城市集聚态势的基础上，分析了不同的特大城市实现产业再集聚的差异，总结了特大城市产业再集聚的一般规律。

第四，针对产业再集聚与产业结构升级的研究则表明，特大城市群制造业再集聚和生产性服务业再集聚均能促进产业结构升级，且存在区域异质性。相比制造业再集聚，生产性服务业再集聚对产业结构升级的影响更大，表明在高质量发展背景下，产业结构调整的重点在于支持和促进生产性服务业和创新型行业等发展壮大，充分发挥产业集聚规模效应，促进本地技术水平提升以及空间资源优化。进一步分析也显示特大城市生产性服务业再集聚和周边城市制造业再集聚均有利于本地产业结构升级，特大城市生产性服务业再集聚对本地的产业结构升级效应呈"U"形，周边城市制造业再集聚对本地产业结构升级效应呈倒"U"形。

第五，构建产业再集聚的效应模型，并运用固定效应模型、VAR模型和空间杜宾模型等对京津冀、长三角、珠三角以及成渝城市群进行了实证分析。产业再集聚的发展在特大城市和以特大城市为核心的城市群更具代表性，原因在于以北京、上海、深圳、广州等特大城市为核心的城市群在经济发展初期，已经充分释放了以制造业为核心的产业集聚的增长动能，产业扩散、结构升级与城市转型成为这些城市群接下来的工作重点，在这个阶段如何更好地实现新兴产业的再集聚发展，充分发挥其对经济增长的推动作用，是需要重点关注的问题。

本书认为京津冀地区城市群服务业各部门呈现以北京、石家庄为中心的"双核"集聚模式，但两地的集聚部门存在显著差异。北京生产性服务业和消费性服务业中各个部门的区位熵指数均大于1，表明其集聚水平较高，集聚发展优势较明显的产业也多集中于计算机服务与软件业、科学研究与技术服务业等高新科技产业；石家庄情况则相反，其产业再集聚主要集中于公共性服务业部门，而生产性服务业与消费性服务业集聚优势较弱；天津则处于"中间地带"。长三角城市群生产性服务业再集聚、消费性服务业再集聚发展的中心城市集中于上海、南京、杭州与舟山，其余城市的区位熵指数均低于1，不具备集聚发展的优势。珠三角经济区生产性服务业主要集聚在广州和深圳，其他城市的区位熵指数整体没有越过临界值1，生产性服务业不具备集聚发展的优势，消费性服务业则以广州、深圳与珠海三地为中心进行集聚。而相较于沿海三大城市群，成渝城市群位居内陆，其以生产性服务业为代表的产业再集聚发展优势较弱，其中重庆和成都作为内陆地区的特大城市，具备良好的发展基础，各类型生产性服务业布局集中，城市群内部其他城市较弱，但其也对经济增长表现出明显的促进作用。显然，特大城市的产业再集聚正在进行中，如果能够抓住这一难得的机遇，就会带动全国产业再集聚实现高质量的发展。

第六，结合上述研究以及英国、墨西哥和美国纽约产业再集聚的经验，本书提出中国特大城市产业再集聚的对策建议。首先，特大城市的产业再集聚需要强化区域合作，坚持区域协同发展，发挥创新型企业的带动和辐射作用，用信息技术改造传统产业，形成区域优势互补的产业群，实现产业结构转型升级，实现以生产性服务业为主导的再集聚，促进高新产业集聚区的发展。其次，政府的有效干预和政策引导有助于产业的再集聚，政府政策引导可以加速产业集聚的步伐，有助于快速形成区域竞争力，实现资源有效配置，我国特大城市要紧跟国家的发展战略，只有符合国家战略，才会获得更好的发展机遇，实现经济可持续发展。最后，特大城市的产业再集聚还需抓住科学技术革命的机遇，借助于新要素和新技术推动信息产业、互联网和智能产业的发展，加快新基础设施建设。

值得注意的是，在产业再集聚过程中，国家的战略和政府的引导，以及抓住技术革命的机遇都是必不可少的，但对于所有的产业升级和优化，实现其再集聚必须以市场为基础，发挥市场主体的积极作用，让市场机制在产业转移和升级中起决定作用，政府的有限和适时干预只是辅助作用。有效的干预只是加速产业再集聚的步伐，有助于经济的平稳发展和区域经济的平衡。

现有产业集聚研究较好地解释了空间经济的发展变迁，但其模型大多关注集聚条件、效应和均衡状态的稳定性，而对产业再集聚的效应、机制的动态模式研究不足。本书从产业结构优化升级和城市空间资源调整的视角研究了特大城市产业再集聚效应及其机制，较好地弥补了上述不足。

本书利用钱纳里工业发展阶段理论和经济阶段划分的标准，描述了我国 13 个特大城市发展所处的阶段，通过对中国特大城市产业再集聚与产业升级、典型特大城市及其衍生群产业再集聚空间效应进行模型构建与结果分析，为我国特大城市产业再集聚研究提供实证分析经验。

基于上述研究，本书提出促进中国特大城市经济转型和产业结构优化升级的产业再集聚政策，有助于解决中国特大城市面临的主导产业布局类同、分散等问题，实现产业结构的优化和升级，增强特大城市国际竞争力，对推动经济增长具有较高的应用价值。

目　录

第三篇　实证研究

第四篇　国外经验与政策建议

第一篇

研究基础

第一章和第二章为本书的研究基础部分，第一章为导论部分，主要从经济发展阶段、高质量发展要求、沿海开放战略、"一带一路"倡议、城市群发展战略等角度详细介绍产业空间布局调整与产业再集聚的研究背景和研究意义，以及研究方法、基本思路和整体结构安排等问题，从整体上把握研究内容和研究框架。

　　第二章为产业再集聚的研究基础——产业集聚的系统梳理，主要归纳总结了产业集聚的相关研究，以"时间顺序"为主，结合重要理论流派和代表人物，梳理了近年来学者们关于产业集聚的理论研究成果，特别是将空间因素与产业集聚进行有机结合的新经济地理学和基于企业异质层面的"新"新经济地理学的相关文献进行了细致的整理。与此同时，本章应用CiteSpace软件对近30年国内外产业集聚研究进行文献计量，基于理论研究基础，结合研究热点与本书主题，围绕产业集聚的经济效应、产业集聚与创新、产业集聚的影响因素等方面，对国内外产业集聚的实证研究进行了系统梳理，以期为本书理论框架的构建和实证研究提供依据。

| 第一章 |
产业再集聚导论

一 产业再集聚的时代背景

实现经济长期稳定的可持续发展一直是世界各经济体追求的目标，从依靠劳动、资本等要素投入到依赖技术进步的内生增长，再到空间经济学的布局调整，以及实现空间资源的有效配置，所有这一切均围绕经济增长而展开。作为经济活动的空间地理特征，产业集聚是地区经济竞争力和经济增长的重要源泉，回顾经济发展的历史，从农业阶段到工业化时期，以至于到目前的后工业化和信息化时代，每个阶段都产生与之相适应的主导产业和产业集群。从经济学理论上看，产业集聚和传统经济理论有着分离的传统，在新经济地理学诞生后，二者才真正实现了有机结合，以产业集聚为主要表征的空间因素首次被纳入主流经济学的分析框架中。产业集聚的本质是以经济要素和空间要素相互作用为表征，表现为某个产业或某几个相关产业在空间上的集中；产业再集聚则是经济要素和空间要素在动态发展过程中的重新组合和集中，是在集聚效应和分散效应共同作用下，边际递增产业对边际递减产业的替代。因此，研究产业集聚要从产业和空间两个维度入手，探讨支撑城市经济社会发展的产业和空间布局规律。对特大城市而言，在经济和社会发展的不同阶段，已经形成大量产业的集聚，在推动城市经济增长的同时，也带来了一些负效应，例如人口集中、拥挤成本加大、建设用地紧张、水资源短缺，影响城市的良性发展和中心城市功能的发挥。因此，特大城市的产业就会出现再集聚，不适应城市发展要求的产业必然会转移，而适应城市发展要求的新的产业就会集中。这个过程的发生是市场这只"看不见的手"和政府这只"看得见的手"共同作用的结果，尤其是特大城市的功能的发挥必然会受到政府宏观经济政策的引导，城市建设离不开政府的战略布局。鉴于此，对特大城市产业再集聚发展的背景研究和论述主要围绕经济发展阶段、高质量发展的要求、沿海开放战略的实施、"一带一路"倡议的推进和城市群建设等五个方面展开，不仅涉及经济发展总量变化、技术进步和产业结构变迁，也涉及城市空间资源的改变，同时也对因国家发展战略实施而引发的城市功能调整进行了讨论。

（一）经济发展阶段

经济发展是一个不断演化的过程，一般沿着劳动密集型产业，不断向资本密集型和技术密集型转变，产业链和价值链从低端向中高端迈进，在产业结构不断升级的过程中，经济发展的动力也会不同。经济总量、产业结构、技术状况、发展动力都决定着经济发展的阶段。

改革开放以来，依靠劳动和资本等要素的大量投入和技术的引进，我国在东部地区形成了以劳动密集型为主的制造业集聚，并在长三角和珠三角等一些地区形成了产业集群，利用劳动力成本低的比较优势在全球贸易竞争中占得先机，推动经济在 30 多年里以年均 10% 左右的速度增长；我国三次产业结构比例也发生了显著的变化，第一产业比重下降，第二、第三产业比重上升，制造业对经济增长的贡献最大。美国次贷危机发生后，尤其是 2013 年后，我国经济开始进入结构性减速期，长期依靠高投入、高产出的粗放式发展模式难以持续，经济发展过程中不断积累的矛盾和问题逐渐显现。随着经济发展水平的不断提高，劳动力成本上升，土地价格上涨，空间资源紧张，现存的产业和空间资源在一些城市尤其是特大城市出现了不匹配，之前经济高速发展所依靠的比较优势逐渐消失，产业结构优化升级以及经济转型发展面临巨大的压力，资源环境也对经济的进一步发展产生制约。因此，在经济发展的新阶段，必须转变经济发展方式，坚持供给侧结构性改革，实现特大城市产业的再集聚，使新的产业与空间资源相匹配和协调。

我国经济转型的重点在于产业结构的调整和产业空间布局的转变。三大产业的相对比重变化一直都是学者们关注的热点话题，也是我国经济发展新阶段出现的新特征。尤其是近年来，我国三大产业间的相对比重变化较为明显。在全国范围内，第一产业的比重呈现逐渐下降的趋势，而且变动的幅度也较为一致，2009 年，第一产业比重首次低于 10%，之后呈现继续下降的势头。我国第二产业的比重变化相对较小，从 1978 年的 47.7%，到 2017 年的 40.5%，一直呈现浮动变化的趋势。我国第三产业发展迅速，其增加值占 GDP 的比重 1978 年为 24.6%，2015 年首次超过 50%，达到 50.2%，2017 年达到 51.6%。尤其是在 2012 年，第三产业在 GDP 中的比重超过第二产业，成为国民经济发展中的主导产业，这标志着"三、二、一"产业结构的形成。从 2012 年之后的发展情况看，我国产业结构在保持"三、二、一"的基础上持续优化。虽然我国第三产业发展快速，取得了瞩目的成就，但是根据世界银行最新的数据统计，目前主要发达国家第三产业已占到 GDP 的 80% 左右，就业人数占全社会就业人数的 70% 以上。我国第一产业从业人员比例在逐年下降，第二产业和第三产业逐渐成为吸纳我国就业人口的主要力量，第三产业就业人数占比从 1978 年的 12.2% 上升到 2016 年的 43.5%，尤其是 2011 年之后，第三产业取代第一产业成为提供就业岗位最多的产业。由此可以看出，我国产业发展与发达国家相比还存在一定差距，因为就业结构的优化也是产业结构合理化的重要标准。通过对比三大产业的产值结构和就业结构，可以发现我国产业发展仍然存在一些不均衡现象，过剩劳动力仍然滞留在农业中，导致与第二产业和第三产业发展要求相匹配的劳动力缺乏，进而在一定程度上制约着经济发展。

目前，我国经济发展是工业与现代服务业双轮驱动。尽管目前我国第二产业增加值比重呈现下降的趋势，但第三产业尤其是生产性服务业的发展速度较快，因此必须在高度重视高端制造业发展的同时，大力发展现代服务业。只有将两者更好地融合在一起，相互促进，才能更有利于国民经济的平稳持续发展。况且，当今科技含量高、创新能力强的新兴产业不断兴起，新的技术、创新成果也不断被研发和推广，在这样的环境下，一些生产效率较低、科技含量较低的传统产业竞争力会不断降低，甚至会不断遭到淘汰。因此，在行业竞争压力不断加大、科技迅猛发展的情况下，产业结构转型升级是必然趋势。伴随着产业的转移和结构升级，产业再集聚就成为经济增长中必然要面对的课题。

尽管我国产业结构的转型和升级存在一定的机遇，但由于长期累积的矛盾和问题，以及传统发展思维的惯性，中国产业的转移和结构升级，以及原有产业的分散和再集聚面临诸多问题，也会遭遇严峻挑战。首先，我国第一产业的现代化水平较低，技术运用率不足，发展相对落后，且内部结构不合理。虽然随着经济发展水平的不断提高，生产技术不断改进，基础设施不断完善，科技成果的转化和运用率也有一定程度的上升，农业生产率大大提高，农产品产量也不断提高，但由于制度和体制的因素，农业的就业结构与产值结构存在严重的不对称，大量的人员仍然滞留在生产效率低、科技含量不高的农业部门，造成对人力资源的浪费，以及农业从业人员的收入增长缓慢，并导致第二、第三产业劳动力不足，制约第二、第三产业的发展，从而影响整个国民经济运行效率以及居民生活水平的提升。此外，产业内部结构不合理，农业部门的产值占整个产业的比重较大，而林业、畜牧业、渔业等对第一产业的贡献相对较小。

其次，第二产业承担的就业压力大，创新驱动力不足。近年来，随着第一产业不断向外释放劳动力资源，第二产业吸纳了一部分农民工就业，缓解了就业压力。但是，由于资本密集型行业的进入门槛相对较高，对于农业劳动力来说，其大部分还是流向了劳动密集型的低端加工制造业。随着我国劳动力成本相对优势的逐渐消失，劳动密集型产业面临着淘汰和转型升级的两难选择。如果继续沿着传统道路，不进行经济转型，那在行业的激烈竞争中就会被淘汰；如果采用先进技术，改变发展方式，促进产业转型升级，就必然会面临大量的失业。另外，中国的制造业一方面表现为低端制造业产能过剩，另一方面表现为中高端制造业产能不足。特别是一些技术含量高、创新能力强的高增长行业仍处于初级发展阶段，而具有国际影响力的高新技术产业更少。在涉及国计民生的电力、通信、能源等部门，中国的发展也落后于发达国家。

最后，相对于发达国家来说，我国第三产业增速仍然缓慢，产业内部存在结构失衡现象。虽然近年来中国第三产业发展势头正猛，并且超过第二产业成为国民经济的主导产业，但从世界范围内来看，我国第三产业仍然存在发展滞后、竞争力低的特点。中国第三产业发展相对滞后，尤其是生产性服务业发展滞后，同制造业发展水平不匹配，而这会影响制造业的进一步发展。另外，我国的服务业主要集中在运输、旅游等传统领域，而金融、保险等资本密集型的现代服务业发展仍有很大的提升空间。特别是一些高技术附加值、高知识含量的新兴服务业的发展，更是严重不足，缺乏国际竞争力。从生产性服务业角度来看，我国生产性服务业尽管近年来发展速度很快，但是所占比重仍然相对较低，导致服务业对制造业的保障和推动作用有限。此外，除上述产业结构存在的问题外，中国的产业空间分布不均衡，产业分布的过于集中会影响区域经济发展，这会对我国资源造成一定的浪费。

因此，为推动生产性服务业的发展，实现生产性服务业对制造业的支撑，建立高端的现代制造业体系，发挥特大城市对周边区域的辐射和带动作用，在新的发展阶段和经济新常态的背景下，按照空间资源有效配置的原则，实现与特大城市不相适宜的产业分散和具有创新资源产业的再集聚至关重要。

（二）高质量发展

高质量发展在党的十九大报告中提出，是对我国经济发展阶段的重大判断。高质量发展意味着从依靠资源和要素投入规模驱动的经济发展方式转换到以创新为内在驱动力的经济发展模式。在创新、协调、绿色、开放、共享的新发展理念指引下，经济高质量发展是在效率、结构、环境、贸易投资和民生等多领域的调整，不单单以GDP及其增速作为衡量经济发展的唯一指标，从重视经济发展速度转换到重视经济发展质量上来。从经济理论上来讲，质量是商品的使用价值，进入高质量发展时代，更多的是对满足人民日益增长的美好生活需要的使用价值面即供给侧的关注，发展质量的高低，最终以经济发展能否满足人民日益增长的美好生活需要为判断准则，新的动力机制供给侧应该是创新引领，需求侧是人民向往（金碚，2018）。

产业结构和经济增长的研究在学术界已经有很长的历史，合理的产业结构对产出的增长效应已经被很多理论所证实，更进一步，产业结构直接关系到经济发展质量的高低，而产业集聚则是产业结构升级的空间特征，早期的小岛清（1978）的雁阵理论也从要素禀赋差异和比较优势的角度提出空间限制下的产业转移模式。中国幅员辽阔，各个地区的要素禀赋和比较优势不尽相同，而特大城市通常发展较早，由于起初的政策优势或地理位置优势等，集聚了大量的制造业，集聚的累积因果循环效应带来产业及城市规模的不断扩大，在为城市发展带来经济效益的同时，也产生了诸如生产效率下降、环境污染、资源浪费、交通拥挤等负外部性。珠三角地区从 2008 年开始就已经出现劳动密集型和资源密集型等低端产业的过度集聚，要素拥挤效应使广东省将过度集聚的产业和要素向粤东西北"双转移"（黄利春，2012）。特大城市的产业转移是生产要素由集中集聚走向分散集聚的过程，低端产业在特大城市的迁出不仅为特大城市腾出宝贵的空间资源，也为承接地带来相对先进的技术和要素，促进区域的一体化发展。通过产业转移，特大城市能够吸引更多的创新要素的流入，也能够集中更多的资源和要素发展知识密集型产业，实现高端产业的再集聚。因此，产业再集聚是特大城市高质量发展的关键，也是中国经济实现高质量发展的必经之路。

（三）沿海开放战略

经济全球化是世界经济发展的必然结果，积极参与经济全球化的进程也是落后国家抓住发展机遇，充分发挥后发优势的重要举措。中国自 1978 年实行改革开放以来，先后形成经济特区、沿海开放城市、沿海经济开放区等开放形式，构建了多层次、全方位、宽领域的开放格局，为我国经济实现跨越式发展奠定了基础。当然，沿海开放格局的构建主要考虑的还是地理优势和发展基础，东部沿海地区是中国经济比较发达的区域，交通运输便捷，工业基础良好，企业生产的技术水平和管理水平比较高，科学技术研发和教育事业比较发达，既有开展对外贸易的经验，又有进行对内协作的网络和广阔腹地，在东部率先实行对外开放战略，能更好地发挥地理优势和发展基础优势，更好地利用其他国家和地区的资金、技术、知识和市场，推动老企业的更新改造和新产品、新技术的开发创造，增强产品在国际市场上的竞争能力。

对外开放战略的实施使我国在较短时间内吸引大量外来投资，为实现经济跨越式发展提供充足的物质资本，东部沿海开放地区也逐渐成为我国经济发展最快的区域。在我国东部成为外资集聚区的同时，这一地区也逐渐成为人口和产业的集聚地。在 21 世纪初期，占国土面积不到 20% 的东部地区，集中了中国工业产值的 60% 以上，而占国土面积超过 70% 的西部地区，其工业产值仅仅占全国工业产值的 15%，显然，东部发达地区成为我国制造业的集聚中心，而中西部地区的制造业集聚发展程度较弱，形成较为典型的"核心－边缘"发展模式。东部地区实现制造业集聚发展的最重要因素之一就是倾斜的对外开放政策，其政策红利所发挥的作用为东部地区的发展提供了不可或缺的条件。

毫无疑问，面积狭小的东部地区集中了超大规模的工业生产，各种类型的制造业集中于此，必然会导致产业集聚发展的拥挤效应和外部的不经济。除此之外，随着经济结构的转变，国民经济发展逐渐呈现制造业软化和服务业快速发展趋势，服务业发展逐渐成为经济转型的重要推动力量，尤其是从2012年开始，第三产业在国内生产总值中的比重超过第二产业，成为国民经济发展中的主导产业，这标志着以制造业为主的传统产业结构已经转变为以"三、二、一"为特征的产业结构。在制造业集聚出现拥挤效应和产业结构转型升级的双重压力下，东部地区面临产业转移和重新布局的巨大压力。

因此，东部地区以制造业集聚为核心的发展模式不可持续，产业形态必然发生根本性转变。东部地区在发展服务业和技术密集型产业的基础上，其传统制造业逐渐向中西部地区转移，中西部地区成为制造业新的集聚基地，而以特大城市为核心的东部城市群在产业再集聚进程中成为服务业和高端制造业的集聚中心。

（四）"一带一路"倡议

"一带一路"倡议是我国在经济全球化大背景下开展的更高层次和水平的区域合作，标志着我国进入由传统的"引进来"方式转变为以"走出去"为标志的参与经济全球化的崭新阶段，具体是指"丝绸之路经济带"和"21世纪海上丝绸之路"。

从2013年习近平总书记首次提出这一概念以来，"一带一路"倡议就在各个方面积极开展与推进，截至2018年取得较为丰硕的成果。2018年5月21日，《经济日报》发表题为《"一带一路"合作共赢成效显著》的文章，专题报道了"一带一路"相关领域建设取得的成效：一是政策规划稳步开展，中国已与88个国家和国际组织签署了103份"一带一路"共建倡议合作文件。2017年国际合作高峰论坛一共形成了279项成果清单，目前已经有255项转为常态化工作，有24项工作正在有序推进。二是重大项目取得初期成果，雅万高铁、瓜达尔港、中俄原油管道复线等项目扎实推进，中欧班列累计开行已突破8000列，通达了欧洲14个国家和42个城市。三是贸易推动投资产能优化，"一带一路"共建国家货物贸易累计超过 5 万亿美元，对外直接投资超过 700 亿美元，在"一带一路"共建国家建设了 75 个境外经贸合作区，累计投资 270 多亿美元，为当地创造了 20 多万个就业岗位。四是金融合作不断深化，丝路基金已签约 19 个项目，承诺投资 70 亿美元，支持项目涉及总金额达到 800 亿美元，国家开发银行、中国进出口银行、各商业银行支持"一带一路"建设的力度在不断加大。五是人文交流逐渐扩大，在"一带一路"绿色发展国际联盟倡议下，中国与 60 多个国家签订了文化合作协定，在"一带一路"框架下，双向旅游交流的规模超过了 2500 万人次。

"一带一路"倡议本质上是中国资本对外投资的直接动力，随着相应政策和项目的推进，"一带一路"共建相关国家投资环境逐步优化，投资需求激增促使国内企业在经济全球化背景下，在全球的经济范围内寻求资源配置的进一步优化和产业结构的转型升级。通过对外直接投资，国内的投资者可以从企业的管理层面取得一定的控制权，进而直接获取先进的技术、管理经验、操作技能等无形资产提升自身的竞争力，也能通过获得国外的市场资源促进出口从而促进产业结构的转型升级。

从国际经济理论来分析，出口贸易促进本国的产业结构升级主要通过贸易结构先导、贸易自由化竞争和市场规模扩张三种途径。"一带一路"主攻的贸易畅通和设施联通等目标，正好符合我国的促使贸易结构调整、使贸易进一步自由化和便利化、刺激和创造新的国际需求等目标。

此外，贸易结构先导效应也有助于促进产业结构的高级化。通过贸易结构变化引导产业结构调整，主要反映在出口贸易结构的调整上，因为出口在拉动经济增长、推动技术进步、促进产业结构调整方面具有强大的可持续力。具体而言，基于产品生命周期理论，一种产品在经历从初创、成熟、标准化到衰败的整个周期过程中，市场规模从小到大，从本地市场到国内市场，以至于国际市场，这一产业所需生产要素也会发生动态变化，依次为从劳动密集型转为资本密集型，再到技术密集型。而对于贸易自由化竞争效应，其主要是通过提高行业生产效率来推动产业结构升级。它基于新贸易理论，认为企业会根据生产率的高低决定是在国内、国外市场同时销售，还是仅在国内销售，还是退出市场，是一种策略的自我选择效应。同时，贸易自由化竞争效应还会引起生产要素在产业内进行重新配置和利润的再分配，使低生产率的企业逐渐退出，出口收益向高生产率企业慢慢集中，进而提高该行业整体生产率水平。市场规模扩张效应则主要通过促进企业进行技术创新来实现产业结构升级，它基于熊彼特的创新理论，认为经济从封闭到开放，扩大了市场规模，一方面提升了企业的平均生产率，另一方面降低了企业的平均成本，进而企业会考虑进行技术创新来积累优势以获取更多的利润。纵观近年来"一带一路"倡议取得的成果可以发现，它们在实践层面给中国产业结构升级所带来的机遇很好地佐证了上述的三点理论依据。

当然，"一带一路"倡议的推进在促进对外投资、优化产业结构的基础上，对中国产业发展的空间布局必然产生影响。"一带一路"倡议给市场规模扩张效应带来难得的机遇，首先，"一带一路"区域具备较大的人口和市场规模，所创造的市场需求巨大；其次，"一带一路"区域所建设的重点设备、交通基础项目会进一步激发市场规模的扩大，极大地增加沿线国家的进口需求。为满足沿线国家不断增长的需要，各类企业则会以更大的动力和积极性进行技术创新，推进产业结构的优化升级，不断开拓日益广阔的市场，从而实现中西部地区以制造业为主的集聚发展，推动产业空间布局的调整。

（五）城市群建设

城市化是经济社会发展进程中的必经阶段，尤其是在经济发展达到一定阶段后，积极推进城镇化的发展既是经济发展的内在要求，也是政府推动经济增长的内生动力和政策的着力点。但是，由于经济发展的不平衡、国家政策以及经济发展等历史因素的差异，中国城市化进程也存在显著差异，城市化水平不平衡。实现区域内部不同城市的协同发展，发挥集群优势，成为城市发展的主流趋势，而促进城市的协同发展最有效的方式之一是依托特大城市建立城市群。城市群建设是中国未来经济发展格局中最具活力和潜力的核心环节，是中国主体功能区战略中的重点和优化战略，也是未来中国城市发展的重要方向。在中国，城市群作为国家新型城镇化规划建设的"主体形态"，发展水平和质量关系到产业结构转型升级、经济空间布局、社会和谐发展等问题，决定着能否最终实现"中国梦"。

2014 年，针对我国一些城市在发展过程中人口不断涌入、规模不断扩大的现象，国务院发布了《关于调整城市规模划分标准的通知》，对原有城市规模划分标准进行了调整。新标准将城市划分为五类七档，城区常住人口500万以上1000万以下的城市为特大城市，调整标准后，符合新标准的特大城市包括13个城市：北京、天津、重庆、沈阳、哈尔滨、上海、南京、杭州、武汉、广州、汕头、成都、西安。依托这些特大城市建设城市群则成为水到渠成的发展方略，目前中国正在建设的十大城市群分别是：长三角城市群、珠三角城市群、京津冀城市群、山东半岛城市群、中原城市群、辽中南城市群、长江中游城市群、海峡西岸城市群、成渝城市群、哈长城市群。特大城市是一个城市群社会、经济、文化的核心载体，也是服务周边的主要推动力量。要坚持区域协调发展，拓展中心城市发展空间，在薄弱领域中增强发展后劲，特大城市产业再集聚的重要性尤为凸显，要以特大城市为中心，发挥特大城市的辐射作用，形成具有区域特色的产业群，构建全国乃至全球具有竞争力的产业链和价值链。

以特大城市为核心的城市群成为经济活动空间布局的核心区域，绝大多数产业集聚于此，为推动区域经济发展乃至全国经济发展做出重要贡献。但不可否认的是，随着产业集聚拥挤效应的出现，中国目前的"大城市病"已经非常严重，包括土地资源紧张、水资源缺乏、交通拥堵严重，雾霾治理已有很大改观，但形势仍很严峻，住房紧张、生活成本上升、医疗资源不足等问题的出现无不与中国超大城市不合理发展密不可分。城市的发展主要是通过资源的集聚和布局，自改革开放以来，中国最好的资源更多集中在北京、上海、广州、深圳等少数特大城市，但在促进区域经济增长的同时使得城市病越来越严重。在这种特大城市与城市群发展背景下，已经不能一味追求产业活动在城市空间高度集中的布局，而是应该坚持集聚与扩散相结合的原则，即已经出现拥挤效应的制造业逐渐转移，而以生产性服务业为核心的现代服务业和文化创意、先进装备等新兴产业力争实现集聚发展，努力做到既不损害核心城市的经济增长能力，又能充分带动周边城市的迅速发展，最终形成区域协同发展的格局，打造以特大城市为核心的具备竞争力的城市群。

二　研究目的与研究意义

20世纪90年代以来，随着我国社会主义市场经济体制的逐步确立和完善，为了促进地区经济的发展和打造地区经济增长极，我国陆续打造了珠三角、长三角、环渤海以及京津冀等多个城市经济圈，拉动了地区经济的发展，形成了地区乃至全国发展的经济增长极。同时，中央政府以及各个省级政府为了带动地区经济的进一步发展，相继提出了适应各个地区发展的城市经济圈。由此可见，打造城市经济圈，对于地区经济的集约发展，具有明显的促进作用。当前，关于产业集聚与打造城市经济圈之间的关系研究，主要集中在研究产业集聚对于打造城市经济圈的影响，但是打造城市经济圈对产业集聚影响的相关研究文献较少。因此，结合目前我国地区经济发展的实际，特别是在国家提出"一带一路"倡议以后，研究产业集聚与打造城市经济圈的互动关系具有深刻的经济意义。基于新经济地理学的角度，研究产业集聚与城市经济圈打造的互动关系，必须考虑两者之间的空间集聚问题，实现资源、技术和产业优势互补，以先进的产业带动区域发展，以技术改造传统产业，这对促进地区经济协调发展具有重要的指导意义。

我国打造城市经济圈的理论基础主要是赫克歇尔－俄林的要素禀赋理论和新经济地理学的"中心－外围"模型。为了促进地区的经济发展，基于地区的要素禀赋条件，充分发挥地区经济发展的比较优势，形成相应的以特大城市为核心的城市经济圈。城市经济圈的打造，符合地区经济发展的整合理论，即在实现城市经济圈的发展时，需要改变相邻城市的结构形态，形成新的经济地理空间，将城市的所有资源进行有效整合，从而实现地区经济发展由无序到有序的转变。城市经济圈的打造，在一定程度上顺应了地区产业分工的要求。在某个地区的所有城市，根据彼此之间所具有的相对发展优势，在地区内部形成产业的合理分工。城市经济圈的发展更加促进了地区产业分工的形成和完善。因此，我国打造城市经济圈既符合经济发展阶段内在规律的要求，也符合经济学基本原理在中国的具体实践。

十八届三中全会强调"优化城市空间结构和管理格局，增强城市综合承载能力"。中国的特大城市高度集中了资本、技术、信息、人才等要素，决定着中国未来的产业竞争力，但这些特大城市及其附属城市群之间的要素禀赋条件差异，决定了特大城市及其附属城市群之间产业再集聚的不同模式和效应。本书研究特大城市的产业再集聚模式及其空间影响，通过建立城市产业再集聚模型，分析不同要素禀赋结构的城市再集聚模式，并研究产业再集聚效应及其机制，弥补现有产业集聚理论研究的不足，具有一定的理论意义。通过深入分析中国不同类型特大城市的要素结构、禀赋差异的集聚效应及其对再集聚的影响，分析产业再集聚和扩散的机理与演化路径，提出促进中国特大城市经济转型和产业结构优化升级的产业再集聚政策，有助于解决中国特大城市面临的主导产业布局类同、分散等问题，形成特大城市及其附属城市群的强协同效应，以及特大城市间的竞争互补关系，实现空间资源的优化配置，这对实现中央的城市化战略、空间资源有效配置和产业结构优化目标具有重要的现实意义，也有助于我国经济高质量发展目标的实现。

三 研究方法与结构安排

本书致力于考察在经济发展新常态与推进供给侧结构性改革的背景下，城市群发展过程中产业集聚的变动以及产业再集聚的影响机制，试图说明以生产性服务业和新兴产业为核心的产业再集聚模式在城市群转型发展进程中的重要作用。

本书是在文献综述—理论基础—实证分析—对策建议的逻辑框架下展开研究的，采用的研究方法主要包括以下几个。

一是文献研究法。文献研究法是指根据一定的研究目的或课题，通过调查文献来获得资料，从而全面地、正确地了解所要研究问题的方法。在本书的研究中，围绕特大城市产业再集聚、区域经济增长和空间效应等研究主题，通过书籍、网络等方式查找相关文献资料进行阅读，从而全面、准确地掌握特大城市产业再集聚的研究现状和研究趋势，为本书的研究奠定基础。

二是定性研究法与定量研究法。定性研究就是对研究对象进行"质"的方面的分析，具体地说就是通过对现象的把握达到认识事物本质、解释内在规律的目的，研究过程中首先需要对产业再集聚的概念、内涵和外延进行阐述，主要就是进行定性分析的过程。定量研究主要是指通过数据量化的方法对问题进行研究，本书在变量选择、统计分析、实证研究部分均采取了定量研究的方法，实现定性研究与定量研究相结合。

三是实证研究法。对经济问题的分析与解释，除了需要描述经济现象、分析经济原因外，还需要利用经济发展数据对经济现象和经济解释进行验证，本书采用实证研究法对京津冀城市群、长三角城市群、珠三角城市群、成渝城市群的产业再集聚与经济增长的关系进行统计检验，查看实证检验的结果是否支持理论分析与描述。

四是描述性研究法。描述性研究是结合相关理论，对已有的现象、规律等给予叙述并加以解释。本书采用描述性研究法，通过对京津冀城市群、长三角城市群、珠三角城市群和成渝城市群的产业再集聚现象进行研究，明确现阶段发展趋势应是以高端制造业和生产性服务业为主导的产业再集聚。

本书的基本结构安排如图 1 - 1 所示。

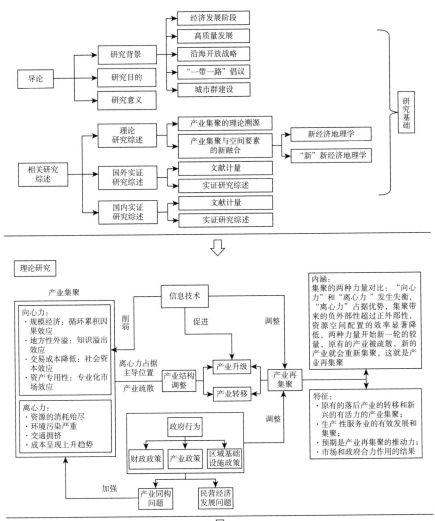

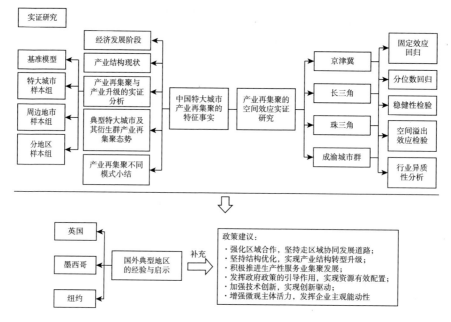

图 1-1　本书结构框架

第二章

产业集聚：产业再集聚的研究基础

20 世纪初期，美国大部分制造业在东北部和中西部的少数地区实现了集聚；到了 20 世纪 80 年代后，美国的硅谷集聚了绝大部分高科技公司，并逐渐成为高科技的代名词，华尔街集聚了金融业，并成为全球的金融中心。我国改革开放政策的实施，恰好抓住了全球劳动密集型产业转移的良好机遇，制造业的重心向东部沿海地区转移，使东部沿海地区逐渐成为制造业的集聚地。这一地区产业集聚的特征表现为以中小企业集聚为主体，以专业化协作为纽带，成为推动我国经济持续稳定增长的一个重要因素。经过 40 年的发展，产业集聚现象在我国很多中心城市都显现出来，不仅在数量上呈现多元化趋势，而且在早期制造业集聚的地区出现了产业再集聚的新特征。

客观的经济现象引起了学者们的关注，第一个对产业集聚进行研究的学者是英国的经济学家马歇尔，他在 1890 年出版的《经济学原理》一书中就开始关注产业集聚，认为外部经济和规模经济是产业集聚的经济动因。自此产业集聚成为现代经济学、经济地理学、区域经济学和管理学等相关学科研究的主要问题之一，并把这一主题扩展到经济活动的空间集聚上。

本章归纳总结了产业集聚的相关研究，以"时间顺序"为主，结合重要理论流派和代表人物，梳理了近年来学者们关于产业集聚的理论研究成果，特别是对将空间因素与产业集聚进行有机结合的新经济地理学和基于企业异质层面的"新"新经济地理学的相关文献进行了细致整理。与此同时，本章应用 CiteSpace 对近 30 年国内外产业集聚研究进行文献计量，基于理论研究基础，结合研究热点与本书主题，围绕产业集聚的经济效应、产业集聚与创新、产业集聚的影响因素等方面，对国内外产业集聚的实证研究进行了系统梳理，以期为本书理论框架的构建和实证研究提供依据。

一 产业集聚的理论基础

关于产业集聚和经济活动之间的关系，学者普遍达成了共识，认为经济活动的空间集聚和经济增长之间存在一种自我强化机制，产业集聚无论是对于知识溢出（Rosenthal & Strange，2008）、人力资本积累和创新（Baptista，2000），降低竞争成本和机会主义倾向（Paniccia，2002），还是在提高企业的竞争优势方面（Porter，1998）都起着重要的作用。对于产业集聚背后的动因，虽然已经有了许多学派的研究，但是还没有一个共识，各种理论观点差异较大，视角比较分散，没有一个明晰的框架。不同的学科和流派从各自的视角探讨了产业集聚的形成机理和影响因素，主要包括外部经济理论、产业区位理论、交易费用理论、发展经济学视角和新竞争优势理论。随着克鲁格曼（1991）开创性地在经济地理研究中融入递增报酬和垄断竞争分析工作，以及 Baldwin 和 Okubo（2006）等学者基于企业异质性引入分析区位选择和空间集聚等问题，新经济地理学和"新"新经济地理学（Ottaviano，2011）逐渐成为当代经济学最热的领域之一。

（一）产业集聚的理论溯源

1. 外部经济理论

早在古典经济学时期，亚当·斯密（1776）在其著名的《国民财富的性质和原因的研究》中，就根据绝对优势理论（Absolute Advantage），从分工和专业化的角度，对产业集聚影响国民财富的增长进行了分析，认为产业集聚是一批拥有专业化分工的企业为了完成某种产品的生产而集聚在一起形成的联合体；大卫·李嘉图（1817）根据比较优势理论，认为要实现贸易利益，产品的生产就需要选择合理的区位，从而形成产业集聚。

马歇尔（1890）在其《经济学原理》一书中，首次提出产业集聚的概念，并认为外部经济与规模经济是产业集聚的动因。他进而讨论了外部经济和内部经济的区别：所谓内部经济是指由依赖于单个工业企业的资源、组织和经营效率所带来的收益增加，而外部经济则是指由依赖于一个产业的工业企业分工合作所带来的利益提升。具体而言，产业集聚之所以会出现，是因为集聚促进专业化分工和协作，共享特定产业技能的劳动力池，产生溢出效应，共享知识、技术和信息等。

显然，一个地理空间上集聚的同一产业的企业越多，所需的生产要素，如劳动力、资金、能源、运输以及其他专业化资源就越集中，行业的平均生产成本就会越低，伴随着专业化和服务的加深，生产将更加有效率，该区域将更具有竞争力。

2. 产业区位理论

杜能（1826）在其《孤立国同农业和国民经济的关系》一书中，创造性地提出了一种强调区位运输差异的理论，寻求解释德国工业化以前某典型城市周围的农业活动的模式。而韦伯（1909）在《工业区位论》一书中，从工业企业选址的角度讨论区位，认为费用最小区位就是最好的区位，集聚能使企业获得成本节约，产业是否集聚取决于企业在相互靠近中获得的收益是否大于成本。他把集聚分为初级阶段和高级阶段，通过企业自身的扩大而产生集聚优势为初级阶段，在领导型企业的引导下，其他企业通过相互联系、相互合作构成了一个组织体系，推动地方工业化的实现。

胡佛（1937）从内部规模经济、地方化经济和城市化经济三个方面探讨了集聚经济。内部规模经济是指企业随着自身规模的扩大获得收益的增加；地方化经济是指多个企业集聚在同一个区域的同一个产业，对企业而言是外部的，就产业部门来说则是内部经济；城市化经济是指产业集聚在某一个城市，对企业和产业部门而言都是外部的。他最早把城市化和产业集聚联系在一起进行分析。城市化经济会使公共投入增加，促进基础设施水平提高和消费活动更加便利，从而使集聚优势得到发挥，加快集聚的步伐，扩大集聚的规模。

奥古斯特（1940）将企业区位、产业集聚与城市的形成联系起来进行系统的分析，认为大规模的个别企业的区位选择，会逐渐演化为生产几种商品的大规模企业的区位，这样就会发展为城市；在市场存在多种产品时，也可以分别形成与之相关的几个产业区位，即非农业区位的点状集聚，通过非农业区位的点状集聚实现城市化。勒施（1982）把区位的集聚分为自由集聚和约束性集聚。所谓自由集聚就是没有特定场所限制的集聚，如围绕大规模个别企业的集聚、同类企业的集聚、不同类型企业的集聚、纯消费者的集聚等；而约束性集聚，则是指受场所约束的集聚，要受到历史上的因素影响，一定程度上构成了"路径依赖"，如受人口密度、自然资源、资本的充裕程度等空间差异的影响。

马丁（1999）从序列区位的视角探讨了依靠竞争实现集聚经济的发展。他认为赢得第一次区位竞争至关重要，一个区域一旦出现集聚经济，将使得该区域对相关企业的进入具有更大的吸引力，会推动该企业实现更大规模的集聚，带来集聚经济的正效应。为此，地方政府为了促进该区域的经济发展，需要通过一些经济手段和行政手段，采取优惠的政策实施激励，给予较高的财政补贴、税收优惠或其他支持，以影响企业的区位选择，以最大的可能吸引第一个企业的优先进入。而对于以后进入该区域的企业来说，即使获得的财政补贴较少，也能够从产业集聚的外部经济中获益，从而形成产业集聚区。因此，马丁预测，对于一个区域而言，较早采取激励手段吸引投资所获得的动态效果，会超出企业本身所产生的直接经济效果，因为早期的投资能够有效地促进产业集聚，形成一种有利于产业关联、信息共享、技术外溢的区域经济增长环境，其他跟随企业就可能进入相同区位，最终成为一个产业集聚区。在同一区位的企业随着外生的（自然的）相对成本优势与内生的（后来获得的）集聚优势增加而增加。这样，各区域为获得长期利益而竞相采取优惠措施吸引外部资金的注入，各区域之间的"优惠政策"之争也就在所难免。

3. 新制度经济学视角

新制度经济学一般用交易费用理论解释产业集聚现象。交易费用是指个人交换对于经济资产的所有权和确立排他性权利的费用，一般包括市场性交易费用、管理性交易费用和政治性交易费用。

交易费用的理论起源于科斯（1937）在《企业性质》中提出的"使用价格机制是有代价的"。因此，企业作为配置资源的另一种方式，是对市场配置资源方式的替代。在企业内部依靠科层组织的上下级关系通过行政命令来实现资源的配置和管理，从而节约市场运行成本，即交易费用。也就是说，在企业外部依靠市场价格机制配置资源，协调控制生产；在企业内部，由于市场交易被取消，市场交易的一系列复杂过程将由企业内部的管理者来代替。依据计划、组织和管理控制生产，无论是利用市场机制，还是内部管理机制都是协调生产的方式，目的都是实现资源优化配置，节约成本，其本质是一样的。应该说，配置资源的方式是市场和企业，而不是市场或企业。

同时，科斯提出交易费用理论，并用它来分析企业和市场的边界问题。在一个经济社会中，既不可能只有一个超大型企业，也不可能是多个个体经营者遍布各个角落，当企业的边界扩大，且增加的企业边际管理费用和减少的市场边际费用相等时，就是企业的最佳边界。通常情况下，在一个规模以上企业的周围，必然存在若干中小企业为大型企业进行服务和配套，形成一种长期合作的机制，成员之间的交易因为资产具有专用性的特征，借助双方为避免交易中的机会主义行为等制度保障机制而具有一定的长期性质。由此，成员一般并不能轻易地进入和退出，从而形成合作方共同利益最大化的行为倾向，这又相似于企业内部组织之间的关系，可以说是一种中间体组织，这在一定程度上会减少市场交易者的数量，在合作过程中实现信息的充分共享，降低信息不对称的程度，减少事前、事中和事后交易的不确定性，节约交易费用，这些企业在一个区域形成合作共赢的产业集聚和产业集群。

按照科斯和威廉姆森（1980）的观点，产业集聚有助于减少环境的不确定性、改变小数目条件、克服交易中的机会主义和提高信息的对称性，从而降低交易费用。杨小凯（1991）从劳动交易和中间产品的交易角度区分了企业和市场，认为企业是以劳动市场代替中间产品市场，而不是用企业组织替代市场组织，二者是互补的，而不是完全替代的。从交易角度看，市场和企业只不过是两种可选择的交易形式和经济组织形式，它们之间并没有什么本质区别，而且在它们之间，还存在多种其他中间组织形式，产业集聚就是处于市场和企业之间的一种中间组织形式，通过产业在一个区域的集聚，可以增加交易的频率，扩大交易规模，减少交易费用。显然，交易费用的减少也是产业集聚的核心竞争力。

总之，新制度经济学从交易费用分析出发，谋求通过建立良好的制度，减少交易的不确定性，以抑制机会主义行为的发生，从而在一个区域范围内，扩大交易规模，提高交易频率，节约交易费用，在市场和企业两种配置资源手段的作用下，解决好企业和市场的边界问题，实现产业集聚和区域的发展。

4. 发展经济学视角

发展经济学研究中蕴含着丰富的与产业发展空间分布相关的思想，为分析产业集聚问题提供了独特的视角与重要的借鉴。

佩鲁（1955）从非均衡增长战略提出了增长极理论，把产业集聚、区域发展和经济增长紧密联系起来。他把产业关联、外部性对产业集聚的影响放在经济增长的框架中进行分析，在整个行业体系中，由于某些有活力的部门或推进型产业的出现，产业间的原有平衡被打破，就会带来产业的改变，产业的地区性集中给产业结构和增长带来了特殊效应。经济增长的重点就是要促进推进型产业的发展和变迁，它会强化经济活动并相互影响，由于这些产业规模大、市场力量强以及导致创新的能力巨大等原因而支配着其他产业或部门，经济增长是通过生产的集聚及其辐射作用带动的。佩鲁的增长极概念不限于一国或一个地区，而是可以跨越国界，因而认为经济空间与地理空间没有任何关系。

累积循环因果原理由缪尔达尔（1957）提出，后经卡尔多、迪克逊等发展并具体化为模型，与佩鲁的增长极理论有相似之处。该理论认为，社会经济活动是动态过程，社会经济各要素是以循环的方式运动，而非趋于均衡；这种循环方式不是简单的流转，而是具有累积效应的运动。具体而言，社会经济中某一因素的变化将会引发另一因素的变化，而后者会强化前者的变化，从而形成累积性的循环发展趋势。以工业聚集为例，新的产业一旦在某地区成长起来，将会引发产品和服务需求扩大、基础设施或公共产品供给增加等一系列效应，从而促使该产业成长并吸引更多企业加入，形成一个可以累积的循环因果过程。在随后的研究中，缪尔达尔进一步阐述了"贫困恶性循环"。由此可知，这种可累积的循环因果既可为正向的，亦可为负向的。

5. 新竞争优势理论

新竞争优势理论从合作的视角解释产业集聚。多个企业集聚在一起，表现为相互竞争的关系，但更深层面还可以通过合作的方式来获得共同发展，多个企业之间尽管在发展新产品、追求实用技术、降低成本、占领市场中互为竞争对手，但也可以通过合作共享信息、市场、知识和技术外溢等降低经营风险，获取尽可能多的利润，最大化企业竞争能力。

企业间的合作行为是基于企业之间的相互信任、家族关系以及传统文化和习俗。企业（特别是中小企业）通过协作关系的建立可以获得类似于大企业的内部规模经济，并使专业化程度加深，尤其中小企业集聚是生存和发展的必然趋势，在柔性专业化的作用下形成具有一定竞争力的产业集聚区。

道格林与弗莱克（1997）指出在准时制存货与配货系统的利用和区域产业群内企业之间相互交易的速度与频率两种情况下，企业就会趋向合作。企业之间的交易越频繁、越迅速，就越有助于企业的专业化生产，从而生产更加专业化的产品。当然，这种合作关系更适合上下游企业之间，并不完全适合相互竞争的企业之间。竞争企业的合作主要表现为技术的外溢，劳动力、信息和市场等资源的共享，也如奈特（1996）所提出的，竞争性企业在游说、国外市场调查、联合出口促进、贸易份额划分及特定地区的专业化基础设施等方面会进行合作，正因为企业之间的上下游关系和共同利益的驱使，在一个产业区内促成企业之间的合作，最终形成产业的集聚。由于潜在的成本及收益之间极大的不同，即使企业间有合作，但它们之间横向纵向的合作划分也是完全必要的，在生产、销售及新产品开发等方面的竞争也是常态。

迈克尔·波特（1990）基于产业集群的视角，从产业区内企业间的竞争与合作关系出发，从企业获得竞争力的优势讨论了产业集聚形成的机制和集聚效应。他通过运用钻石模型对德国、法国、英国、日本、美国等国家的产业集聚和产业集群进行研究，认为产业集聚不是表现为国家层面或产业层面间的竞争，而是表现为企业之间的竞争，因而将分析的着力点放在企业上，从企业创新能力获得的角度探讨了产业集聚现象，认为产品创新或工艺创新是开拓市场、获得和保持市场份额的核心。如果一个产业要在国际上具有竞争力，需要具备如下条件：国内广大而有效的市场需求，高质量的要素投入，促进企业超越竞争对手的动力机制，特定产业供应商与顾客之间的良好关系。此外，产业集群的存在给企业获得劳动力和原材料提供了更好的渠道，为创新提供了容易捕捉市场、技术和信息的机会，并且，由于产业群内部企业能够更了解顾客的消费需求，更接近于市场从而能够更有效地进行创新。

由于产业群不仅包括相互竞争与合作的同行业产业实体，还涉及顾客和相关的辅助性机构，以及政府为产业发展和企业经营所提供的基础性设施，这样会导致产业群内企业以较低的成本运行。因此，对由规模经济和溢出效应起决定性作用的行业来说，企业的区位选择应该趋于地理上的集中，从而必然出现集聚现象。

（二）产业集聚与空间要素的新融合

长期以来，由于缺乏严谨的空间维度分析，经济空间分布的非均衡性难以融入经济学主流，而新经济地理学将空间因素纳入一般均衡理论模型中，打破了上述限制（安虎森，2009）。

1. 新经济地理学

以克鲁格曼、藤田昌久等为代表的新经济地理学（New Economic Geography）学派从全新的角度来研究集聚经济和产业集聚现象，提出新的产业集聚理论。新经济地理学从规模报酬递增和一般均衡分析的视角研究集聚经济，提出了一个普遍适用的分析框架，即以 D – S 模型（Dixit-Stiglitz Model）的垄断竞争作为分析框架的基础，借助收益递增这一新贸易理论和新增长理论的核心思想，建立了描述产业集聚的"中心 – 外围"模型（Core Periphery Model，CP 模型）（Krugman，1991），解释了在不同形式的报酬递增和不同类型的运输成本之间的权衡问题，并对企业集聚现象提出了经济学的解释。

该模型的基本假定为：一个国家，两种产品（农产品和制造品），且农产品是同质的，其生产规模报酬不变，不可移动的土地是农产品生产不可或缺和密集使用的生产要素，因而，农产品在空间分布上，由外生的土地分布情况即自然资源所决定；制造业处于垄断竞争的市场结构中，因而生产许多有差异的产品，其生产具有规模经济和收益递增的特征，土地不再是最重要的生产要素，资本和技术成为制造业效率提高的关键因素。正是由于规模经济的存在，每种制造品的生产将只在为数不多的地区进行，从而实现了产业的集聚。可见，"中心 – 外围"模型依赖于外部经济性，即规模经济、收益递增以及运输成本和本地与外地需求的相互作用。

上述研究逐渐区别于传统理论，试图为产业集聚现象寻找新的解释，但该模型"存在一个市场规模较大的中心地区"以及"两地区间人均水平没有差异"基本假设的合理性有待商榷，而且它们并没有对集聚发生的具体机制进行阐明，使其并不能够对"中心 - 外围"模型的形成进行深刻的解释。

为了寻找"中心 - 外围"模型的内生解释，并分析"循环因果"的具体形成机制，该学派之后的研究中，将收益递增、垄断竞争和贸易成本纳入一般均衡的分析框架之中，从劳动力的跨地区流动对集聚发生机制进行探讨。CP 模型的优点在于系统地诠释了要素流动、运输成本以及产业集聚之间的动态关系，但是其缺点在于模型的应用性较低，这主要是因为大量使用的数字模型方法和过于严苛的假设条件。基于此，之后的学者通过逐渐放松假设条件及稳健性检验，对 CP 模型进行不断的完善和补充。总体而言，这些文献遵循两个分析框架：DCI 框架和 OTT（Ottaviano-Rabuchi-Thisse）框架（Ottaviano et al.，2002）。

DCI 框架以 D - S 模型、CES 效用函数和冰山运输成本为基本特征，假设存在农业、制造业两个部门，以及南方、北方两地区，农业部门处于完全竞争且生产单一同质产品，制造业部门呈现规模报酬递增且生产差异化产品。此时，消费者的偏好可表示为：

$$U = C_M^{\mu} C_A^{1-\mu}, C_M^{\mu} = \left(\int_{i=0}^{n+n^*} c_i^{1-\sigma} \mathrm{d}_i \right)^{1/(1-\sigma)}, 0 < \mu < 1 < \sigma$$

式中，μ 代表制成品支出份额，σ 代表任意两种制成品的替代弹性，制成品消费量的综合指数表示为 C_M，农产品消费量表示为 C_A，南方和北方制成品种类梳理分别表示为 n^* 和 n。围绕 DCI 框架的新经济地理模型，可以按照对产业集聚力的不同解释，分为以下三类。

第一类，基于要素流动的理论和模型，主要包括自由劳动模型（Footloose Labor Model）（Krugman，1991）、自由资本模型（Footloose Capital Model）（Martin & Rogers，1995）和自由企业家模型（Footloose Entrepreneur Model）（Forslid & Ottaviano，2003）等。这类模型认为本地市场效应和要素区际流动的相互作用形成了产业集聚。

第二类，基于垂直关联的理论和模型，这类模型是在要素流动模型的基础上发展起来的，通过引入中间产品，论证了上下游企业区位集中的主要原因是产业垂直关联效应，主要包括 CPVL 模型（Core-Periphery Vertical Linkages，Krugman & Venables，1995）、FCVL 模型（Footloose Capital Vertical Linkages，Qttaviano，2002）和 FEVL 模型（Footloose Entrepreneur Vertical Linkages，Robert-Nicoud，2002）。

第三类，基于资本创造的理论和模型，主要包括资本创造模型（Capital Creative Model，Baldwin，1999）、全域溢出模型（Gross Spillover Model，Martin & Ottaviano，1999）以及局部溢出模型（Local Spillover Model，Baldwin，Martin & Ottaviano，1999）。

由于 D – S 分析框架的部分假定偏离客观现实，为了解决上述不足，Ottaviano 等（2002）基于含有二次效用的准线性效用函数和线性运输成本重新构建了垄断竞争模型，建立了 OTT 分析框架，此时消费者的代表性偏好为：

$$U = \alpha \int_{i=0}^{n+n^{\cdot}} c_i \, \mathrm{d}_i - \frac{\beta - \delta}{2} \int_{i=0}^{n+n^{\cdot}} c_i^2 \, \mathrm{d}_i - \frac{\delta}{2} \left(\int_{i=0}^{n+n^{\cdot}} c_i \, \mathrm{d}_i \right)^2 + C_A, 0 < \alpha, 0 < \sigma < \beta$$

式中，产品间替代弹性表示为 δ，差异化产品的偏好密度表示为 α，设定 $\sigma < \beta$ 表示消费者更偏好于多样化的产品供给。OTT 模型的优势在于该模型具有显性解，无须借助于数值模拟的方法得到模拟解，虽然与 D – S 框架的模型相比，OTT 模型使用率不高，但其代表未来的一个研究发展方向。

2. "新" 新经济地理学

然而，新经济地理学假设产业内的企业是同质的，这显然与客观现实不相符合，在此背景下，基于企业异质性层面考察产业集聚的决定因素及其经济效应的 "新" 新经济地理学应运而生。

"新" 新经济地理学主要考察微观主体异质性对企业区位选择的影响，是对新经济地理学的进一步发展。梅里兹（2003）首次将企业异质性纳入国际贸易理论的研究，研究企业异质性对其出口行为选择的影响，形成 "新" 新贸易理论。由此异质性理论作为对新古典经济学假设的修正得到诸多学者的认可与研究。在区位选择理论的研究中，Baldwin 和 Okubo（2006）首次将企业异质性理论引入新经济地理学中的自由资本（FC）模型之中，为异质性企业的区位选择提供了一个经典的 "驮马" 模型。此后，大量文献以该模型及其拓展模型为基础考察异质性企业区位选择的影响因素及其经济绩效。与加入异质性的 "新" 新贸易理论相同，将引入异质性企业的新经济地理学称为"新"新经济地理学。

Baldwin 和 Okubo（2006）提出的 BO 模型在 FC 模型基础上假定两个地区的企业每单位产品所需要的劳动力投入为 α，服从帕累托分布，用以表示企业生产率高低的差异性。通过求解企业在两个地区的经营利润差以分析异质性企业的区位选择，由此提出影响异质性企业区位的选择效应与分类效应。前者是指高生产率的企业会向中心地区转移，后者是指低生产率的企业会转向外围地区，并且转移过程是渐进的，并不存在新经济地理学中的突发式集聚。之后 Okubo（2010）分别将异质性理论引入新经济地理学的自由资本垂直关联（FCVL）与自由企业家模型（FE），印证企业自我选择效应对集聚经济的影响。在引入异质性的自由资本垂直关联模型中，Okubo 得出随着贸易成本的降低，生产率较低的企业会通过弱化前后向关联机制以阻碍完全集聚效应的产生；在引入异质性的自由企业家模型中，Okubo 得出由于高生产率企业带来的激烈竞争使得生产率较低的企业更倾向于集聚，进而得出市场竞争均衡是次优的。

在 BO 模型的基础上，现有学者分别就运输规模经济、贸易成本等领域展开研究。Okubo 等（2008）考察市场一体化对异质性企业区位选择的影响。首先随着贸易成本的降低，在本地市场效应的作用下高生产率企业会集聚在核心区而低生产率企业会选择外围区域；但贸易成本的逐渐降低导致保护外围区域因素减少，致使市场接近效应成为主导力量，使得低效率企业也会集中在核心区，由此形成了完全集聚。Forslid 和 Okubo（2013）考察运输规模经济对异质性企业空间布局的影响，得出新的企业空间分类模式。他们认为具有中间效率的企业选择集中于核心区，而高生产率和低生产率的企业会选择边缘区，并且在贸易自由化使企业逐步迁移至核心区的过程中，高生产率的企业是最后迁移的。在 BO 模型框架下，现有研究不仅考察运输规模经济与贸易成本对异质性企业区位选择的影响，也进一步研究区域异质性对异质性企业区位选择的影响，如消费者偏好异质性、区域政策异质性等。在消费者偏好异质性的研究中，Picard 和 Okubo（2012）研究发现销售需求量较大的产品的企业将会在大国建立其工厂以便于为需求最频繁、最有价值的产品提供更好的服务。在区域政策异质性的研究中，Okubo 和 Tomiura（2012）对企业异质性下产业转移补贴政策对区域协调发展的影响进行研究，认为产业转移补贴政策会吸引低生产率企业迁移至边缘区，并加大核心区与边缘区的生产率差距。Chor（2009）分析了异质性跨国公司对 FDI 补贴的政策效果，发现对 FDI 补贴能够给东道国带来更多的福利，首先吸引更多的跨国公司而带来的税收增加能够抵消补贴成本，其次 FDI 补贴政策也会产生选择效应，但与国内的补贴政策不同，FDI 补贴会导致生产率最高的企业由出口转向 FDI，所以带来的福利也更多。Nelly Exbrayat 等（2016）对企业异质性下区域环境政策对企业区位选择的影响进行研究，发现当碳税较低时，异质性企业将会选择市场规模较小的国家；当碳税较高时，异质性企业将会选择市场规模较大的国家。

国内学者的研究更多关注异质性企业对外直接投资（OFDI）的区位选择。陶攀、荆逢春（2013）研究认为企业生产率越高则越能促进企业对外直接投资，同时生产率越高，其所投资的东道国个数也越多。苏小莉、孙玉琴（2017）研究异质性企业 OFDI 区位选择时，指出企业生产率上升能够显著提高其对发达国家投资的可能性和降低其对发展中国家投资的可能性。金中坤、潘镇（2019）研究认为企业自身生产率与东道国因素在区位选择问题上存在互补和替代关系，并且企业生产率能够弱化区位选择因素中的东道国因素的决定性作用。除此之外，孙楚仁、陈瑾（2017）通过构造一个两地区、两部门的异质性企业经济地理模型考察了工业企业生产率异质性对工业集聚的影响。研究表明，企业生产率差异越大，则越有助于集聚；企业生产率下降对工业集聚没有影响；生产率异质性与运输成本对经济集聚的影响方向相反，两者对经济集聚具有替代作用。刘晴等（2020）研究发现高效率企业倾向于选择专业化国别集聚以缓解特定出口目的地的不确定性影响；低效率企业倾向于选择多样化国别集聚以降低不同目的地之间转换的市场进入成本。

"新"新经济地理学将微观主体异质性纳入新经济地理学的研究范畴，考察异质性企业区位的选择以及对产业集聚形成的影响。异质性理论可以说贯穿经济地理学研究的始终，新经济地理学是在假定产品存在异质性的条件下，考察规模报酬与运输成本之间的权衡。"新"新经济地理学是在分析异质性微观主体的自我选择效应以及与微观主体异质性、区域异质性的互动对集聚形成的影响。虽然对异质性是作为"集聚力"还是"分散力"尚未获得统一，但其假设更符合现实，蕴含的政策意义也更为丰富。为此，"新"新经济地理学仍是经济地理学研究的重要方向之一。

二 产业集聚的国外实证研究综述

上文主要对产业集聚理论研究进行归纳总结，本节在应用 CiteSpace 软件对近年来国内外产业集聚研究进行客观计量的基础上，结合本文研究主题，对产业集聚研究热点与发展趋势的实证研究进行梳理与讨论。

（一）文献计量

为了更清晰地呈现产业集聚相关领域研究进展和总体情况，本节首先对国外产业集聚领域文献进行计量研究。以 Web of Science 数据库作为数据来源，检索关键词为"industrial agglomeration"，文献类别为"article"，时间跨度为"1990 至今"，数据检索和更新日期为 2020 年 3 月 18 日，共获得 2126 篇文献。基于检索到的文献，采用 CiteSpace 软件进行文献计量图谱分析，得到产业集聚研究关键词共现网络图（见图 2 - 1）。

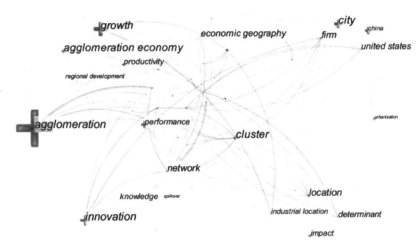

图 2 - 1 国外产业集聚研究关键词共现网络图

关键词共现网络图中节点越大代表关键词出现的频次越高，若关键词共同出现在同一篇文献，则两节点之间将会出现连线，共现强度与连线粗细成正比。产业集聚研究在过去 30 年呈现快速发展趋势，为了更为直观地了解产业集聚研究趋势，表 2 - 1 列举出频次排名前 20 位的关键词。

表 2 - 1   国外产业集聚研究高频关键词

频次	中心性	关键词	频次	中心性	关键词
617	0.37	agglomeration	77	0.06	geography
279	0.17	growth	75	0.06	impact
231	0.14	innovation	73	0.06	firm
187	0.21	city	67	0.02	productivity
137	0.08	cluster	49	0.00	urbanization
135	0.02	china	49	0.12	economic geography
133	0.00	performance	36	0.07	network
123	0.10	agglomeration economy	34	0.03	knowledge
98	0.05	location	33	0.03	united states
84	0.18	model	33	0.01	industrial location

结合图 2 - 1 和表 2 - 1 可知，国外产业集聚研究主要聚焦于以下三个领域。一是产业集聚的经济效应，研究关键词为"经济增长"、"生产率"、"区域发展"以及"集聚经济"。二是产业集聚与创新，研究关键词为"知识"和"溢出效应"。三是影响因素，研究关键词为"位置"和"产业位置"。此外，中国和美国一直是产业集聚研究的主要对象，随着新经济地理学和"新"新经济地理学的兴起，研究的主要尺度逐渐由"城市"转向"企业"，实现由宏观同质空间向微观异质空间的转变。

（二）实证研究综述

1. 产业集聚与经济增长

伴随空间经济学的完善与产业集聚理论的发展，学者们不仅在理论层面对产业集聚的经济效应进行研究，还采用实证分析对产业集聚的经济效应进行验证。通常，产业集聚的衡量指标为经济活动的空间密度，经济效应则更多地表现为经济增长，由生产率、总就业或工资表示。

虽然实证分析结果存在差异，但是大多数学者认同产业集聚对经济具有正向的促进作用。克鲁格曼（1991）利用美国的行业数据研究产业地方化问题，通过计算美国三位数的制造业区位基尼系数，发现美国制造业存在高度集中的现象，并且验证制造业集聚与经济增长的关系，发现产业集聚与经济增长之间存在明显的正向依存关系。Baptista（2001）利用英国制造业部门的行业发展数据，实证检验了集聚程度的就业密度与地区劳动生产率的关系，结果表明产业集聚会产生更高的生产率，但是 Baptista 并没有很好地解决模型的内生性问题，从而无法排除产业集聚也有可能是生产率提高的结果。Ciccone（2002）分别利用欧洲国家的数据与美国各州的数据，在考虑集聚的内生性基础上测算就业密度对于平均劳动生产率的影响，结果发现美国劳动生产率对就业密度的弹性为 6% 左右，欧洲国家劳动生产率对就业密度的弹性达到 5%，从而认为产业集聚对区域经济增长有促进作用。Porta 等（2003）利用"社会网络模型"分析集聚企业、社会资本效应与经济增长的互动关系，认为建立在个人社会关系网络基础上的社会资本效应是产业集聚的重要推动力，在提高生产效率、促进经济增长方面发挥重要作用。Combes 等（2013）则发现，集聚在发展中国家的影响要高于发达国家，他们测算了中国 87 个地级市的密度对工资的影响，结果表明和密度相关的工资弹性为 0.10～0.12，而发达国家的弹性区间为 0.04～0.07（Melo et al.，2009）。

但是以国外的实证研究来看，并非所有的研究资料都支持产业集聚对经济增长存在长期的推动作用，部分研究表明，产业集聚与经济增长不存在显著的依存关系或二者存在负相关关系。Sbergami（2002）利用欧盟国家 1984～1995 年的跨国面板数据，对产业集聚与经济增长的关系进行研究，结果表明具备不同技术水平的行业集聚对经济发展均具有阻碍作用，产业活动的均衡分布更容易促进经济增长，与预期结果相反。Bautista（2005）利用墨西哥各州的数据研究产业集聚对经济增长的影响，结果也不支持二者间存在明显的因果关系。Bode（2004）在 Ciccone 等研究的基础上，对其理论模型进行扩展，利用德国制造业发展数据进行实证检验，结果表明产业集聚对经济增长不存在影响，二者结论截然相反。除此之外，Gopinath（2004）利用美国制造业发展数据进行实证分析，结果表明产业集聚与经济增长之间存在倒"U"形关系，在临界点前，产业集聚促进经济增长，超过临界点后，产业集聚不利于经济增长。

2. 产业集聚与创新

在产业集聚的过程中，创新活动更容易发生。Mitra 和 Sato（2006）使用日本行业数据发现，技术效率和外部规模经济正相关。Capello 和 Lenzi

（2014）利用欧盟262个地区数据进行分析，发现新知识的空间集聚将会促进区域经济增长。相关研究（Carlino & Kerr，2015）表明，共享、匹配和知识溢出（Duranton & Puga，2004）对产业集聚与创新具有很强的解释力。

一种观点认为，产业集聚与创新之间的主要机制为共享。给定区位生产规模经济水平决定着公共投入的共享，产业集聚的存在使企业能够在较低的成本条件下，通过共享外部资源实现预期创新。Saxenian（1991）应用访谈和案例研究，发现集聚在硅谷的计算机制造商具有较高的企业效率，这是因为他们通过模块化技术流程和产品的快速设计，有效地降低了风险和成本。Gerlach等（2009）的研究证实，处于集聚区的企业在投资研发方面的风险要低于空间较为独立的公司，且通过关注不同集群的研发项目，同类企业可以进一步拓宽研发领域的广度和深度。

另一种观点认为，产业集聚带来了更大的市场，这改善了本地劳动力市场的匹配质量。Fallick等（2006）通过分析劳动力流动性差异发现，硅谷计算机产业中具有本科学历的男性雇员，其流动性要高于加州其他地区同等条件的男性，他们认为这是因为产业集聚为企业和工人之间创造了更为适合的匹配机会。Matouschek和Robert-Nicoud（2005）则发现，当雇员自身承担人力资本投资时，企业倾向于集聚，而若由企业承担人力资本投资时，企业不太可能选择集聚。

第三种观点认为，地理上的接近能够促使隐性知识的传播，即存在知识溢出效应。这种观点与马歇尔（1980）较为接近，马歇尔的表述为："在产业集群中，行业的秘密不再成为秘密，而似乎是公开的，所以孩子们潜移默化地学习了这些。"由于知识溢出效应是无形的，学者们通常使用明瑟工资回归法和专利引文分析法作为知识溢出的直接证据。Jaffe等（1993）证明了知识溢出效应存在地理集聚特征。Rosenthal和Strange（2008）研究表明，知识溢出效应在"邻里"层面最为突出，随着与知识源的距离增加而迅速衰减。

3. 产业集聚的影响因素

随着产业集聚研究的深入，学者们系统地研究了产业集聚的影响因素。其中Ellison和Glaeser（1997）研究认为自然禀赋优势是产业集聚的主要影响因素。Glaeser和Kohlhase（2004）则持不同观点，认为自然禀赋对于产业集聚的影响在逐渐降低，这是因为运输成本的高低决定着自然禀赋的重要性，而随着技术的不断进步，运输成本逐渐降为原来的10%左右。Holmes（1999）研究表明投入共享会促进产业集聚。Wood 和 Parr（2005）认为影响集聚经济的因素不仅包括生产成本，也包括交易成本，这是因为随着空间地域的不同，各地区的文化、语言、制度和商业等特征也会有所不同，交易成本某种程度上会受这些差异的影响，厂商的集聚可以降低交易成本。

Rosenthal 和 Strange（2008）研究了制造业集聚的微观经济基础，利用 EG 系数测算了美国制造业在不同区域层次的集聚程度，研究表明，制造业的集聚在州、县和邮政编码区域三个区域层次上都会受到劳动力市场共享的影响，在邮政编码区域层次上会受到知识溢出的影响，自然禀赋和运输成本在不同区域层次上对集聚的影响不同，其在县和邮政编码区域对产业集聚机会没有影响，而在州这一区域层次上，会对产业集聚起到明显的促进作用。Hidlebrandt 和 Worz（2004）基于新经济地理学和贸易理论，构建了包含垂直关联、运输费用、消费模式等因素的实证模型，对产业专门化和集中模式变化进行研究，结果表明劳动力集中将会对生产率差异产生直接影响，而生产率差异、地方性消费和外国直接投资将会对产业集聚产生显著影响。

Behrens 等（2010）应用"新"新经济地理学三大效应对地区间收入差距进行检验，结果显示随着人口增加一倍，人均收入将会增加8.2%，但如果控制人才和市场竞争程度等变量之后，该系数将会下降3.6%。Kerr 和 Kominers（2015）基于企业层面和区域研究构建了包括小型企业和重叠区域等模型，发现在较大范围内，宏观结构和产业集聚密度等因素会影响集聚。Pyke 等（2016）发现，对于发展中国家而言，经济战略和相关政策会对产业集聚产生影响。

三　产业集聚的国内实证研究综述

（一）文献计量

本文以中国知网（CNKI）数据库作为数据来源，检索关键词为"产业集聚",时间跨度为"1990 至今",数据检索和更新日期为 2020 年 3 月 18 日。在进行中文文献计量之前,本文对相关文献进行主题关联排序,选取前 3000 篇进行文献计量,这不但保证了国内外文献研究体量的一致性,更为重要的是保证了文献计量对象的质量(见图 2-2)。

图 2-2 国内产业集聚研究关键词共现网络图

国内产业集聚研究在过去 30 年呈现快速发展趋势,为了更为直观地了解产业集聚研究趋势,表 2-2 列举出频次排名前 20 位的关键词。

表 2-2 国内产业集聚研究高频关键词

频次	中心性	关键词	频次	中心性	关键词
1226	0.59	产业集聚	79	0.07	生产性服务业
169	0.07	影响因素	70	0.04	空间集聚
143	0.23	经济增长	60	0.10	文化产业
106	0.08	制造业	53	0.03	产业集聚区
98	0.07	金融集聚	51	0.14	高技术产业
97	0.22	集聚	51	0.11	文化创意产业
93	0.08	区位熵	48	0.01	制造业集聚
88	0.18	产业集群	45	0.13	金融产业集聚
81	0.15	集聚效应	41	0.02	长江经济带
79	0.10	全要素生产率	39	0.02	空间溢出效应

　　我国学者对产业集聚的研究起步于 20 世纪 90 年代，主要原因是：第一，20 世纪 80 年代末和 90 年代初，波特的竞争优势理论和克鲁格曼的新经济地理学在国际理论界兴起，为国内产业集聚研究提供了一定的理论基础。第二，空间计量、空间模型等方法论的发展，为国内产业集聚研究提供了实证支持。第三，在国内经济实践中，出现了长江经济带、中关村高技术产业园区等产业集聚的经济现象，且对我国经济发展起到重要的作用，这促使学者们对产业集聚予以更高的重视。

　　文献计量结果同样验证了上述观点，结合图 2 - 2 和表 2 - 2 可知，我国关于产业集聚的研究方向主要为产业集聚的经济效应及其影响因素，相关关键词包括"经济增长""全要素生产率""技术创新"等。研究领域聚焦于制造业、生产性服务业、高技术产业、文化创意产业等，主要研究方法为将空间要素纳入产业集聚研究中。

　　为了揭示我国产业集聚领域的高产作者和科研合作情况，本书绘制了国内产业集聚研究发文作者共现知识图谱（见图 2 - 3），作者姓名大小与发文频次成正比，连线粗细代表合作强度。通过图 2 - 3 可知，高产作者为雷宏振、王欢芳、宾厚、纪玉俊、程中华等；多数作者节点与其他作者节点有连线，两人合作更为常见，说明我国学者对产业集聚领域的合作研究较为紧密，但合作网络暂未完全形成。

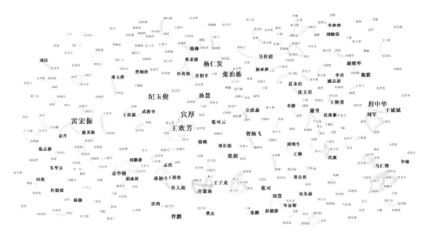

图 2 - 3　国内产业集聚研究发文作者共现知识图谱

　　这些研究大致可分为两类：一是对国外产业集聚理论予以动态跟踪、

学习和拓展，如王缉慈（1992）基于工业区理论，结合我国经济发展实际情况，概括总结了产业集聚相关理论。安虎森（2001）、郝寿义（2017）等翻译了由爱思唯尔出版集团于 1986~2015 年出版的《区域和城市经济学手册》（1-5 卷），将国外区域和城市经济学不同时期的主要研究成果介绍给中国学者。二是国内学者对于产业集聚理论的相关研究，如梁琦等（2012）通过引入地区补贴行为对"新"新经济地理学基础模型予以拓展，揭示了中国地区经济差异不同于规模报酬递增和循环累积效应的另一种机制。相较而言，国内学者对于产业集聚理论研究与国际前沿研究成果相比，仍存在较大差距，更多的是围绕产业集聚的经济效应和影响因素等方面进行实证研究，本书主要对这部分文献进行梳理。

（二）实证研究综述

1. 产业集聚与经济增长

范剑勇（2006）利用就业密度衡量产业集聚程度，并且对中国 119 个地级市的非农就业密度与劳动生产率的关系进行研究，发现非农就业密度对劳动生产率的提高具有促进作用。陈建军等（2006）以 1978~2005 年长三角区域为样本，对产业在特定空间集聚所产生的集聚效应进行实证分析，研究发现产业在既定空间集聚产生的自我集聚可以改善集聚区域居民生活水平、促进地区技术进步、推动产业结构升级与经济增长。魏后凯（2008）的研究也得出产业集聚有利于工业生产率的提高。潘文卿、刘庆（2012）在测算中国各省（区、市）制造业 30 个 2 位代码行业的 HHI 指数基础上，通过控制物质资本、人力资本投资、人均基础设施等变量建立了经济增长与产业集聚的动态面板数据模型，发现制造业集聚在长期内能稳定地推动经济增长。周圣强、朱卫平（2013）利用中国 60 个工业城市数据，实证分析规模效应与拥挤效应对全要素生产率的影响，结果表明在 2003 年以前，产业集聚以规模效应为主导促进生产率提高，2003 年之后，产业集聚以拥挤效应为主导制约生产率的提高，得出集聚度与经济增长存在倒 "U" 形关系的结论。王晓硕（2016）利用门槛回归验证不同经济发展阶段下产业集聚水平对经济发展的影响，认为地区经济集聚水平对经济增长的影响存在拐点，在人均 GDP 超过 20154 元的门槛后，会出现集聚不经济现象。杨超等（2018）以木材加工业为例考察中低技术制造业集聚对经济增长的影响，回归结果表明中间品行业集聚虽然有助于提高企业创新水平，但是这些创新活动并不能显著促进地方经济增长，终端产品行业的创新活动则能够显著促进地方经济增长。郝寿义、范晓莉（2012）将企业异质性引入自由企业家模型，应用中国 1978～2010 年的数据，证明了随着产品种类的丰富和自由贸易度的提高，所占市场份额较大的企业更容易发生空间集聚，实现本地市场放大效应，从而对经济增长产生推动作用。

考察国内的实证研究发现，产业集聚是提高劳动生产率、促进经济增长的重要因素，但需要指出的是上述研究都是针对制造业部门或工业企业的研究，当涉及服务业部门时，结果并不一定趋同。陈立泰、张祖妞（2010）在测算服务业区位熵指数的基础上，利用中国省级面板数据实证分析服务业集聚与区域经济增长的关系，实证结果显示服务业集聚与经济增长存在负相关关系。孙浦阳等（2013）利用中国 2000～2008 年 297 个地级市面板数据，测算了中国城市的产业集聚对劳动生产率的影响，研究结果表明工业产业集聚对劳动生产率长期影响显著为正，服务业产业集聚的长期作用不显著。林秀丽、赵佳（2016）在探讨产业集聚与城市经济增长内在机理的基础上，重点考察广东省产业集聚对城市经济增长的影响，结果表明产业集聚对城市经济增长具有正向效应，且制造业集聚的作用大于服务业。张延吉、吴凌燕等（2017）通过连续平面的测度方法，研究北京市生产性服务业集聚的空间格局以及影响因素，研究表明在小尺度集聚程度上，高端生产性服务业企业和就业呈现高度集聚的空间分布，而在大尺度方面，企业与就业的集聚程度并不匹配，另外，知识溢出促进生产性服务业集聚效应比劳动力和资源禀赋更为显著，并在小尺度内表现得更为明显。周明生、王帅（2018）研究了京津冀地区服务业集聚对区域经济增长的影响，结果发现京津冀地区服务业集聚在短期内对经济增长促进作用明显，长期内则不显著。杨仁发、张殷（2018）考察了长江经济带产业集聚对城市生产率的影响，实证结果表明，长江经济带制造业集聚显著抑制城市生产率的提高，而服务业集聚则具有显著的促进作用。

除了从总体上测算产业集聚与经济增长的关系外，许多研究从 MAR 外部性、Jacobs 外部性与 Porter 外部性的角度研究集聚与增长的关系。薄文广（2007）利用 25 个行业的省级面板数据的实证研究表明，专业化集聚与经济增长存在负向关系，多样化集聚与经济增长存在非线性关系，多样化水平对经济增长的影响与产业性质及地理区位关系密切。李金滟、宋德勇（2008）利用2003~2008年我国地级城市面板数据实证分析多样化、专业化对城市经济发展的影响，结果表明，现阶段多样化比专业化更能促进经济集聚与增长。宋志刚等（2012）的研究也支持多样化集聚比专业化集聚更有助于经济增长。孙祥栋等（2016）同样利用城市层面的面板数据研究产业结构专业化、多样化与城市经济增长的关系。实证分析表明，专业化与多样化发挥作用的限制条件是城市规模，城市规模越大，多样化集聚越有利于城市经济增长，城市规模越小，专业化生产则越具优势。宋振东等（2017）以山西省为例探讨产业专业化、多样化与产业增长的关系，研究结果表明，山西省产业中的MAR外部性和Jacobs外部性对产业产出均有较强的影响，MAR外部性有助于促进产业增长，而Jacobs外部性对产业当期产出有显著的负向作用。梁兴辉等（2018）利用全国285个地级及以上城市的面板数据，实证研究城市产业的专业化与多样化水平对经济发展的影响，结果表明相比于产业多样化集聚，产业专业化生产更有助于城市经济增长。

2. 产业集聚与创新

通常认为，产业集聚对创新具有促进作用。颜克益等（2010）应用中国省域层面的面板数据（1998~2007）进行实证研究发现，产业集聚对于创新水平具有显著的促进作用，这种促进主要通过集聚区内全球产业链嵌入度、社会信任度以及产业结构等得以实现。邬滋（2010）基于知识溢出效应视角，应用1993~1995年和2005~2007年两个时期数据，对中国31个省域的集聚经济与创新绩效展开研究，结果表明，专业化对区域创新绩效具有正向促进作用，多样化在2005~2007年时间段的促进作用更为强烈。赖永剑（2012）应用中国规模以上工业企业微观数据研究了集聚外部性与企业创新之间的关系，发现MAR外部性对劳动创新产出率和企业创新成功率之间惯性呈现倒"U"形关系，即存在最优临界点；Jacobs外部性正向影响企业创新绩效，这种影响对于小规模企业作用更为明显。程中华、刘军（2015）运用空间计量模型，应用中国285个地级及以上城市的面板数据进行了更为细致的研究，结果显示对于制造业整体而言，Jacobs外部性和Porter外部性对创新水平具有促进作用，而MAR外部性的促进作用并不显著；在进行具体分层分析时发现，MAR外部性对低技术行业、大中型企业、成熟企业创新水平的促进作用更为显著，中高技术行业、小型企业、新生和年轻企业创新则更多地依赖于 Jacobs 外部性。谢子远、吴丽娟（2017）认为产业集聚可以通过多种机制提升企业创新水平，他们基于中国 20 个行业的面板数据（2000～2012）进行实证研究，结果表明产业集聚水平与工业企业创新水平之间存在倒"U"形关系。

但是以国内实证研究来看，并非所有文献都支持产业集聚对创新水平具有促进作用，部分研究表明，产业集聚与创新水平之间可能存在负向相关关系。张昕、李廉水（2007）利用中国数据对医药制造业、电子及通信设备制造业展开实证研究，结果显示，专业化集聚对上述两个产业创新绩效具有促进作用，而多样化集聚对前者的创新绩效具有促进作用，与后者的创新绩效却呈现负向相关关系。谢子远、鞠芳辉（2011）通过对中国 53 个国家高新区进行实证研究发现，产业集聚水平对高新区创新水平具有抑制作用，二者存在显著负相关关系，他们认为这主要是因为集聚区企业存在过度竞争的情况，且政府干预过多也会影响高新区创新绩效。

3. 产业集聚的影响因素

国内学者也对影响产业集聚的因素做了系统的研究。文玫（2004）基于第二次和第三次中国工业普查数据，测算了中国工业的集聚程度以及影响因素，认为市场容量大的地区更容易发生工业集聚，且较低的运输费用和交易成本会促进这种集聚。路江涌、陶志刚（2006）探索了行业集聚的微观基础，基于 EG 系数测算了行业集聚指标，认为影响行业集聚的重要因素包括溢出效应和运输成本，而地方保护主义会对制造业的区域集聚造成负面影响。与此同时，他们还测算了自然禀赋对于集聚的影响，测算结果表明，对行业集聚起到正向影响的自然禀赋指标有农产品投入比率和矿产品投入比率，对行业集聚起到负向影响作用的是电、燃气和水投入的比率。金煜等（2006）基于省级面板数据研究了中国地区工业集聚的影响因素，利用地区工业产值与全国总工业产值的比值作为集聚程度的衡量指标，研究表明，正向影响工业集聚的因素包括城市化、市场容量、政府作用的弱化以及基础设施的改善，工业集聚并不受地区人力资本水平的影响，而沿海地区具有天然的工业集聚优势。刘军、徐康宁（2009）在更长的历史时段研究了中国工业集聚的演变过程与原因，认为影响中国工业集聚的重要因素包括区域优势、政治稳定性、交通运输条件、制度和政策。

韩峰、柯善咨（2012）从马歇尔外部性和新经济地理学的综合视角探讨了我国城市制造业的空间集聚机制，结论表明专业化劳动力、中间投入可得性、区际研发溢出与市场需求对制造业空间集聚均有明显的促进作用。尹希果、刘培森（2014）基于新经济地理学和空间经济学分析框架，通过实证研究城市化、交通基础设施对制造业集聚的影响，认为城市化与制造业集聚之间具有倒"U"形关系，而交通基础设施与制造业集聚之间存在"U"形关系，银行业集中度、对外开放度与信息化对制造业集聚均具有显著作用。文东伟和冼国明（2014）、柯丽菲（2016）基于国际比较的视角，研究发达国家与发展中国家生产性服务业集聚的影响因素，结果表明，知识密集度、信息化水平、国家规模、外商直接投资与生产性服务业集聚存在正相关；政府规模与生产性服务业集聚则存在负相关。熊萍萍、王邹辉（2017）考察了中国服务业集聚的影响因素，研究表明行业发展水平、信息化水平、工资水平是影响服务业集聚的重要因素。孙畅等（2018）利用省级面板数据实证考察技术创新与生产性服务业集聚的空间交互效应，研究结论表明，技术创新对生产性服务业集聚具有显著的促进效应。

现有研究探讨了产业集聚和扩散的形成机制及其经济效应，并利用多种实证方法进行了实证研究，较好地解释了空间经济的发展变迁，但其模型大多关注集聚条件、效应和均衡状态的稳定性，而对产业升级中要素结构、禀赋差异对集聚效应的影响研究不足，而这种要素结构、禀赋差异往往关系到集聚效应的大小。另外，城市发展需要持续的产业优化升级，这必然伴随着新的产业再集聚和原有产业的扩散，而产业再集聚和扩散成功与否，不仅直接关系着城市发展水平，而且还会影响到周边区域，具有全局性作用。而现有研究对于这种产业动态发展过程中产业再集聚的条件、效应、机制的动态模式研究不足，不能系统揭示产业再集聚和产业优化升级的循环累积动态机制。

第二篇

理论研究

第三章和第四章为理论研究部分，其中第三章为产业再集聚的内涵和特征，通过对产业集聚与传导机制进行系统的论述，梳理出产业再集聚的内涵和特征，并对产业再集聚与产业升级之间的关系进行翔实的分析。其中，集聚的两种力量对比："向心力"和"离心力"发生失衡，"离心力"占据优势，集聚带来的负外部性超过正外部性，资源空间配置的效率显著降低，两种力量开始新一轮的较量，原有的产业被疏散，新的产业就会重新集聚，这就是产业再集聚。产业再集聚具有四大特征：一是原有的落后产业的转移和新兴的有活力的产业重新集聚，二是突破产业价值链低端锁定的重要途径是生产性服务业的有效发展和集聚，三是预期是产业再集聚的推动力，四是产业再集聚是市场和政府合力作用的结果。

第四章则对产业再集聚机制进行分析，通过绘制产业再集聚机制分析图，对产业再集聚的发生机制以及信息技术、政府行为对产业再集聚的调整机制进行了论述。其中，信息技术对产业再集聚的调整途径为：信息技术发展使产业集聚的知识溢出效应，尤其是显性知识溢出效应大幅度减少，进而削弱产业集聚的"向心力"，而且信息技术发展会对产业升级起到促进作用，在上述两条途径的共同作用下，信息技术发展对产业再集聚起到促进作用。但必须注意的一点是，产业集聚的知识溢出效应也可能是通过默会知识实现的，信息技术对默会知识传播影响较小，故信息技术对于产业再集聚的调整作用并非单一、可确定的。与信息技术调整作用的多向性相比，政府行为对产业再集聚的调整更为明确，政府的财政政策、产业政策以及区域基础设施政策将会直接作用于产业再集聚的进程与方向，而政府行为可能会引发的产业同构问题会使成本上升趋势更为突出，进而加快产业再集聚的步伐，在这过程中，可能存在的民营经济发展问题同样不容忽视。

第三章
产业再集聚内涵与特征

长期以来，经济学界在研究经济增长问题时通常是按照时间维度展开的，无论是新古典增长模型，还是内生增长理论，讨论的都是在一个较长的时期里，在技术进步的背景下，随着追加要素投入的不断增加，市场在资源配置中决定作用的发挥，资源得到最大化的使用，经济持续增长，经济总量不断增加。然而，经济活动同样离不开空间地域，空间的资源最优配置也成为经济学和新经济地理学关注的焦点话题。随着生产主体和消费主体的集中，生产生活所依赖的空间变得日益紧张，土地资源、水资源的有限性凸显，成本不断上升，这严重制约一个区域的经济发展。因此，产业集聚和分散就成为实现空间资源有效配置的一个重要方面，资源在空间维度上实现有效配置，而这种空间上的资源配置不仅考虑资源的差异性，而更重要的是一定区域地理范围所形成的内在的经济、社会和政治条件相互作用的结果，而这种力量是产生集聚的重要原因，也必然在地理意义上实现资源的优化整合，实现各种资源的集中和互补，形成资源、技术和市场的共享，从而有助于实现经济增长。

一　产业集聚的内涵

产业集聚即是产业经济活动在地理空间上的集中，强调的是产业的空间分布。地域要素禀赋差异是产业集聚的前提，市场、运输条件和产品的特性是区域分工的基础，技术共享、人力资本共享和政治、社会外在的条件是产业集聚的关键。分工是集聚的根本源泉，是相关产业主体出于利益考虑向特定区域集聚和分散的过程。集聚是分工的空间组织形态，集聚一旦形成，它将有利于分工利益的实现并进一步促进分工的深化。

在经济全球化日益深化的过程中，一件产品不再由一个国家、一个区域或一个企业来生产，在产品的价值创造过程中，一系列的生产程序，多种零部件共同造就了一件产品，分布在不同区域的企业相互合作，在价值链的各环节上扮演着独特的角色，从研发设计、原材料与设备采购、零部件生产、产品的组装、运输与仓储、营销与服务等，每个环节都蕴含着价值的增值过程。随着技术的进步，产品结构日益复杂，全能型的企业在此背景下，由于成本难以降低，生存压力很大，而在某个技术上更精湛、成本更低、质量更好的企业将被纳入价值链的某个环节上，在全球形成分工，形成不同环节上的价值增值，实现利益的合理分配。由于采购和运输成本的降低，某些产业在不同的区域形成集聚，它可以获得"看得见的手"和"看不见的手"两种资源配置的优势。市场配置可以节省管理费用，而企业配置资源可以节约交易费用，如何实现两种费用总和的最小化，就必须同时利用两种手段，企业依靠的是权威，而市场依靠的是价格机制，因此，产业集聚就能更好地发挥企业和市场两种组织形态。同时，随着互联网的普及，平台经济也成为资源配置的一种新形式。一些特定行业的区位选择依照"路径依赖"形成，如中关村的高科技产业，而更多的选择也是瞬间的经济和社会条件使然，如阿里巴巴集团，因为杭州的市场经济更发达，市场意识更强，接受新鲜事物更容易。大量的产业都集中在城市，一种情况是城市的出现，吸引了大量的产业注入，另一种情况则是某种产业成就了一座城市，因此，城市本身的出现就是产业集聚所带来的报酬递增的结果，而区域间发展的不平衡也是历史和现实原因共同作用的结果，是不断累积的结果。

集聚扩大了市场的空间范围，改善了市场的交易环境。产业集聚在劳动力自由迁徙的前提下使劳动力集中到一个区域，并吸引生产中间产品的企业进入，这一地区形成了技术工人的劳动池，形成了原材料、零部件的集散地，政府的基础设施等公共物品得到高效率的提供，大量企业分散了公共物品的成本。企业在集聚过程中，因为地理上的空间接近，信任、默契等社会资本在交易中发挥着很大的作用，极大地方便了企业间的交流与合作、谈判与协商，正式契约和非正式契约共同发挥作用，降低了交易费用，减少了合作成本。同时，地理上的接近，有助于黏性知识在企业间的扩散，形成创新的中心。创新需要合作和竞争，产业集聚有助于企业的合作与竞争，因此也有利于创新。集聚区内的企业可以借助于集聚地的品牌效应，共享市场的营销网络，使初创企业和小微企业搭船出海，促进某一产业在区域内集聚。同时，区域内企业为了共同利益，会加强协调，形成行业的自律，使企业始终处于一个稳定的外部环境之中，外部的营商环境和专业化服务也会不断改进，日臻完善。

产业集聚具有强烈的聚变和裂变效应。当一家企业在某个区域出现，与其配套的上下游企业也会向区内集中，形成水平分工，更多企业在空间上集聚意味着更多的产品多样性，形成完整的产业链，并且，在技术、知识共享、劳动力池、外部性和规模经济的作用下，很多相关企业也会形成集中，产生聚变效应。与此同时，在企业利润引领下，集聚区内的一家企业的产品和技术，以及赢利空间会形成示范效应，本地区的其他企业会形成模仿效应，具有示范效应的企业设备、技术和人力资本都会外溢，一家企业往往会裂变成多家企业，生产相似的产品。在聚变和裂变的共同支撑下，集聚的规模会扩大，这是自我强化的循环累积结果。

集聚是向心力和离心力共同作用的结果。向心力源自集聚所带来的正效应，而离心力则是产业集聚的负效应。当向心力大于离心力时，产业就会集聚和集中；反之，产业则会迁移和分散。在克鲁格曼、藤田昌久等学者建立新经济地理学理论之前，区位理论、外部性理论、交易成本理论、国家竞争优势理论等都从不同角度对产业集聚现象进行有所侧重的阐述和解释，但有关产业集聚并未形成一套较为权威的、系统的理论体系。在新经济地理学诞生后，基于迪克西特—斯蒂格利茨垄断竞争模型构建的 DCI 框架成为分析产业集聚的重要工具，DCI 框架中的集聚力和分散力成为描述产业集聚的两种不同的重要力量。因此，产业集聚包括两个维度，即时间和空间，同时也包括至少一个主体，即某产业的参与者。

二 产业集聚的传导机制

国内外许多学者对产业集聚与经济增长之间的传导机制进行过研究，研究的侧重点存在一些差异。但目前来说，具备较强解释力的是马歇尔的外部经济性理论。马歇尔在 1890 年以古典经济学框架为基础提出的外部经济性理论给出产业集聚产生的三方面原因：第一，伴随着产业集聚，专业化供应商逐渐被培育；第二，产业集聚有利于形成劳动力蓄水池；第三，产业集聚能够产生知识溢出效应。在扩大马歇尔外部性内涵的基础上，区域经济理论将产业集聚所导致的外部性划分为以下两类：金融外部性与技术外部性。其中金融外部性主要是指集聚所导致的生产成本下降、效率提高等效应，主要通过中间投入品关联效应、价格指数效应与劳动力匹配效应起作用。而技术外部性的实质在于知识溢出效应或技术溢出效应，产业集聚所形成的技术进步能够在有效的范围内进行扩散，进而推动区域经济增长。在马歇尔外部经济性理论的基础上，国外许多学者进行了深入的研究，Keller（2002）利用 OECD 国家制造业的行业发展数据对知识溢出效应进行研究，发现技术溢出效应随着空间距离的延伸而呈现衰弱趋势，进而指出知识溢出效应具备"本地化"特征，Keller 的研究是对马歇尔外部性内涵的进一步挖掘。当然"本地化外溢"的主要原因在于，缄默知识的传播和扩散更多需要相同的文化背景和知识背景，区域化效果更加明显。

新经济地理学派的代表人物克鲁格曼从空间经济活动的角度研究产业集聚与经济增长问题，认为产业集聚主要存在三方面原因：需求、循环累积的自我实现机制与外部经济。第一，具备较大市场需求的地理区域能够吸引大量相同或不同的企业集聚，进而形成规模经济促进经济增长；第二，产业集聚在某些地域形成本身可能只是历史的偶然，但是一旦产业集聚格局形成，在缪尔达尔循环累积因果链的作用下，便会产生循环累积因果效应，加强集聚，偶然的历史因素会形成必然的集聚结果；第三，外部经济主要来源于马歇尔的外部经济性理论，不再赘述。克鲁格曼的新经济地理学打破了古典经济学框架内关于完全竞争市场与增长的规模报酬不变的假设条件，强调市场需求、运输成本等因素的交互作用，使关于产业集聚的研究更加贴近现实。

除上述理论研究外，波特在 1990 年分析某些产业的国家竞争力问题时，提出国家竞争优势理论与钻石模型，认为某些产业形成国家竞争力的主要影响因素包括：生产要素条件、市场需求条件、企业结构与存在紧密的前后向关联的上下游支持产业。同时政府的政策，以及产业所面临的机会对优势产业的形成和产业集聚也具有重要的影响。由于产业集聚是提升国家竞争力的重要实现形式，波特的国家竞争优势理论也就成为分析产业集聚问题框架的重要组成部分。

Glaeser 等（1991）在总结国家竞争优势理论等研究的基础上，提出产业集聚推动经济增长的三种动态机制，即 MAR 外部性（Marshall-Arrow-Romer 外部性）、Jacobs 外部性与波特外部性。MAR 外部性认为相同产业的企业集聚（专业化效应）有助于地区产业创新；而 Jacobs 外部性则认为不同产业的企业集聚（多样化效应）有利于地区产业创新与经济增长；波特外部性建立在"波特假说"基础上，认为产业集聚形成的动力在于竞争，竞争能够促进产业集聚的发展，提升企业竞争力与国家竞争力。Duranton 和 Puga（2004）则从共享、匹配与学习三个方面综述了产业集聚的产生机制。

三　产业再集聚与特大城市

相较于产业集聚的概念，产业再集聚又有何不同呢？产业再集聚具备什么特征呢？产业再集聚的形成过程又是怎样的呢？本章接下来主要基于产业集聚的生命周期理论，给出产业再集聚的概念、内涵以及特征。

（一）产业再集聚的内涵

产业集聚是经济发展的显著特征之一，是产业经济活动在地理空间上的集中，强调的是产业的空间分布。产业再集聚则是在工业化过程中，在产业初次集聚基础上，为追逐更大规模经济和正外部性，并逐步实现产业优化升级的再次集聚过程，是产业在空间上的重新布局。

产业集聚是一个动态的过程。在区位、资源禀赋、营商环境、历史等多种因素的共同作用下，产业以多样化的形态在区域内集聚，形成了生产要素和产业在某个区域内点的集中。这种集中的表现不仅是一种现象，而且是一个动态调整的过程。经济主体在空间布局其经济活动中，始终存在两种相反的力量左右着产业的空间资源配置，这两种力量就是"向心力"和"离心力"，亦可称为集聚力和分散力，两种力量相互作用，相互制衡，达成均衡。在外力的作用下，原有均衡被打破，拥挤效应的负外部性超过了规模经济的正外部性，资源空间配置的效率显著降低，两种力量开始新一轮的较量，原有的产业被疏散，新的产业就会重新集聚，这就是产业的再集聚。

产业区位生命周期理论也表明产业集聚并不是一成不变的静态模式，而是呈现生命周期式的发展特征，其动态变化过程主要取决于集聚力与分散力的力量对比：当产业集聚过程中的集聚力大于分散力时，产业布局整体呈现空间集中的特征；而当分散力大于集聚力时，产业转移扩散成为产业布局的主要特征。由此，产业布局呈现由集聚到分散，再到集聚的动态变化过程。在初始产业集聚的发展态势下，随着资源的消耗殆尽、环境污染严重、交通拥挤等问题的出现，生产、生活成本呈现上升趋势，原来集聚产业配套的资源空间配置失衡，产业向周边地区发生扩散，而在原来的核心产业集聚区域，会进一步形成新的主导产业选择和新产业集聚。这种新产业的集聚，也就是产业在转移扩散背景下的二次集聚现象，我们称为产业再集聚。

因此，产业再集聚实际上就是在产业区位生命周期理论的基础上，在产业扩散转移的形势下所形成的新的产业集聚现象，与产业初次集聚、产业分散紧密联系在一起，构成集中—分散—再集中的动态产业区位周期链条。

（二）特大城市的界定

大城市尤其是特大城市，由于土地、水等自然资源日益紧缺，劳动力成本显著上升，生活成本居高不下，原有的产业在外在压力下就会主动或被迫撤离，新的、有发展前景、适合资源禀赋的产业就会重新集聚。需要说明的是，本文中所指的特大城市为人口超过 500 万的特大城市和人口超过 1000 万的超大城市（2014 年国务院发布的《关于调整城市规模划分标准的通知》）。这样引入与界定的原因在于，围绕特大城市以及以特大城市为核心形成的城市群一直引领着我国城市经济和区域经济的发展，产业结构的升级以及产业集聚、产业再集聚的发生都首先出现在特大城市以及超大城市。北京、上海、深圳等特大城市都面临产业转移的问题，既要腾笼换鸟，又要造"笼子"，实现有潜力和活力的产业大发展，达到空间资源的有效配置，实现产业的合理布局。

四 产业再集聚的特征

综上所述，产业再集聚是在原有产业集聚的基础上，确切而言是在"向心力"和"离心力"共同作用下、原有产业集聚过早扩散之后，市场力量带来的第二次集聚过程。与原有产业集聚相比，产业再集聚呈现以下四方面的特征。

一是产业再集聚是原有的落后产业的转移和新兴的有活力的产业的集聚。产业再集聚就是将在原来地区无效率或低效率的落后产业转移出去，这些产业在原来地区基本具备资源耗用率高、环境污染率高、生产效率低等特点，且这些特点有进一步加剧的趋势。产业再集聚模式的推进一定伴随着产业结构的调整与升级，落后产业处在产业价值链末端，在城市定位中找不到落脚点的产业会在政策引导下迁出本地或就地关停。新兴产业会因其技术密集、劳动生产率高、环境污染少等特点逐渐产生再集聚。

二是突破产业价值链低端锁定的重要途径是生产性服务业的有效发展和集聚。生产性服务业的集中是产业再集聚过程中新兴产业的典型代表，而以劳动密集型、资本密集型为主要特征的传统制造业必然向周边扩散，而形成城市资源的重新配置，带来城市产业的转型和经济增长。产业集聚又是一个动态经济系统，由于要素禀赋变化、外部经济性、交易成本降低、企业创新等因素，要素由低回报率地区向高回报率地区流动，从本身的生产环节或产业流向要素报酬率更高的环节或产业，出现产业的迭代效应，形成产业的再集聚。产业的再集聚，会带来大力发展现代服务业的效果，尤其是生产性服务业，是由制造业深化分工而独立演化出来的，对联系二、三产业，打破第二产业内部自身循环很有帮助，同时，生产性服务业的有效发展也是打破产业价值链低端锁定的重要途径。产业再集聚会对传统工业起到升级改造的作用，不仅会提高传统劳动密集、资源消耗型制造业的生产能力，降低能耗，促进产业结构调整，实现空间资源的优化配置，而且其是以低端劳动密集型的一、二产业向周边地区转移，以及高端技术密集型新兴产业对低端旧制造业的改造为主要产业转移形态的产业集聚过程，在这个过程中实现产业链延长和价值链再造。

三是预期是产业再集聚的推动力。产业集聚在起步阶段，主要受历史与偶然性因素的影响，某个地域由于偶然因素的作用具备微弱的发展优势，而这种微弱的发展优势通过循环累积机制不断得以强化，最终形成具备显著优势的产业集聚区域。而相比于产业初次集聚，产业再集聚更多受到预期的影响，其中最重要的预期就是政府政策的引导。相比于产业集聚时期的"摸着石头过河"，产业再集聚是产业空间布局发展到一定成熟阶段的产物，是一种不断演化的状态，具备更强的规划性与政策引导性，因此产业再集聚过程会受到更大程度的预期作用和政府引导，有为政府会通过合理有效的政策引导传统产业的转型升级和新兴产业的再集聚发展。同样，新兴产业会因为符合城市定位受到政策引导而享受政策红利。相应的政策引导包括地区发展规划文书，地区对某新兴产业的税收优惠、财政扶持等。适宜的政策引导可在一定程度上降低企业迁址或研发成本，提高企业的生产效率，从而提升企业利润，实现企业在本地区的集聚，并且在循环累积因果关系的作用下吸引区域外的企业向集聚区域集中，以期实现规模经济，获得集聚效益。当然，政府对产业再集聚的引导也并非是制定全套的产业发展政策进行扶持，而是更多在符合本地发展趋势的基础上，通过一定的政策导向，实现制造业的转型升级以及新兴产业的发展壮大和再集聚。

四是产业再集聚是市场和政府合力作用的结果。产业发展由低级到高级，经历由最初的第一产业为主，经过第二产业的发展，逐渐发展到以第三产业为主，同时制造业在发展过程中，也经历了由劳动密集型到资本密集型和技术密集型的阶段，以及由产品制造到高端装备制造的过程。在产业升级和转移过程中，特大城市的空间资源配置从合理和有效率逐渐演变为不合理和缺乏效率，企业的边际成本上升，资本、劳动力和技术的边际收益递减，在要素收益率的作用下，开始向周边扩散和转移，新的知识密集型、技术密集型产业逐渐占据这些空间，填补产业空缺。从理论上说，这种转移是一个自发的过程，是效率自然选择的结果。但是，在实际扩散和转移过程中，完全依靠市场这种自然力量实现产业再集聚，既缓慢，效率又低，企业在面临不确定性风险时，只要还能够生存，就不会主动扩散，除非迫不得已。因此，政府需要根据城市的功能定位，依照市场规则，扶持新兴产业，支持落后产业转移。通过政府和市场的合力，才能实现特大城市高效率的产业再集聚。

五 产业再集聚与产业升级

产业再集聚引起的产业升级效应，体现在转出地和迁入地两方面，也就是特大城市和周边城市，如图 3 - 1 所示。产业的迁移和集聚主要是要素的流动，包括劳动力、资本和技术等。要素流动的增强，本身也会加强区域之间的联系，特别是特大城市向周边城市的要素流动，城市之间要素和产业的联系增强会带动区域的整体发展。

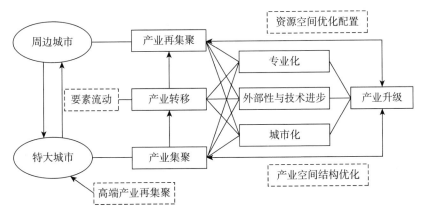

图 3 - 1 产业再集聚的动态过程和产业升级效应

对于特大城市，落后的产业转移出去会带来先进产业的进入或者产生，如生产性服务业、高科技产业等。低效率高能耗的产业转出缓解了要素拥挤的压力，改善生态环境，为新兴产业的发展腾出空间，优化的环境和良好的经济基础吸引了大量高级要素和创新要素的进入，带来大力发展现代服务业的效果，尤其是生产性服务业，是由制造业深化分工而独立演化出来，对联系二、三产业，打破第二产业内部自身循环很有帮助，同时，生产性服务业的有效发展也是打破产业价值链低端锁定的重要途径。以东部地区为代表的特大城市，目前的主导产业已经转变为生产性服务业和人工智能制造等信息技术产业。从原来的制造业占比较高到现在的现代服务业和高端制造业为支柱产业，特大城市的产业价值链逐步从中间走向两端，产业转移和新一轮的产业再集聚实现了产业升级。

对于周边城市，原来在特大城市集聚的产业如制造业往往面临着地价高、工资高等瓶颈制约，迁出之后，在新的经济技术环境下，制约发展的瓶颈被打破，要素的生产效率和回报率得到提高，生产成本降低。要素在空间维度上实现优化配置，全要素生产率提高，产品的工艺、质量等都会有所升级，不仅使该产业得以持续发展、规模扩大和产品质量提高，而且会加速传统工业的改造，不同程度带动承接地的工业化进程，使劳动密集型和资源消耗型产业的生产能力提高，当地的相关产业由分散走向集聚，产业规模的扩大进一步推进专业化生产。集聚优势带来的循环累积因果效应使生产要素集聚不断强化，区域内新的比较优势产生，产业从低端逐渐走向高端，集聚优势由外生向内生发展，最终实现产业链和价值链的升级。

从城市化的角度来看，特大城市大部分已经完成了城市化，甚至出现人口高饱和、城市高负荷的状态，过度的人口集聚造成了很多城市问题，适当的产业转移和人口疏散，可以缓解大城市的生产和生活压力，为产业升级和城市质量的提高打造出良好的条件基础。周边城市的城市化率大多较低，大量的劳动力集中在第一产业，制造业的迁入能够释放当地的人口红利，同时提高城市化率，扩大市场规模，有利于城市发展和产业升级。通过产业集聚—产业转移—产业再集聚这一动态调整过程，特大城市的产业空间结构得到优化，周边地区的资源要素空间配置得到优化，促进了整个地区的产业升级和一体化发展。

第四章

产业再集聚机制分析

正如上文所讨论的，产业再集聚是资源长效机制作用下，从空间维度上实现资源的有效配置，解决产业布局造成空间资源分配不合理而出现稀缺资源的低效使用所产生的拥挤效应，致使资源过度使用，带来企业成本上升；从时间维度上，反映的是产业布局的动态调整，原来合理的产业布局和产业集聚因技术的进步、产业结构的优化升级使得资源配置效率降低，"向心力"和"离心力"两种相反的力量就会使产业实现集聚或分散。当二者力量均衡时，产业集聚处于相对稳定状态，一旦某一力量处于主导地位时，就必然带来产业的重新集聚，当"向心力"大于"离心力"时，产业就会集聚；反过来，当"离心力"大于"向心力"时，产业就会分散，就会出现新的产业的再集聚。那么，什么因素左右着两种力量的大小，也就是说，最终是什么因素导致产业的再集聚？产业再集聚的机制是什么？

一 产业再集聚的发生机制

产业生命周期理论阐述了这样一个事实：产业集聚并非一成不变的静态模式。在其发生初期，往往"向心力"要大于"离心力"，此时产业集聚效应主要表现为以下四个方面。

首先，以规模经济为基础的循环累积因果效应。产业集聚使得区域内企业产品的种类和数量增多，在企业间存在紧密的"前向关联"和"后向关联"的基础上，能够提高区域平均生产利润，获得规模报酬，促进区域经济发展。在市场机制的作用下，利润水平的提高不断吸引劳动、资本、技术等生产要素向该区域集聚，要素市场规模相对扩大，根据新古典经济增长模型，劳动和资本等要素投入的增加会进一步促进区域经济增长，诱发集聚，从而形成缪尔达尔的"循环累积因果链"。

其次，以地方性外溢为基础的知识溢出效应。要素投入与使用效率的提高是促进经济增长的主要因素，而技术进步是导致要素使用效率提高的关键，所以区域经济的增长离不开技术进步与创新能力的提高。产业集聚使大量相似企业集聚在一起，企业有更多的机会参与上游或下游产业链环节，使产业链延长，为技术融合和创新提供了更多的空间，在创新的信息优势与技术优势共同作用下，伴随着企业间的相互竞争和合作，更容易形成技术创新，集聚中心区的技术创新活动会产生显著的 MAR 效应和 Jacobs 效应。在 Keller 等的研究基础上，可以确定知识溢出是地方性活动，而非全球性活动，靠近集聚中心的区域更容易受到知识溢出效应的影响，所以在地方性知识溢出的基础上，能有效推动区域技术进步与创新能力的提高，进而增强产业集聚的"向心力"。

再次，以交易成本降低为基础的社会资本效应。宏观经济的良好运行建立在市场需求与供给均衡的基础上，市场交易是实现均衡的主要途径。在市场经济中，交易除受到需求与供给的影响，以及政府对市场的规制和有限干预外，交易双方的信誉水平、信任机制也是影响交易的主要因素。产业集聚使生产、分工、协作更加紧密，加强了区域内部的经济联系，有助于建立长效信任机制、形成共同的区域文化。尤其是在不完全契约理论的基础上，共同的区域文化、信任机制、信息共享等社会资本能更好地在市场交易中发挥作用，促进社会生产效率提高。张维迎等的研究曾表明越是被信任的地区，分工和交易越是发达，地区优势越能得到发挥。

最后，以资产专用性为基础的专业化市场效应。产业集聚促使大量企业在特定地理区域集聚，在横向一体化与纵向一体化的基础上加强企业间、企业内部的分工与协作，有效提高企业资产专用性，降低社会交易成本；集聚中心区域内培养大量专业化熟练劳动力，降低区域生产过程中的劳动力培训等成本，形成专业化市场的劳动力池效应，提高劳动力市场匹配效率；产业集聚促使集聚区域形成专业化产品优势，在本地市场效应的作用下，加强区域产品品牌建设，提高区域整体竞争力。

随着产业集聚不断发展，集聚所吸引的生产要素的数量和种类大规模流入，使城市生产生活赖以生存的空间变得拥挤，由于产业集聚带来的规模经济和外部性引致的技术进步，特大城市的比较优势也发生变化，原来集聚的产业在本地不再是高效率的，反而周边城市的廉价劳动力等要素更适合这类产业的发展。集聚的两种力量对比："向心力"和"离心力"发生失衡，"离心力"占据优势，集聚带来的负外部性超过了正外部性，产业开始向外迁移，要素由低回报率地区向高回报率地区流动，在周边地区形成产业的二次集聚，而原来的核心集聚区，会进一步形成新一轮的主导产业选择和新产业集聚，这种产业的迭代变革便是产业再集聚发生的过程。

如图 4-1 所示，当"离心力"占据主导位置时，原有产业发生疏散，此时产业聚集将会进行产业结构调整，包括合理化和高级化两方面。一方面，为了缓解产业集聚带来的负效应以及充分利用现有发展基础，部分落后产业将会被转移。另一方面，产业集聚带来的技术进步等优势将会促进产业实现升级，进而推动产业再集聚的发生。

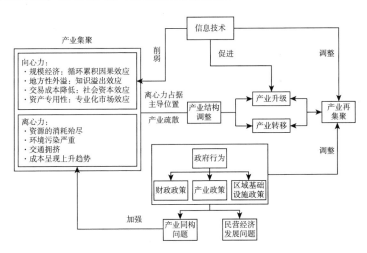

图 4-1　产业再集聚机制分析

在此过程中，信息技术与政府行为会对产业再集聚发挥调整作用。信息技术对产业再集聚的调整途径为：信息技术发展使得产业集聚的知识溢出效应，尤其是显性知识溢出效应大幅度减弱，进而削弱产业集聚的"向心力"，而且信息技术发展会对产业升级起到促进作用，在上述两条途径的共同作用下，信息技术发展对产业再集聚起到促进作用。但必须注意的一点是，产业集聚的知识溢出效应也可能是通过默会知识实现的，信息技术对默会知识传播影响较小，故信息技术对于产业再集聚的调整作用并非单一、可确定。与信息技术调整作用的多向性相比，政府行为对产业再集聚的调整更为明确，政府的财政政策、产业政策以及区域基础设施政策将会直接作用于产业再集聚的进程与方向，而政府行为可能会引发的产业同构问题会使得成本上升趋势更为突出，进而加快产业再集聚的步伐，在这过程中，可能存在的民营经济发展问题同样不容忽视。

下面，本书对以上关于信息技术和政府行为对产业再集聚的调整作用，进行更为深入、翔实的分析。

二 产业再集聚的调整：信息技术

（一）信息技术对城市发展的冲击

第三次技术革命的推进使得全球信息技术发展呈现如火如荼的态势，信息技术的应用已经成为经济发展中不可避免的影响因素，对城市发展也产生深刻影响。杜兰顿和蒲格（2004）在讨论"学习效应"时就强调，学习行为的发生并不是处在真空内的自主孤立的行为，而是需要大量面对面的交流，城市通过让许多人聚集在一起而提供给彼此进行深入交流的机会，城市提供的学习机会为城市的存在提供支持证据。但是随着信息技术的发展，从20世纪70年代开始，以托夫勒（1980）、麦克卢汉（1964）、卡斯特尔（1996）等为主的未来学家开始相继预言信息技术的发展将会使城市过时和荒废，其关于城市衰弱的主要依据是信息技术与面对面交流是可以相互替代的，打破了面对面交流对城市形成的约束机制，所有信息交流活动均可以利用信息技术开展，且效率高于面对面交流。

针对城市必将衰弱的反驳则聚焦于强调面对面接触的必要性，加斯帕和格拉泽（1996）的研究就指出，面对面交流和信息通信技术的发展存在互补关系，信息通信技术的发展既可能导致某些面对面交流的消失，也会导致更多的面对面接触。格林和赫里奥特（1998）的研究则认为面对面交流与信息通信技术的互补性主要取决于缄默信息和编码信息的类型，缄默信息对空间接近的依赖性更强，因此，城市的持久存在最终取决于缄默信息和编码信息的互补性，他们的研究已经开始强调产业再集聚过程中知识溢出的本地化特征。

（二）信息技术对产业再集聚的影响

默会知识的存在使得知识溢出效应本地化特征明显，面对面交流的频繁接触成为促进产业集聚的重要存在机制，尤其是在经济发展与产业集聚的初期阶段，此时信息基础设施发展滞后，产业集聚的主体更多依赖面对面的交流实现知识传播，开展交流合作。当然，铁路、公路等交通基础设施的发展实现了更加便捷的客货运输，在很大程度上有助于知识溢出。在以信息技术为核心的第三次科技革命浪潮的冲击下，产业集聚的知识溢出依托互联网，具备了更加便捷的实现方式，网络传输使得原来只能通过纸张、通话等形式的信息传输发生显著的改变，这就为产业集聚程度的衰减提供了一定的外部条件。产业集聚的生命周期理论已经表明，在产业集聚动态变化的进程中，集聚效应和拥挤效应的存在使得产业集聚过程呈现倒"U"形效应，在集聚发展到一定阶段后，产业走向扩散是必由之路。显然，信息化的推进使得知识溢出更加便捷，加快了产业由集聚走向扩散的进程。

对于信息化发展使人口和经济活动的空间分布更加分散还是集中，众多学者也进行过学术上的讨论。摩斯（1986）的研究结论表明，尽管信息化、电讯技术的发展使人口与产业活动具备由集聚走向扩散的重要条件，但是新的信息基础设施的建设还是依托城市中心的，对边缘地区的影响有限，尤其是信息密集型的经济活动和企业既依赖面对面的交流，也依赖信息资源，这类企业对集聚发展具有充足的需求。奥村（2005）的研究表明，电子邮件和电话通话并不能成为面对面交流的有效替代方式，可能更多的是用来建立、组织或安排面对面的接触，有助于帮助人们建立更加密切的联系，他们基于日本的城市发展模式，调查了电讯技术发展对城市发展模式的影响，基于经验数据的预测结果表明电讯技术的发展使日本城市经济更加繁荣，也更加具备集聚发展趋势。

事实上，信息化的发展的确在很大程度上降低了知识关联对产业集聚的束缚性，作为产业集聚重要作用机制的知识溢出，对空间距离的依赖性也有所减弱。但是正如上述分析所提到的，知识分为显性知识与默会知识，信息化能够传输的知识也大多属于可编码的显性知识范畴，绝大多数默会知识的溢出效应仍必须通过面对面交流的方式才能够实现。因此，在信息化迅猛发展阶段，与其说知识溢出是产业再集聚的重要作用机制，不如说是默会知识的溢出效应才是其重要作用机制。格林和赫里奥特（1998）的研究资料则表明，信息对集聚经济的发展具备双重作用，其在不同产业间所发生的作用效果也存在显著的异质性，一方面，传统的制造业活动只需要简单信息就可实现生产，有助于形成产业分散布局的态势，进而提高生产效率；另一方面，以金融业、科学技术、技术研发与设计、商务管理等为主体的现代服务业则对信息具备高度依赖性，其运营和决策过程也对信息有较高的需求，比传统服务业更加需要空间上的集中，因此，以生产性服务业为核心的现代服务业的再集聚也多集中布局于特大城市和城市中心。一些特大城市集聚的全球大企业的总部，或总部的营销中心，一定程度上佐证了金融、商务服务等产业，以及大企业的研发设计、营销和售后服务等环节需要在大城市实现集聚，对周边地区和相关产业形成辐射和带动作用，才能更好地服务于制造业和其他企业。

三 产业再集聚的调整：政府行为

政府在国家或地区的经济发展中发挥着重要的作用，世界银行在其1997年的《世界发展报告》中指出，通过对1964~1993年94个工业国和发展中国家的数据进行回归，发现30年间，政府能力强且实施良好政策的国家，人均收入每年平均增长约3%，而那些政府能力弱、政策不佳的国家，人均年收入平均增长率仅为0.5%，差距较为悬殊。从新经济地理学分析框架和世界大多数产业集聚区的经验来看，以制造业为核心的产业初次集聚是在偶然因素和循环累计因果机制作用下形成的"核心-边缘"发展模式，政府在制造业集聚过程中所发挥的作用主要集中于集聚后期的引导和疏解。相比制造业集聚，在生产性服务业再集聚和高新技术产业再集聚的过程中，政府作用更为突出，尤其是产业再集聚会受到经济行为主体预期的影响，而政府行为则是影响经济主体预期的重要因素。国务院2014年颁布的《关于加快发展生产性服务业，促进产业结构调整升级的指导意见》就指出，"要适应中国特色新型工业化、信息化、城镇化、农业现代化发展趋势，深入实施区域发展总体战略和主体功能区战略，因地制宜引导生产性服务业在中心城市、制造业集中区域、现代农业产业基地以及有条件的城镇等区域集聚，实现规模效益和特色发展"。因此，政府的财政政策、产业政策以及区域基础设施政策等会对我国的产业再集聚发展模式产生重大的影响，但政府行为在产业集聚过程中也是一把双刃剑，地方政府行为过度，可能会导致全国出现产业结构同构，造成资源浪费，对民营经济发展的支持不足，甚或出现偏差，不利于民营经济的自主发展等问题。

（一）财政政策

虽然在产业集聚的成长过程中，市场的生成性要远大于政府的建构性，但政府通过直接对产业再集聚进行扶持以及通过影响经济主体预期等方式，对产业再集聚的作用也是不容忽视的。产业集聚区的形成首先需要政府制度上的保障，特别是我国处于经济转型的关键阶段，要由粗放式发展走向高质量发展，做好创新发展的战略规划，推动新型产业的再集聚。政府从财政政策上的合理引导是推动经济转型的关键，包括对企业高水平发展的引导机制，建立产业集聚发展的创新支撑机制，创建区域创新系统，人才引进，加强产学研联合发展的机制，以及对集聚区企业的一些补贴和激励政策，为产业集聚发展打造良好的环境，这些都有助于特大城市产业再集聚的形成和进一步发展。

一个地区的经济发展与政府的财政政策是分不开的，财政政策是政府通过调控政府支出行为以及课税等手段，进而影响社会总需求，从而实现充分就业、物价稳定、避免通货膨胀或紧缩、实现经济稳定的政策选择。财政政策既包括扩张性财政政策，还包括紧缩性与中性财政政策，实现财政政策的工具和手段有很多，如发行国债、赤字、减税、补贴、税收返还、专项补助以及一般性转移支付等。产业集聚与再集聚和政府的财政政策有密不可分的关系，以珠江三角洲地区为例，珠江三角洲地区是我国改革开放以来最大的产业集聚区之一，也是改革开放以后首先发展起来的，它的发展由地理位置优势、技术、外资和财政税收政策等多种因素综合决定，但影响最深远的在于中央政府和地方政府的财政政策支持。财政的转移支付是政府对珠三角地区扶持的主要形式，周兵、蒲健勇（2004）研究发现，2003 年珠江三角洲地区税收返还占财政转移支付总额的 52.2%，一般转移支付占财政转移支付的 23.3%，还有专项拨款。政府根据不同地区所处的经济发展阶段和经济发展水平进行不同形式的财政支持。2016 年 12 月 6 日，广东省财政厅印发《广东省财政厅关于支持珠三角与粤东西北产业共建的财政扶持政策》，明确采用税收返还、普惠性奖补、叠加性奖补等举措支持珠三角产业转移和产业结构升级，引导产业链跨区域对接融合，实现产业集聚、转移和再集聚的有效融合。一般情况下，较高的税收不利于区域产业集聚以及经济发展，而较低的税收将会促进产业集聚。随着地区产业集聚的发展、税收收入的增加，转移返还的金额也随之增加，但是如果政府在该区域实施积极的财政政策，如在财政转移支付中实施较高比例的税收返还，则即便是较高的税收政策，也会有利于该区域的集聚发展。也就是说，如果区域产业再集聚产生的集聚性地租足以抵消这种税收上升带来的成本损失时，较高的税收也有利于产业的再集聚发展。周兵（2003）通过对我国东、中、西部三个地区地方财政政策与产业集聚水平的定量分析发现，由于东部地区的基础设施较为完善，当财政支出增加 1 个单位时，东部地区产业集聚指标水平要比中、西部分别高出 0.1513 和 0.09 个单位，而在财政收入方面，对于不同经济发展阶段的地区，财政收入对产业集聚的影响不同，东、中部地区呈正相关，而西部地区呈负相关。最后，在财政政策指标中，大部分地区的财政转移支付返还额占财政支出的比例与对产业集聚的影响都是正向相关的，尤其是教育及科学研究支出占财政支出的比例越高，对区域产业集聚的促进作用越大。

（二）产业政策

当前我国正处于经济转型的关键时期，良好且适度的产业政策的制定对于产业再集聚以及产业结构的转型升级至关重要。我国产业集聚已经具有一定的规模，有些产业在特定区域内已经形成高度集聚的状态，特别是在东部沿海地区，产业集聚已经成为推动区域经济发展的主要动力。一些地区的政府已经认识到产业集聚发展的重要性，制定实施了产业集聚发展战略，并采取了一些促进产业集聚发展的政策措施，以吸引适合本地区大力发展的产业向本地集中。一个明确的产业集聚战略与政策对于地区经济集聚发展有着重要的作用，通过政府的规划和政策支持能够促进产业集聚更好地发展，促进该地区的经济转型升级，优化产业结构，提高区域的竞争力。

日本之所以能够在激烈的国际竞争市场中脱颖而出，占据重要地位，离不开产业的高度集聚和发展，而日本能够形成高度的产业集聚与政府的产业政策密不可分。日本前期的产业政策有两个特征：首先，采取调整产业布局，支持城市的工厂向地方分散，制定了新产业都市、高新技术集聚都市以及特定区域工业集聚振兴促进法等政策。其次，通过就业补助金、生产调整补助金以及对产业转换的财政来支持其单一型、产量型产业的转型升级。为了增强产业政策对地方的适应性，针对地方，日本政府还通过技术情报收集，为企业提供信息平台；同时，根据不同情况，为企业设备投资与研究开发提供补助金或减税；此外，通过加强对人才的培养，以及促进产学研网络的形成，为企业培养熟练度高、能够迅速吸收新技术的员工以支持企业的发展。

从日本的经验来看，我国在产业政策的制定上，应充分考虑我国产业发展的特点和各地区的实际情况，国家层面的产业政策要统筹规划，对全国的产业再集聚进行总体布局，重点放在产业结构升级、自主创新以及提高产业再集聚的整体竞争力上。在地方，要根据本区域发展的实际情况和现有产业基础，制定切实可行的针对性政策，要对工业化不同阶段的地区实施不同的产业政策，避免"一刀切"造成的产业同质化。同时，技术创新是产业再集聚的主要动力，创新与变革使产业集聚程度越来越高，日本等发达国家主要依托中小企业进行技术革新，我国与此不同，大企业在我国经济发展中占据优势，因此，在我国产业再集聚的政策制定上，要发挥"两条腿走路"的优势，既要注重国有大企业的引领作用，又要发挥民营企业对市场反应灵敏的优势，推动两种类型企业在各自领域实现技术的创新和产业的再集聚。

（三）区域基础设施政策

基础设施是新经济地理学分析框架中不可或缺的组成部分，分析产业再集聚问题也离不开地方政府的基础设施政策。公共物品的供给是政府的传统职能，政府对于基础教育、环境、住房、医疗保障、交通建设以及网络基础设施等方面的投资，能为本地区经济的持续发展带来持久利好的影响，包括政府对于企业提供的水、电、污水治理等公共品和服务，特别是良好的交通基础设施建设，不仅能增强对集聚企业的吸引力，使区外企业加入本地区的企业集群，还能有助于提高集聚区企业专业化分工，从而提高集聚区的经济效率，增强集聚优势和地区竞争力。

基础设施建设水平对产业集聚的硬件环境起着决定作用，良好的基础设施能够提高集聚区的综合竞争力，加速产业的再集聚与发展。特别是在产业集聚的起步阶段，一般都是按"政府主导+市场运作"的模式发展，建设一批标准化厂房，完善供电、供水等基础设施，增强对企业的吸纳集聚和孵化再生功能。健全的园区基础配套设施有助于保护集群企业生产经营，政府通过扶持园区的建设，在修建公路、码头、厂房以及电站等基础设施的基础上，改善产业园区的交通、通信、供水、供电以及生活便利情况，以便对投资企业产生更强的吸引力，吸引区外甚至外地企业进入产业集聚区进行生产经营活动。如海南省政府通过优惠政策吸引企业进入产业集聚区时，积极完善园区内的交通、生产设施以及生活设施等硬件设施，积极建设科技成果信息平台和科技成果转化平台等，增进园区内技术交流和商业往来。一方面，积极扶持技术、物流、金融等各种中介服务机构建设，健全软件环境，吸引更多的企业进入产业集聚区。另一方面，通过完善公路、铁路、港口等硬件基础设施，吸引企业进入，形成产业集聚区。如洋浦港口和洋浦经济开发区通过健全海关、金融管理机构、口岸联检等软件配套设施建设，先后引进了金海纸浆、中石化海南公司等龙头企业和大型项目，逐步把洋浦经济技术开发区打造为油漆化工综合开发、林浆纸制品包装印刷、现代物流三个主导产业集聚区。

（四）地方政府行为与产业同构问题

产业同构现象是经济发展中亟待解决的棘手问题，我国长期以来的传统管理体制和对市场干预过度的政府规划，在一定程度上导致了我国经济发展过程中的产业集聚以及产能过剩等问题，尤其在计划经济时期，地方政府过度追求"大而全、小而全"的产业发展模式，在产业布局中出现产业同构的严重问题。在新中国成立初期，我国就以五年计划为导向，重视生产力在各地区之间的平衡布局以及地方工业的自成体系，对不同地区的同类型产业给予同等支持。改革开放初期，在商品短缺和各地追求 GDP 增长的背景下，几乎所有的省（区、市）都生产钢铁产品和耐用消费品，这种现象直到 1992 年邓小平南方谈话后，提出建立社会主义市场经济体制的目标后，市场机制在配置资源中起到基础性作用，"看不见的手"调控经济的比重逐渐扩大，经济发展从追求均衡发展模式转化为非均衡发展模式，产业同构现象才逐渐改观。但由于市场信息不对称，以及多年的发展基础，产业同构现象在我国依然存在，而且一定程度上造成我国现在的产能过剩，使得供求矛盾突出。在对这一现象进行分析时，学者们更多地将产业同构与中央政府的宏观经济目标联系起来，但随着宏观经济与微观基础的讨论不断深入，中央政府和地方政府的目标存在差异，学者们开始发现，经济竞争当中的政治晋升博弈是一种"零和博弈"，不同区域的官员代表不同的利益主体，在分开考核的情况下，他们不会进行横向合作（周黎安，2004），而会选择产业跟随策略，从而导致了区域间产业同构的不良后果。

通过空间经济模型（杨秀云，2016）验证，产业同构会导致资源浪费以及重复建设问题，长期产业同构的最终结果是某一地区的产业集聚和其他地区的产业衰退。政府的不当行为能够导致产业同构问题，但政府的适度合理干预，进行宏观调控，优化资源配置，也会缓解并最终消除产业同构问题。我国计划经济时期为了解决产能不足问题，产业同构的布局可以使不同地区之间借鉴成功经验，解决了市场需求问题，但随着区域性产业竞争的出现，产业同构现象导致的产能过剩问题一直存在。解决产能过剩的根本性策略在于根据本地资源禀赋、发展阶段、技术条件和空间资源稀缺情况，实现产业的创新型发展，政府要出台和完善鼓励创新的激励性政策，而不是规定产业发展的具体内容和目标，从而使地区在创新型发展中获取优势，通过产业集聚扩大规模，进而获取规模收益递增。各级地方政府间应改变"零和博弈"的晋升策略，在发展策略上，不能盲目采取复制型跟随策略，而应选择地区间通力合作，形成产业间互补、上下游配套的格局，形成跨地区产业集聚群。

简而言之，政府政策遗留下来的产业同构问题是把双刃剑，在一定程度上制约产业结构转型和产业再集聚模式的推进，但反过来，区域产业同构问题意味着一定程度的重复建设，这种重复建设有助于产业转型升级和新一轮主导产业的选择，而过度的专业化生产会限制产业转型的方向和经济多样性发展。因此，政府在引导产业发展中要尊重市场经济规律，尊重资源禀赋，尊重产业基础，尊重技术水平，有针对性地推动产业集群建设，尤其是特大城市，要做好低端和传统产业的转移，实现新兴产业和高技术产业的再集聚。

（五）地方政府与民营经济发展问题

民营经济是我国社会主义市场经济的重要组成部分。习近平总书记在2018 年的民营企业座谈会上指出："民营经济具有'五六七八九'的特征，即贡献了 50% 以上的税收，60% 以上的国内生产总值，70% 以上的技术创新成果，80% 以上的城镇劳动就业，90% 以上的企业数量。在世界500 强企业中，我国民营企业由 2010 年的 1 家增加到 2018 年的 28 家。我国民营经济已经成为推动我国发展不可或缺的力量，成为创业就业的主要领域、技术创新的重要主体、国家税收的重要来源，为我国社会主义市场经济发展、政府职能转变、农村富余劳动力转移、国际市场开拓等发挥了重要作用。"① 但一直以来，国有大中型企业在我国的经济发展中占据主导地位，政府对经济增长和产业集聚的扶持也主要集中于大中型国有企业，虽然民营企业对我国经济发展的作用十分突出，但政策支持的作用还未充分显现。

产业集聚大多以大中型企业为主，而民营中小企业经营较为分散。在目前国内外的严峻形势下，我国一些民营企业主要依靠劳动密集型产业发展起来，而且大部分企业仍处于产业链的低端，因此民营企业处于产业升级的关键时刻，转型升级面临重大压力和挑战。在我国的政治和经济体制背景下，民营企业的转型升级问题比成熟的市场经济国家要更为复杂，政府的政策变化因素在民营企业的转型升级中影响更大。张亮（2014）采用政府效能、监管质量、法律规则和腐败控制等几个指标作为政府行为的细化，通过构建模型研究政府行为与民营企业转型升级的关系，结果发现，政府效能越高，即政府办事效率越高，越能为企业提供优质的服务，越有利于降低企业成本、减少企业的隐形负担，越有助于推动民营企业的转型升级；监管质量越高，对民营企业的财税等方面的优惠力度越大，越有利

---

① 习近平：《在民营企业座谈会上的讲话》，《人民日报》2018 年 11 月 1 日。

于民营企业的转型升级；国家对反垄断法、知识产权保护法等法律法规执行的程度越高，民营企业越能够获得公平有序的市场竞争环境，从而越能够提高民营企业的活力和综合竞争力。

我国民营企业大部分已经走出了创业期，进入新一轮提升发展阶段，产品需要升级，技术需要创新，经营方式和商业业态需要变革。目前，大多数民营中小企业势单力薄，缺乏较充足的科研投入，技术研发薄弱，创新基础不强，如果对技术采取简单的"直接拿来主义"，不仅不能促进企业的转型升级，反而会造成市场的混乱。因此，民营企业的转型升级，政府的作用是不可或缺的，包括加强对民营企业产权的有效保护力度，构建公平竞争的政策法规体系，加大融资力度支持，构建技术支持体系，优化民营企业的发展环境。同时，当外部环境优化时，民营企业能够按照自身发展规律，积极寻求市场机会，它们会主动和大企业形成上下游的产业链，成为大企业的配套厂家，围绕大企业的发展壮大自身实力。民营企业在合作过程中会不断降低成本，改善产品质量，实现创新，这些都为产业再集聚奠定基础，有助于产业集群的形成。

第三篇

实证研究

第五章和第六章为实证研究部分，第五章重点介绍我国特大城市的经济发展阶段与产业结构现状，分区域、分组别对产业再集聚与产业升级进行实证分析。鉴于我国产业再集聚与产业升级的实证研究结果，以及中国经济发展的客观事实，本书选取京津冀、长三角、珠三角和成渝城市群作为我国特大城市及其衍生群的代表，对其产业再集聚态势进行分析，总结出总部经济集聚、功能区集聚、专业化集聚三种产业再集聚模式。

　　第六章为典型特大城市及其衍生群产业再集聚的空间效应实证研究，主要以服务业和生产性服务业为考察对象，分别进行固定效应回归、分位数回归、空间溢出效应检验、行业异质性分析，实证研究了生产性服务业集聚在京津冀、长三角、珠三角城市群以及成渝城市群的空间效应，并对不同城市群的一些特色产业进行进一步的细致考察，通过对不同城市群的对比分析，明确产业再集聚对区域经济的异质性促进作用。

第五章

我国特大城市产业再集聚的特征事实

改革开放四十年以来，我国经济快速发展，经历了初级产品生产、工业化初期、工业化中期、工业化后期以及后工业化等不同的经济发展阶段。随着经济发展阶段的跃升，产业结构实现由低级向高级的演化和提升。经济发展和城市化相伴相生，根据国家统计局数据，2018年我国城市化率接近60%，人口日益向大中城市集中，人口超过500万的特大城市和人口超过1000万的超大城市（2014年国务院发布的《关于调整城市规模划分标准的通知》）显著增加，围绕特大城市以及以特大城市为核心形成的城市群一直引领着我国城市经济和区域经济的发展，产业结构的升级以及产业集聚、产业再集聚的发生都首先出现在特大城市以及超大城市。

本章将重点介绍我国特大城市的经济发展阶段与产业结构现状，分区域、分组别对产业再集聚与产业升级进行实证分析。实证结果表明我国东、中、西部地区均出现以特大城市为核心的"中心－外围"模式，而东北部地区的"产业疏散—承接"模式并不显著。更进一步的研究表明，制造业、生产性服务业的再集聚均对产业升级具有促进作用，相比制造业集聚，生产性服务业集聚对产业升级的影响更大，且存在区域异质性。此外，特大城市生产性服务业再集聚对本地的产业结构升级效应呈"U"形，周边城市制造业再集聚对本地产业结构升级呈倒"U"形。

鉴于我国产业再集聚与产业升级的实证研究结果，以及中国经济发展的客观事实，本章选取京津冀、长三角、珠三角和成渝城市群作为我国特大城市及其衍生群的代表，对其产业再集聚态势进行分析，总结出总部经济集聚、功能区集聚、专业化集聚三种产业再集聚模式。

一 特大城市经济发展阶段

关于研究经济发展阶段的理论有很多，目前国内外最为流行的就是罗斯托经济成长理论和钱纳里工业化阶段理论。本部分内容主要采用钱纳里工业化阶段理论对我国特大城市群的经济发展阶段进行判定和分析。

钱纳里工业化阶段理论认为工业化以初级产品生产向制造业生产转移作为判定标准。综合考察经济结构的转变和人均收入增长，钱纳里将这一过程划分为三个阶段：工业化起始阶段，工业化实现阶段（初期阶段、中期阶段和后期阶段），后工业化阶段。

第一阶段是工业化起始阶段。在这个阶段，资本积累低速至中速增长，劳动力迅速增加，但全要素生产率增长十分缓慢。第二阶段是工业化实现阶段。工业化实现阶段又可以按照人均收入水平不同分为三个阶段（初期阶段、中期阶段、后期阶段）。显然，经济发展所处工业化阶段不同，主导产业不同，产业结构也各不相同，但总体而言，产业结构仍然以工业为主导，从轻工业的日常消费品到汽车、家电等耐用消费品。第三阶段是后工业化阶段。在这个阶段，从供给上看，相对于前两个阶段，要素投入的综合贡献减少，全要素生产率相对于工业化中期有所降低。在这个阶段，经济结构已经完成由第二产业向第三产业的过渡，实现以第三产业为主导的产业结构，第三产业的比重开始超过第二产业，并逐渐占据半壁江山。

表 5 - 1 为根据不同的物价指数以人均 GDP 为标准判定的钱纳里工业发展的三个阶段。由于国际美元币值的变动，工业化以人均 GDP 的不同年份的美元来反映。

表 5 - 1　钱纳里工业发展的不同阶段（以人均 GDP 为标准）

单位：美元

	工业化起始阶段	工业化实现阶段			后工业化阶段
		初期阶段	中期阶段	后期阶段	
人均 GDP（1970 年美元）	140 ~ 280	280 ~ 560	560 ~ 1120	1120 ~ 2100	2100 以上
人均 GDP（1996 年美元）	620 ~ 1240	1240 ~ 2480	2480 ~ 4960	4960 ~ 9300	9300 以上

续表

	工业化起始阶段	工业化实现阶段			后工业化阶段
		初期阶段	中期阶段	后期阶段	
人均 GDP（2007 年美元）	748～1495	1495～2990	2990～5981	5981～11214	11214 以上

　　钱纳里将经济增长看作经济结构的调整、转变与提升的过程，按照人均 GDP 数量的多少，可以将工业发展的进程划分为三个阶段、五个时期。按 1970 年的美元汇率计算，当人均 GDP 为 140～280 美元时，经济发展进入工业化起始阶段；当人均 GDP 为 280～2100 美元时，经济发展进入工业化实现阶段；当人均 GDP 达到 2100 美元以上时，进入后工业化阶段。2016 年我国人均国内生产总值已经超过 8000 美元，换算成以 1970 年为基期的美元价值则为 1656 美元，按照这一理论判定，我国已经进入工业化后期阶段，但考虑到中国人口规模、二元经济结构、人民币汇率和隐性城市化等因素，尤其是中国经济发展的不平衡性，以及地区收入差距较大，我国不同地区的经济发展处在不同的阶段。

　　按照人均 GDP 的标准，以东部沿海地区为代表的发达地区已经进入后工业化阶段，而中西部地区绝大多数仍旧处于工业化中期阶段；从不同地区的工业就业人数、三次产业结构比重，以及不同地区的发展状况看，中国的经济发展总体上仍处于工业化后期阶段。特大城市的经济社会发展也处在不同的发展阶段，正是这种不平衡性使我国产业升级和转移的空间广阔，特大城市的产业再集聚就具有了必然性，一些空间资源配置效率低的产业就会转移，而适合特大城市发展要求的、空间资源配置合理的产业就会大规模地在这些地方出现、发展和集聚。由于我国经济发展的区域不平衡和特大城市发展阶段的差异性，产业在各特大城市的空间布局也表现出不同的形态，形成各自的比较优势。表 5-2 说明了 2016 年我国具备代表性的特大城市人均 GDP 的差异情况。

表 5-2　2016 年我国特大城市人均 GDP

单位：美元

城市	人均 GDP（2016 年美元）	人均 GDP（1970 年美元）
北京	16038.70	3279.83

续表

城市	人均 GDP（2016 年美元）	人均 GDP（1970 年美元）
天津	16259.04	3324.89
沈阳	13212.95	2701.98
哈尔滨	8889.61	1817.92
上海	15631.93	3196.71
南京	17796.84	3639.44
杭州	16902.11	3456.46
武汉	15682.53	3207.06
广州	20510.24	4194.32
汕头	5080.12	1038.88
重庆	7879.67	1611.38
成都	11185.69	2287.46
西安	10081.02	2061.56

资料来源：根据国家统计局数据计算所得。

按照 1970 年美元来看，我国特大城市中，除了哈尔滨、汕头、重庆和西安，北京、天津、沈阳、上海、南京、杭州、武汉、广州、成都人均 GDP 均达到 2100 美元以上，处于后工业化阶段，也就是处于服务经济时代，产业结构以第三产业为主导，达到发达经济水平。而哈尔滨、重庆和西安，分别是我国东北、西南和西北的工业化特大城市，工业占经济的主导地位，因此仍处于工业化阶段，具体为工业化后期阶段。汕头人均 GDP 折算成 1970 年美元为 1038.88 美元，按照钱纳里的划分标准，汕头仍处于工业化中期阶段，这是因为汕头仍以服装纺织、玩具制造等传统的劳动密集型制造业为主，经济结构尚处于低级阶段，还没有完成产业的转型升级。而汕头被划分为特大城市，也源于其主导产业以劳动密集型产业为主，需要大量劳动力，因此城市常住居民超过 500 万人，达到特大城市标准，不过从工业发展阶段来看，汕头经济发展有进一步提升的空间。但处于长三角和京津冀的城市，如北京、天津、上海、杭州等基本已经过渡到第五阶段——服务经济时代。

二 特大城市产业结构现状

随着经济发展阶段的向前推进，我国特大城市的产业结构也在不断优化。目前我国特大城市基本形成"三、二、一"的产业结构，即第三产业在国民经济中占据较大比重，超过 50%，且第三产业中服务业所占比重逐年上升，其次是第二产业，第一产业在国民经济中所占比重最小。而特大城市服务业在其国民经济中发挥重要作用，我国特大城市基本形成以服务经济为主的经济结构。在国家政策方面，自"十一五"规划纲要，国家就已提出"大城市要把发展服务业放在优先位置，有条件的要形成服务经济为主的产业结构"；2007 年《国务院关于加快发展服务业的若干意见》提出，"有条件的大中城市形成以服务经济为主的产业结构，服务业增加值增长速度超过国内生产总值和第二产业增长速度"；"十二五"规划纲要明确提出，要"推动特大城市形成以服务经济为主的产业结构"；同样，在"十三五"规划纲要中也重点强调特大城市重点发展服务经济。

按照 2014 年国务院发布的《关于调整城市规模划分标准的通知》，规定城区常住人口 500 万以上 1000 万以下的城市为特大城市，按照此标准，从《中国城市统计年鉴 2016》统计数据来看，我国特大城市为北京、天津、重庆、沈阳、哈尔滨、上海、南京、杭州、武汉、广州、汕头、成都、西安 13 个城市（包含超大城市）。2016 年我国特大城市三大产业结构如图 5 - 1 所示。

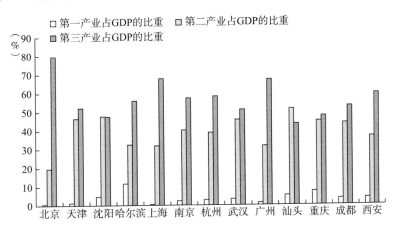

图 5 - 1　2016 年我国特大城市三大产业结构

在我国 13 个特大城市中，北京、天津、上海、哈尔滨、南京、杭州、武汉、广州、重庆、成都、西安 11 个城市已经实现"三、二、一"的产业结构，沈阳和汕头两个城市虽以第二产业为主，但第三产业所占比重与第二产业也很接近，因此，从上述结果来看，我国特大城市基本形成以第三产业占据主导地位的服务经济模式。

从 2016 年我国特大城市三大产业从业人员数量（见图 5-2）来看，北京、广州、上海、重庆、成都 5 个特大城市第三产业的从业人员数量已经远远超过第二产业和第一产业。截至 2016 年底，北京从事第三产业的就业比重高达 81%，广州高达 67%，上海高达 65%，成都高达 66%，重庆也超过 50%，可见第三产业在这 5 个特大城市中占有举足轻重的地位。在天津、沈阳、南京、杭州、武汉这 5 个特大城市中，第三产业就业人员与第二产业就业人员数量基本持平，这些特大城市有良好的工业基础，第二产业在经济中发挥着重要作用，但随着产业结构的升级，第三产业的快速发展，第三产业的从业人员数量已经逐渐超过了第二产业从业人员的数量。在 13 个特大城市中，仅汕头第三产业就业人员数量低于第二产业，汕头是我国重要的制造业城市，制造业占据地区经济的重要地位，而且大多是纺织服装、玩具制造等劳动密集型的传统制造业，从业人员中大部分从事第二产业中的制造业。

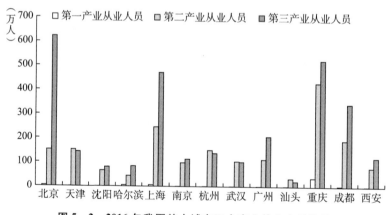

图 5-2　2016 年我国特大城市三大产业从业人员数量

按照工业化阶段理论进行划分，当第一产业从业人员占全社会劳动力比重高于 50% 时，为工业化初期阶段；当第一产业从业人员占全社会劳动力比重为 20%～50% 时，为工业化中期阶段；当第一产业从业人员占全社会劳动力比重为 20% 以下时，为工业化后期阶段。从图 5-3 可以看出，我国特大城市全部实现第一产业就业人员比重达到 10% 以下，按照此理论

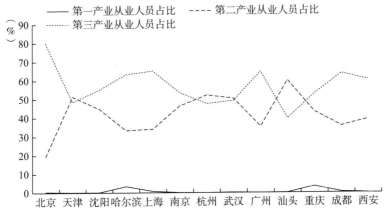

图 5 – 3 2016 年我国特大城市三大产业从业人员占比结构

划分，我国特大城市基本处于工业化后期阶段，并且大部分特大城市第三产业从业人员占比超过第二产业，进入以第三产业为主的服务经济时代。

从西方特大城市经济发展的演化看，产业结构的变化主要表现为从业人员数量和结构的变化，从最初的以农业劳动力为主，逐渐转向以第二产业为主，最后转为以第三产业为主。在这一演化过程中，劳动力的每一次大规模转移都会催生一个新的产业，并带动上下游相关产业的发展，并给人类生活带来巨大影响，从而改变城市空间特征。而这个产业结构更替的周期大约每 50 年发生一次，这基本上和技术的巨大突破周期相一致。发达国家工业化进程开始较早，现在许多西方发达国家都已经进入以服务业为主导的产业结构阶段，比仍处于工业化阶段的发展中国家早一个周期左右。

产业结构的升级和趋向知识化发展，反映在新技术革命背景下，科技进步与技术创新日益成为产业发展的核心动力。产业结构的重技术和重知识化，意味着知识含量和技术含量的日益提高，高新技术产业不断发展成为主导产业。

产业结构知识化的表现形式是高新技术产业和新兴服务业得到发展，高新技术产业和服务业以信息化和互联网为基础，其柔性的生产方式使得产业布局更加灵活，但对高水平的人才需求更多，居住地更加集中，对高质量的生态环境和现代化的基础设施要求更加迫切，这区别于传统产业的布局条件和布局模式。实现工业化的现代化的重要前提是建立以高新技术产业为主导的经济结构，在这个过程中要处理好"四个关系"，即处理好新兴产业集聚和传统产业分散的关系，处理好劳动密集型、资本密集型和技术密集型的关系，处理好技术、就业和劳动生产率的关系，处理好单位能源消耗与经济增长的关系，把缓解过高的就业压力放在突出的位置。

在特大城市的产业选择上，一是充分利用最新的科技成果，重点发展新的产业和新的商业业态，实现产业发展的新突破；二是在对世界市场展开深入调查研究的基础上，明确产业发展方向，在全球产业链和价值链中找到合适的位置，向全球产业链的中高端迈进；三是寻找国际市场有大量需求的产品，或国内基本处于空白、或全靠进口的产品中寻找产业发展的新机遇。与此同时，我国特大城市还应充分重视利用自身的历史、文化和旅游资源优势，大力发展具有潜力和鲜明特色的制造业和服务业，加强基础设施的建设，提高服务水平，为经济结构的调整和转型创造有利的条件。

改革开放以来，我国经济快速增长，成为全球第二大经济体，GDP 年均增长速度超过 9 个百分点。2020 年我国国内生产总值突破 100 万亿元，其中服务业增加值达到 55.39 万亿元，占 GDP 比重达到 54.5%。无论是从服务业占 GDP 的比重，还是从服务业增长率来看，服务业都已经成为促进我国经济增长的主要推动力。

伴随着服务业的发展，城市化进程不断加快。我国城市化进程现在正处于纳瑟姆曲线的高速增长阶段。改革开放初期，1978 年我国城市化率仅为 17.92%，到 1995 年我国城市化率就已经提高到 29.04%，平均每年增长 0.65 个百分点，2017 年，我国城市化率达到 58.52%，短短 20 余年提高了近 30 个百分点，我国已经进入以城市社会为主的新成长阶段。

在我国城市化进入快速发展通道和服务业成为主导产业的经济结构背景下，生产性服务业的发展将成为我国产业结构转型升级的关键。特别是在大城市，一方面要通过推动传统产业转移，加快服务产品和服务模式的创新，促进生产性服务外包，依托生产性服务业的发展，围绕特大城市形成有机的产业分工体系，充分发挥特大城市作为经济发展重要空间载体的经济发展引领作用。另一方面，逐渐通过改善城市基础设施和市场环境，推动先进生产性服务业首先在特大城市形成集聚，引领先进制造业、现代服务业等新兴产业的发展，实现传统产业的升级，促进产业结构优化发展。

三 产业再集聚与产业升级的实证分析

产业再集聚的产业升级效应对于转出地和迁入地有所不同。特大城市谋求制造业等劳动密集或资本密集型产业的转出，推动以新技术、新知识为核心的主导产业形成，发展新产业、新业态，而产业承接地通常是承接特大城市转出的劳动密集型或资本密集型产业，在本地集聚的基础上扩大产业规模，形成规模经济，以实现产业升级。可见，对特大城市和周边城市的产业升级效应不能等同对待。本书借鉴孙晓华等（2018）的方法，通过既能体现规模又能体现方向的产业转移指数，测算特大城市和周边城市的产业转移程度和方向。根据不同城市的产业转移方向判断是迁出地还是承接地，因为迁出地的新的要素流入和集聚往往以创新型要素和生产性服务业集聚为主，故以生产性服务业的集聚程度为主要变量判断迁出地的产业优化升级效应，而承接地往往是劳动或者资本要素密集程度的提高，因此，以承接地的制造业集聚度衡量承接地的产业再集聚和产业结构优化升级效应。

（一）产业转移的区域分析

产业转移的度量，一般通过比较地区产业经济指标的此消彼长来说明产业转移的方向和指数。发达国家企业的区位信息比较完备，可以依据企业的区位变迁来直接判断产业转移的规模和方向（Van & Pellenbarg，2000），国内一般以间接指标测度转移程度，如产业份额为基础的区位熵（范剑勇，2004），绝对份额指标（郑鑫、陈耀，2012；樊士德，2015），赫芬达尔指数（张公巍、梁琦，2010），产业梯度系数（龚晓菊、刘祥东，2012）等。本书选用孙晓华等（2018）的做法，将产业转移作为一个事件，以产业转移发生前后产业经济指标的相对变化量为转移的大小，产业经济指标相对变化量定义为该地区制造业在全国的相对份额之比与该地区整个经济体量在全国的相对份额之比的差作为衡量该地区制造业收缩扩张的情况，这种指标去除了本地区自身带来的制造业变动的影响，比较科学合理，将转移发生前的年份定义为基期。

$$IR_{ci,t} = P_{ci,t} - P_{ci,t_0} = \frac{q_{ci,t}}{\sum_{c=1}^{n} q_{ci,t}} \Bigg/ \frac{\sum_{i=1}^{m} q_{ci,t}}{\sum_{i=1}^{m}\sum_{c=1}^{n} q_{ci,t}} - \frac{q_{ci,t_0}}{\sum_{c=1}^{n} q_{ci,t_0}} \Bigg/ \frac{\sum_{i=1}^{m} q_{ci,t_0}}{\sum_{i=1}^{m}\sum_{c=1}^{n} q_{ci,t_0}}$$

$IR_{ci,t}$ 为 c 地区 i 行业的产业转移指数，$q_{ci,t}$ 为 c 地区 i 行业的生产规模，$\sum_{c=1}^{n} q_{ci,t}$ 为该行业的全国产值，$\sum_{i=1}^{m} q_{ci,t}$ 为该地区全部行业总体规模。采用产值代表行业的生产规模，如果 $IR_{ci,t} > 0$，表明该年份 c 地区 i 行业规模相对于初期发生了扩张，也就是有产业转入，相反为产业转出。基期选择为 2008～2010 年，中国沿海省份从 2004 年开始出现"用工荒"，从 2008 年开始出现大范围地向中西部地区产业转移的情况（张公巍、梁琦，2010），因此，本文选择 2008～2010 年作为基期，行业选择为制造业。在地区的选择上，按照 2014 年国务院发布的《关于调整城市规模划分标准的通知》，城区常住人口超过 500 万的为特大城市（包括超大城市），分别为北京、天津、重庆、沈阳、哈尔滨、上海、南京、杭州、武汉、广州、汕头、成都、西安 13 个城市，东、中、西部都有分布，周边地区为该特大城市所在省份或区域的其他地级市。

基于数据的可得性，将制造业从业人数作为地区制造业生产规模的代表变量，为更好体现产业转移指数测算结果，将以特大城市为核心的经济圈以东、中、西部区分，结果分别如表 5-3、表 5-4、表 5-5 所示。

表 5-3 2007～2010 年我国东部地区制造业产业转移指数

区域	城市	2007 年	2008 年	2009 年	2010 年
京津冀	北京	- 0.099	- 0.219	0.009	- 0.132
	天津	- 0.423	- 0.296	- 0.127	0.680
	石家庄	- 0.116	- 0.072	- 0.102	- 0.048
	唐山	- 0.002	- 0.074	0.034	- 0.063
	邯郸	- 0.054	- 0.223	- 0.085	0.089
	张家口	- 0.102	- 0.157	- 0.073	- 0.050
	保定	0.022	0.006	- 0.046	- 0.026
	沧州	- 0.074	- 0.023	- 0.047	- 0.027
	秦皇岛	- 0.034	0.063	0.016	0.035

续表

区域	城市	2007 年	2008 年	2009 年	2010 年
京津冀	邢台	− 0. 015	− 0. 028	0. 007	− 0. 036
	廊坊	0. 000	0. 031	0. 174	0. 187
	承德	− 0. 052	− 0. 054	− 0. 012	− 0. 035
	衡水	− 0. 051	− 0. 044	− 0. 018	− 0. 033
长三角	上海	0. 509	− 0. 559	− 0. 109	− 0. 171
	杭州	0. 357	0. 157	− 0. 136	− 0. 074
	南京	− 0. 283	0. 089	0. 127	− 0. 170
	嘉兴	− 0. 186	− 0. 149	− 0. 099	− 0. 076
	湖州	0. 184	0. 230	0. 003	0. 124
	舟山	0. 315	0. 015	0. 108	− 0. 030
	金华	0. 104	0. 066	0. 076	0. 070
	绍兴	0. 081	0. 707	− 0. 189	− 0. 168
	温州	0. 004	− 0. 049	− 0. 089	− 0. 138
	台州	0. 247	0. 261	0. 194	0. 128
	丽水	0. 050	0. 042	− 0. 010	0. 048
	衢州	0. 043	0. 116	0. 058	0. 061
	宁波	0. 228	0. 333	0. 325	− 0. 120
	无锡	0. 045	0. 088	− 0. 063	0. 268
	徐州	− 0. 028	0. 013	− 0. 012	0. 015
	常州	− 0. 167	− 0. 079	− 0. 074	0. 086
	苏州	− 0. 080	− 0. 509	− 0. 344	− 0. 009
	南通	0. 024	0. 009	− 0. 067	− 0. 066
	连云港	− 0. 058	0. 033	− 0. 016	− 0. 007
	淮安	0. 069	0. 094	− 0. 130	0. 060
	盐城	− 0. 009	− 0. 021	0. 001	− 0. 250
	扬州	− 0. 084	− 0. 102	− 0. 069	− 0. 030
	镇江	0. 142	0. 062	− 0. 073	− 0. 169
	泰州	− 0. 004	− 0. 041	0. 048	0. 028
	宿迁	− 0. 005	0. 007	0. 074	0. 003

续表

区域	城市	2007 年	2008 年	2009 年	2010 年
珠三角	广州	0.165	-0.154	-0.132	-0.111
	汕头	-0.103	-0.025	-0.056	-0.083
	深圳	-0.137	-0.066	0.257	0.218
	珠海	-0.199	0.022	0.386	0.240
	佛山	0.023	-0.120	-0.104	-0.132
	韶关	0.016	0.060	0.000	-0.020
	河源	0.075	0.061	0.272	-0.169
	梅州	0.007	-0.052	0.010	-0.013
	惠州	0.438	-0.420	0.100	-0.159
	汕尾	0.061	0.037	0.056	0.181
	东莞	-0.034	-0.022	-0.026	-0.061
	中山	-0.098	-0.204	0.186	0.067
	江门	0.190	-0.100	-0.080	0.071
	阳江	-0.064	0.052	-0.066	0.019
	湛江	-0.023	-0.021	-0.040	0.007
	茂名	-0.031	0.028	-0.015	-0.009
	肇庆	-0.033	0.073	-0.027	0.021
	清远	0.035	-0.026	0.127	0.047
	潮州	0.013	-0.030	-0.071	0.020
	揭阳	-0.020	-0.005	-0.001	-0.046
	云浮	-0.006	-0.043	-0.079	-0.022

由表 5-3 可以看出，东部地区出现了明显的以特大城市为核心的产业疏散。在京津冀地区，北京、天津 2008~2010 年的制造业产业转移指数大部分为负值，说明北京、天津出现了制造业向周边地区转移的情况，河北省的保定、秦皇岛、廊坊制造业转移指数为正，出现了明显的制造业产业扩张现象，由京津冀一体化的推进，可知这三个地区制造业扩张的情况很有可能是来自京津的产业疏散。长三角的上海、杭州和南京三个城市出现了相对更大规模的制造业转出，而浙江省的湖州、舟山、金华、台州、丽水、衢州、宁波均出现了几乎连续 4 年的制造业份额增长，江苏省的无锡、淮安、泰州、宿迁的制造业也呈现扩张状态，显著说明长三角地区以上海、杭州和南京三个特大

城市为核心的产业疏散和对周边城市强大的辐射带动功能。珠三角地区的广州、汕头两个特大城市2008~2010年的制造业转移指数基本为负，除揭阳、云浮产业转移指数均为负外，广东省的其他地级市大部分承接了来自特大城市的产业疏散，并在本地实现规模扩张的再集聚。

东北地区的特大城市为沈阳和哈尔滨，从表5-4可以看出，沈阳和哈尔滨两大城市的制造业转移指数基本为负，呈现产业转出状态，阜新、辽阳、锦州、鹤岗等少数城市出现了制造业产业规模扩张的状态。相对东部地区，东北地区的制造产业"疏散—承接"并不是非常显著，而且整个地区呈现制造业收缩的状态，原因可能在于东北地区大部分为资源型城市，自然资源非常丰富，也具有良好的重工业基础。而本书衡量制造业规模是以制造业从业人员为代表变量，更加侧重于劳动密集型制造业，因此以制造业从业人员为代表的产业转移指数出现了整体为负的现象。

表5-4　2007~2010年我国东北地区制造业产业转移指数

区域	城市	2007年	2008年	2009年	2010年
东北地区	沈阳	-0.134	0.207	-0.095	-0.257
	哈尔滨	-0.332	-0.109	-0.112	-0.539
	大连	-0.169	-0.054	-0.108	-0.228
	鞍山	-0.022	-0.060	-0.130	0.093
	抚顺	-0.042	0.117	-0.085	-0.066
	本溪	-0.072	-0.052	-0.032	-0.373
	丹东	-0.019	-0.022	-0.170	0.145
	锦州	-0.141	0.041	-0.073	-0.060
	营口	-0.236	-0.013	-0.006	-0.037
	阜新	0.016	-0.104	0.007	-0.043
	辽阳	-0.154	0.080	-0.214	0.017
	铁岭	-0.073	-0.036	-0.023	-0.046
	朝阳	-0.114	-0.011	-0.024	0.011
	盘锦	-0.033	-0.188	-0.091	-0.007
	葫芦岛	-0.117	-0.073	-0.181	-0.039
	齐齐哈尔	-0.024	-0.139	-0.065	-0.043
	牡丹江	-0.153	-0.160	-0.139	-0.225

续表

区域	城市	2007 年	2008 年	2009 年	2010 年
东北地区	佳木斯	0.041	- 0.176	- 0.292	- 0.079
	鸡西	- 0.087	- 0.171	0.001	- 0.072
	鹤岗	- 0.197	- 0.175	0.058	0.040
	双鸭山	- 0.166	- 0.332	- 0.086	0.058
	七台河	- 0.059	- 0.605	- 0.050	- 0.008
	黑河	- 0.096	- 0.078	- 0.014	- 0.103
	伊春	- 0.440	- 1.481	- 0.173	0.068
	大庆	0.094	- 0.165	- 0.246	- 0.082
	绥化	- 0.055	- 0.053	0.011	- 0.005

中部地区产业布局和调整呈现以武汉为特大城市的"中心 - 外围"模式。武汉作为中部地区唯一的特大城市,其制造业转移指数 2008～2010 年平均为负,其中在 2008 年呈现相对大规模的产业外移,其余年份有小幅波动。黄石、十堰、荆州、鄂州、荆门、孝感、黄冈、随州等市的产业转移指数大部分为正,呈现制造业产业的扩张,湖北省的制造业整体比较发达,而武汉市的汽车零部件等制造业在全国乃至全球都占有重要地位,深度参与到全球产业价值链中,随着武汉市产业集聚规模的不断扩大,劳动密集等低端制造业逐步向外围其他城市转移,从表 5 - 5 中可以看出,湖北省的大部分城市承接了武汉的制造业疏散,而武汉市的产业布局也逐渐走向价值链的高端。

表 5 - 5　2007～2010 年我国中部地区制造业产业转移指数

区域	城市	2007 年	2008 年	2009 年	2010 年
中部地区	武汉	- 0.213	0.105	0.002	- 0.021
	黄石	- 0.012	- 0.043	0.031	0.988
	十堰	0.139	0.270	- 0.048	0.089
	荆州	- 0.026	- 0.009	0.029	0.109
	宜昌	- 0.285	0.140	0.516	- 0.220
	襄阳	- 0.012	0.071	- 0.123	- 0.020
	鄂州	- 0.142	0.008	0.038	0.294
	荆门	0.389	0.230	0.072	- 0.075
	孝感	0.267	0.098	0.067	- 0.098

续表

区域	城市	2007 年	2008 年	2009 年	2010 年
中部地区	黄冈	0.061	0.185	− 0.170	0.211
	咸宁	− 0.037	0.070	− 0.429	0.031
	随州	− 0.114	− 0.083	0.005	0.005

西北地区以西安为核心，西安的产业转移指数在 2007 年、2009 年、2010 年均为负，说明西安在这几个年份出现了制造业的转出，而渭南、商洛 2007 年、2009 年的产业转移指数为正，说明这两个地区可能承接了西安的一部分制造业转移；西南地区以重庆、成都为核心，这两个特大城市出现了显著的制造业外迁，大部分年份的制造业转移指数均为负，而绵阳、宜宾、南充、眉山等城市大部分年份出现了制造业相对规模的扩张，可见西南地区也呈现以成都、重庆为中心的产业转移现象（见表 5 − 6）。整个西部地区的情况与东北地区的情况类似，资源相对丰富，更多的是资源密集型产业，因此以制造业从业人数为制造业生产规模的代理指标测算这两个地区的制造业迁移情况相比东部地区来说并没有那么明显。

表 5 − 6　2007 ~ 2010 年我国西部地区制造业产业转移指数

区域	城市	2007 年	2008 年	2009 年	2010 年
西北地区	西安	− 0.137	0.009	− 0.221	− 0.176
	铜川	− 0.154	− 0.095	− 0.093	− 0.114
	宝鸡	0.047	− 0.082	− 0.046	− 0.148
	咸阳	− 0.061	− 0.016	− 0.046	− 0.025
	渭南	0.023	− 0.002	0.045	− 0.059
	汉中	− 0.034	− 0.003	0.007	− 0.002
	安康	− 0.015	0.014	− 0.029	− 0.002
	商洛	0.005	− 0.011	0.009	− 0.008
	延安	− 0.026	0.000	− 0.033	− 0.012
	榆林	0.011	− 0.006	− 0.006	− 0.032
西南地区	重庆	− 0.009	0.000	0.001	− 0.047
	成都	− 0.128	0.158	− 0.008	− 0.048
	自贡	− 0.079	− 0.037	− 0.137	− 0.222
	攀枝花	− 0.239	− 0.109	0.000	− 0.164

区域	城市	2007 年	2008 年	2009 年	2010 年
西南地区	泸州	- 0.061	- 0.001	- 0.001	- 0.070
	德阳	- 0.067	0.069	- 0.043	0.065
	绵阳	0.003	0.022	0.025	- 0.069
	广元	- 0.029	0.003	- 0.063	- 0.025
	遂宁	- 0.026	- 0.018	- 0.018	- 0.134
	内江	- 0.094	0.017	- 0.163	0.003
	乐山	- 0.042	0.230	- 0.226	- 0.111
	南充	- 0.016	0.017	0.005	0.071
	宜宾	0.004	- 0.012	0.047	0.050
	广安	- 0.002	0.008	- 0.015	- 0.009
	达州	- 0.035	- 0.024	- 0.019	- 0.016
	资阳	- 0.013	0.019	0.056	- 0.030
	眉山	0.030	- 0.155	0.075	0.073
	巴中	- 0.012	- 0.008	- 0.008	0.004
	雅安	- 0.001	0.009	- 0.028	- 0.039

通过以上的测算，可以得出基本结论：东北、东部、中部、西南、西北各大区域都出现了以特大城市为中心的产业疏散和在周边城市的再集聚现象。因此，将北京、天津、重庆、沈阳、哈尔滨、上海、南京、杭州、武汉、广州、汕头、成都、西安 13 个特大城市作为迁出组；根据测算结果，鞍山、抚顺、辽阳、唐山、保定、秦皇岛、廊坊、湖州、舟山、金华、台州、衢州、宁波、无锡、淮安、宿迁、黄石、十堰、荆州、宜昌、鄂州、荆门、孝感、黄冈、珠海、韶关、河源、惠州、汕尾、中山、江门、阳江、清远、潮州、德阳、绵阳、宜宾、眉山、宝鸡、渭南 40 个城市主要承接了来自特大城市的产业疏散，因此将这 40 个城市作为迁入组，两个样本组分别以不同形式的产业再集聚对当地以及整个区域的产业升级产生影响。

（二）模型构建

为探索产业再集聚对产业升级的影响，构造如下基本实证模型：

$$\ln Y_{it} = \alpha + \beta_1 \ln maggl_{it} + \beta_2 \ln saggl_{it} + \beta_t \sum_{i=1}^{n} \ln X_{it} + \gamma_i + \mu_t + \varepsilon_{it} \qquad (5-1)$$

其中，i 和 t 分别代表地区和时间，被解释变量 Y_{it} 为产业结构升级，$maggl_{it}$ 为制造业再集聚，$saggl_{it}$ 为生产性服务业再集聚，β_t 为解释变量估计系数，X_{it} 为相关控制变量，γ_i 为个体效应，μ_t 为时间效应，ε_{it} 为随机扰动项。

进一步，为了考察产业再集聚可能的非线性影响，在模型（5－1）的基础上，加入制造业集聚和生产性服务业集聚的二次项作为解释变量，将计量模型设定为：

$$\ln Y_{it} = \alpha + \beta_1 \ln maggl_{it} + \beta_2 \ln saggl_{it} + \beta_3 \ln magg\, l_{it}^2 + \beta_4 \ln sagg\, l_{it}^2 +$$

$$\beta_t \sum_{i=1}^{n} \ln X_{it} + \gamma_i + \mu_t + \varepsilon_{it} \tag{5-2}$$

（三）变量选择

1. 被解释变量

产业结构升级：产业结构升级是由第一产业向第三产业发展的顺向演进过程（张永恒、郝寿义，2018），传统的做法是以各产业比例关系来反映产业结构高度，根据克拉克定律用第二、第三产业产值比重作为产业结构高度的度量，如干春晖等（2011），随着我国产业不断升级，也有用高新技术等产业的增加值与第二产业增加值之比来衡量（樊福卓，2008），本书采取更加通用的衡量方法，用第三产业产值与第二产业产值之比衡量。

2. 解释变量

产业再集聚：对于产业集聚的测度指标，已有很多文献进行了讨论。目前国内外广泛使用的产业集聚指标测度的主要方法有：区位熵、行业集中度、空间基尼系数、E－G 指数等。其中区位熵（LQ）又称地方专门化率，是对地域范围内要素的空间分布度进行衡量的指标，是用来判断产业是否存在集聚以及集聚水平的方法之一。相对其他指标，区位熵能更好反映一个地区的专业化和集聚程度，且简便易行，因此，对制造业集聚（$maggl$）和生产性服务业集聚（$saggl$）的测度采用区位熵指标。

$$LQ_{ij} = \frac{L_{ij} \Big/ \sum_{j=1}^{m} L_{ij}}{\sum_{i=1}^{n} L_{ij} \Big/ \sum_{i=1}^{n} \sum_{j=1}^{m} L_{ij}}$$

其中 i（1，2，3，…，n）表示地区，j（1，2，3，…，n）表示产业部门，L 表示经济规模，通常用产值和就业人数衡量，本书分别采用制造业从业人员数和生产性服务业从业人员数衡量。若 $LQ_{ij} > 1$，则存在产业集聚趋势，LQ_{ij} 越大，集聚程度越强。

控制变量：影响产业升级的控制变量有经济发展水平、人口规模、固定资产投资、工资水平、对外开放程度、政府政策干预程度。经济的发展会带来产业的升级，用人均 GDP 代表经济发展水平；人口规模直接影响城市化进程，以及本地市场的规模，用年末常住人口代表；固定资产投资是经济发展的基础，适度的固定资产投资规模有利于产业升级，用固定资产投资总额代表；工资水平反映劳动者的报酬水平，影响劳动力的流动以及劳动生产率，因而对产业升级产生影响，用职工平均薪酬衡量；对外开放是参与国际市场的必要途径，外资进入会带动本地产业结构调整以及技术进步，用当年实际使用外资金额表示，并根据人民币平均汇率将美元换算成人民币；产业政策对地区的产业布局会产生较大影响，用政府财政支出规模占地区生产总值的比重代表政府政策的干预程度。

本书采用 2008～2016 年 53 个特大城市和地级市的面板数据，数据来源为《中国城市统计年鉴》《中国区域统计年鉴》以及各省（区、市）统计年鉴。根据《国民经济行业分类与代码》（GB/T 4754—2002）对服务业具体部门的划分，本书设定生产性服务业包括：交通运输、仓储和邮政业，信息传输、软件和信息技术服务业，金融业，租赁和商业服务业，科学研究和技术服务业。

（四）实证结果

由于循环累积因果效应和路径依赖等的存在，产业再集聚与产业升级的关系很可能并非简单的因果关系，互动关系、共同决定因素以及遗漏变量等都会导致模型估计的不准确，为了避免内生性问题，引入工具变量法进行估计。

1. 模型基准回归结果

首先对 2008～2016 年 53 个特大城市和地级市的面板数据进行混合 OLS 回归的基准检验，根据 Hausman 的检验结果，采用固定效应模型，进一步，引入工具变量，进行稳健性检验（见表 5-7）。

表 5 - 7　基准模型回归结果

	（1）	（2）	（3）	（4）
	ols	fe	2sls_ 1	2sls_ 2
制造业再集聚	0. 0684 ***	- 0. 143 ***	0. 0732 **	0. 0995 ***
	（0. 0260）	（0. 0292）	（0. 0287）	（0. 0277）
生产性服务业再集聚	0. 662 ***	0. 0173	0. 668 ***	0. 729 ***
	（0. 0363）	（0. 0428）	（0. 0385）	（0. 0417）
财政规模占比	1. 213 ***	1. 030 ***	1. 312 ***	1. 357 ***
	（0. 161）	（0. 120）	（0. 175）	（0. 174）
职工工资	0. 322 ***	0. 527 ***	0. 320 ***	0. 298 ***
	（0. 0440）	（0. 0281）	（0. 0466）	（0. 0470）
外商投资占比	2. 744 ***	- 0. 182	2. 853 ***	2. 484 ***
	（0. 651）	（0. 454）	（0. 693）	（0. 695）
总人口	0. 196 ***	0. 866 ***	0. 184 ***	0. 180 ***
	（0. 0251）	（0. 159）	（0. 0267）	（0. 0267）
固定资产投资	- 0. 182 ***	- 0. 332 ***	- 0. 164 ***	- 0. 167 ***
	（0. 0228）	（0. 0159）	（0. 0243）	（0. 0243）
常数项	- 1. 685 ***	- 4. 622 ***	- 1. 913 ***	- 1. 679 ***
	（0. 326）	（0. 907）	（0. 373）	（0. 378）
观测指数	1024	1024	908	908
拟合优度	0. 429	0. 499	0. 449	0. 447

注：括号内为回归系数的 t 值，＊、＊＊、＊＊＊分别表示统计量在 10%、5% 和 1% 的置信水平下显著。

资料来源：根据测算结果整理。

模型（1）是基准混合 OLS 回归，生产性服务业再集聚和制造业再集聚系数均显著，模型（2）是面板数据固定效应模型，与模型（1）的结果相差很大，制造业再集聚的符号发生了改变，说明估计存在偏误。进一步采用工具变量法，模型（3）和模型（4）分别以制造业再集聚和生产性服务业再集聚的滞后一期作为工具变量，使用两阶段最小二乘法进行估计，所得结果与 OLS 和固定效应模型的估计系数有所差别，制造业再集聚和生产性服务业再集聚的估计系数均显著且为正，说明从整体上看制造业再集聚和生产性服务业再集聚有利于地区产业结构升级，相比制造业，生产性服务业再集聚对产业结构升级的影响更大。通过基准模型的检验，可以初步判断制造业再集聚和生产性服务业再集聚对产业升级影响显著。

为进一步说明不同形式产业再集聚对产业升级的影响，根据产业转移指数测算结果，分别将特大城市和周边城市作为产业迁出组和产业迁入组进行检验。

2. 以特大城市为样本组的模型检验

特大城市产业在产业转移过程中，将制造业迁出，新的产业布局以生产性服务业和创新型产业再集聚为主，因此将特大城市产业升级作为被解释变量，将生产性服务业再集聚作为解释变量进行回归，回归结果如表 5 - 8 所示。

表 5 - 8　特大城市样本组的回归结果

	(1)	(2)	(3)	(4)
	fe	fe2	tsls	re
制造业再集聚	- 0. 294 ** (0. 141)			
生产性服务业再集聚	0. 0610 (0. 105)	0. 184 ** (0. 0880)	1. 072 *** (0. 0811)	- 0. 237 (0. 341)
财政规模占比	4. 035 *** (1. 113)	3. 974 *** (1. 132)	1. 439 (1. 364)	3. 625 *** (1. 250)
职工工资	0. 685 *** (0. 136)	0. 801 *** (0. 126)	0. 510 *** (0. 175)	0. 750 *** (0. 130)
外商投资占比	1. 859 (1. 224)	1. 255 (1. 210)	- 5. 637 *** (2. 112)	- 0. 318 (1. 343)
总人口	0. 905 (0. 681)	0. 726 (0. 687)	0. 221 (0. 164)	0. 0860 (0. 184)
固定资产投资	- 0. 331 *** (0. 0676)	- 0. 355 *** (0. 0678)	- 0. 174 * (0. 0970)	- 0. 315 *** (0. 0746)
生产性服务业再集聚平方项				0. 232 ** (0. 108)
_cons	- 6. 915 (4. 191)	- 6. 973 (4. 265)	- 4. 113 ** (1. 610)	- 2. 548 * (1. 466)
N	113	113	100	113
R^2	0. 717	0. 704	0. 820	

注：括号内为回归系数的 t 值，* 、** 、*** 分别表示统计量在 10% 、5% 和 1% 的置信水平下显著。

资料来源：根据测算结果整理。

模型（1）为将制造业再集聚和生产性服务业再集聚同时作为解释变量的固定效应回归结果，可以看出，在特大城市的样本组中，生产性服务业再集聚的回归结果并不显著。模型（2）单独考察生产性服务业再集聚对产业结构升级的影响，结果在5%显著性水平下通过检验，制造业再集聚每提高1单位，产业结构升级将提高18%。为避免内生性，模型（3）以生产性服务业再集聚滞后一期作为工具变量，通过二阶段最小二乘法估计，回归系数在1%的显著性水平下通过检验，并且，估计值有所上升，说明在特大城市中，生产性服务业再集聚对产业结构升级有重要影响。在模型（2）的基础上，加入生产性服务业再集聚的二次项，以进一步考察产业再集聚对产业结构升级的非线性影响，如模型（4）所示，生产性服务业再集聚的影响不再显著，生产性服务业再集聚二次项的系数在5%水平下通过显著性检验，说明生产性服务业再集聚对产业结构升级呈"U"形。在特大城市的产业转移中，原来集聚的制造业向外扩散，核心集聚区还没有形成新的主导产业，这时生产性服务业再集聚刚开始布局，不利于产业结构升级，等到产业再集聚达到一定规模，生产要素配置优化，产业结构也趋于合理化。

在控制变量上，职工工资均通过检验，工资越高，能够吸引越多优质要素流入，越有利于产业结构向高级化发展，而固定资产投资的效益已经转为负向，更多的低效率的投资不利于目前的结构升级；在财政支出规模上，财政支出越多，政府在产业结构布局特别是产业转移的过程中，能够发挥越多引导性作用，越有利于特大城市的空间优化。

3. 以周边城市为样本组的模型检验

周边城市在整个区域的产业结构调整中，承担的是特大城市的产业承接功能。不再适合特大城市发展的劳动密集型等产业在周边城市中，能够再次调动生产要素的积极性，使要素的生产效率达到最大化，实现产业的二次集聚。同时，迁入的产业与本地产业整合，形成更大规模的外部性，有利于本地产业在产业链上的延伸。因此，在周边城市样本组中，重点考察制造业再集聚对本地产业结构升级的影响，回归结果如表5-9所示。

表5-9 周边城市样本组的回归结果

	（1）	（2）	（3）	（4）
	fe	fe1	tsls	re
制造业再集聚	-0.170*** (0.0321)	-0.172*** (0.0296)	0.00141 (0.0253)	

	(1)	(2)	(3)	(4)
	fe	fe1	tsls	re
生产性服务业再集聚	0.00713 (0.0487)			
财政规模占比	1.032 *** (0.115)	1.032 *** (0.115)	1.201 *** (0.225)	0.957 *** (0.113)
职工工资	0.481 *** (0.0278)	0.481 *** (0.0276)	0.306 *** (0.0433)	0.480 *** (0.0277)
外商投资占比	− 0.851 * (0.475)	− 0.850 * (0.474)	4.344 *** (0.608)	− 0.400 (0.469)
总人口	0.505 ** (0.205)	0.501 ** (0.203)	0.176 *** (0.0234)	0.254 *** (0.0475)
固定资产投资	− 0.321 *** (0.0158)	− 0.321 *** (0.0157)	− 0.184 *** (0.0209)	− 0.311 *** (0.0156)
制造业再集聚平方项				− 0.0345 *** (0.0108)
_ cons	− 2.188 * (1.164)	− 2.162 * (1.150)	− 0.856 ** (0.395)	− 0.993 *** (0.310)
N	885	885	785	885
R²	0.516	0.516	0.211	

注：括号内为回归系数的 t 值，* 、** 、*** 分别表示统计量在 10% 、5% 和 1% 的置信水平下显著。

资料来源：根据测算结果整理。

在模型（1）中，将制造业再集聚和生产性服务业再集聚同时作为解释变量纳入面板固定效应模型，制造业再集聚的估计系数显著为负，生产性服务业再集聚不显著，可能存在估计偏误。在模型（2）中，剔除生产性服务业再集聚，重点考察制造业再集聚对产业升级的影响，制造业再集聚的估计系数仍为负，且在 1% 的显著性水平下通过检验。考虑到稳健性。在模型（3）中，使用两阶段最小二乘法估计，回归系数有所下降，但没有通过显著性检验。模型（4）加入制造业再集聚的二次项，二次项系数通过 1% 水平下的显著性检验，制造业再集聚对本地的产业结构效应呈现倒"U"形，制造业迁入对本地的产业结构升级影响先上升后下降，产业迁入会扩大本地产业集聚规模，促进本地结构升级，但达到一定程度后，环境污染等负外部性显现，不利于本地的产业结构升级。

在控制变量上，同特大城市样本组，财政规模和职工工资对产业结构影响均为正，且通过1%水平下的显著性检验；固定资产投资的影响显著为负，说明在特大城市样本组和周边城市样本组中，过多的投资都不利于本地的产业结构升级。与特大城市样本组不同的是，人口规模对周边城市的产业结构升级正向影响通过显著性检验，在特大城市周边的城市，人口大多向外流动，随着劳动密集型产业的迁入，人口规模提高，将有利于本地的产业结构升级。

4. 产业再集聚对产业结构升级的异质性检验

我国幅员辽阔，以东北、东部、中部、西部划分的各大区域要素禀赋差异巨大，并且由于我国改革开放之初的不均衡发展，使得各大区域的经济发展程度和形成的产业结构各具特色。因此，将样本组再次划分为东北、东部、中部、西部进行异质性检验。在这部分检验中，使用广义矩估计（GMM）进行估计，同时起到稳健性检验作用。由于在东北地区只有两个特大城市，而且在产业转移指数测算中，大部分周边城市的制造业也呈扩散状态，原因可能在于东北地区长期发展重工业和资源密集型工业，因此在以下估计中东北地区暂不作考虑。回归结果如表 5 - 10 所示。

表 5 - 10　分地区回归结果

	（1）	（2）	（3）
	东部地区	中部地区	西部地区
制造业再集聚	0.0794 * （0.0455）	- 0.258 （0.261）	- 0.452 *** （0.0829）
生产性服务业再集聚	0.878 *** （0.0839）	0.343 * （0.198）	0.539 *** （0.0666）
财政规模占比	0.758 * （0.387）	1.123 ** （0.566）	0.259 （0.360）
职工工资	0.509 *** （0.121）	0.463 ** （0.194）	- 0.0587 （0.0722）
外商投资占比	0.0352 （1.028）	5.714 *** （1.704）	4.576 *** （1.592）
总人口	0.199 *** （0.0563）	0.341 *** （0.106）	- 0.130 * （0.0662）
固定资产投资	- 0.173 *** （0.0496）	- 0.270 ** （0.109）	0.108 *** （0.0387）

续表

	(1)	(2)	(3)
	东部地区	中部地区	西部地区
_cons	−3.851 *** (0.847)	−1.949 * (1.104)	0.218 (0.663)
N	261	46	68
R²	0.757	0.758	0.857

注：括号内为回归系数的 t 值，*、**、*** 分别表示统计量在 10%、5% 和 1% 的置信水平下显著。

资料来源：根据测算结果整理。

模型 (1)、模型 (2)、模型 (3) 分别为东部、中部、西部地区的 GMM 回归结果。生产性服务业再集聚的估计结果与基准模型一致。且东、中、西部均通过显著性检验，可见，生产性服务业集聚对产业结构升级在全国以及各个区域都起到关键性作用。制造业再集聚的估计系数与基准模型有所出入，东部地区制造业再集聚对产业结构升级的影响为正，且通过 10% 水平下的显著性检验，结果与全国基准模型回归结果一致；中部地区制造业再集聚对产业升级的影响不显著；西部地区的制造业再集聚对产业升级影响显著为负。东部地区在改革开放初期就已形成制造业集聚模式，东部地区以特大城市为中心的产业扩散现象也最早发生，东部地区的长三角、珠三角地区城市群经济发展水平较高，中心城市对周边城市的辐射带动能力强，因此周边城市也具有良好的产业集聚基础，在特大城市的产业转移中，周边城市能够很好地承接来自大城市的产业疏散，因此在整体上，东部地区的制造业再集聚和生产性服务业再集聚都能促进区域产业结构升级；中、西部地区相比东部地区来说，周边城市的制造业集聚基础不强，在承接特大城市的产业转移中，短时间内不能与本地产业整合一体化发展，反而由于大规模的制造业迁入，使得原有的要素资源配置被打乱，但经过市场的调整和政府的引导，经过重新整合的要素资源得到优化配置，产业再集聚的产业升级效应逐渐显现（在上一部分对周边城市的制造业再集聚分析结果中也得出，制造业再集聚对本地产业升级效应呈 "U" 形），因而也能整体上优化区域产业结构。在控制变量上，分地区 GMM 估计结果与基准模型大部分一致。

（五）小结

我国进入经济高质量发展阶段，当前高质量发展的关键在于动能转换。产业结构优化升级能够使要素、资源配置效率提高，释放更多增长动能。产业集聚是产业空间组织形态，特大城市是产业集聚的最初发生地，经过多年经济快速增长，当前特大城市的产业再集聚已经不再适合现在的经济高质量发展。随着特大城市传统集聚产业向周边疏散，以特大城市为核心的"中心－外围"区域产业整体布局正在发生改变，特大城市逐渐形成以创新型行业和生产性服务业为主导的新一轮产业再集聚，迁出产业在周边城市形成传统产业的二次集聚。本章通过产业转移指数，测算特大城市和周边城市的产业转移程度，分别以产业迁出组和产业迁入组作为样本组，对不同形式产业再集聚对产业结构升级效应进行估计，得到以下结论。

首先，从整体上来看，2008～2016 年 53 个特大城市和地级市制造业再集聚和生产性服务业再集聚均能促进产业结构升级。相比制造业再集聚，生产性服务业再集聚对产业结构升级的影响更大，生产性服务业再集聚提高 1 单位，产业结构优化 66% 左右，而制造业再集聚每提高 1 单位，产业结构优化仅能提升 6% 左右。这也说明，在高质量发展背景下，产业结构调整的重点在于支持和促进生产性服务业和创新型行业等发展壮大，充分发挥产业集聚规模效应，促进本地技术水平提升以及空间资源优化。

其次，通过特大城市和周边城市两个样本组对比分析，特大城市生产性服务业再集聚和周边城市制造业再集聚均有利于本地产业结构升级；进一步考察产业再集聚对产业结构升级的阶段性特征，在模型中分别加入生产性服务业再集聚和制造业再集聚的二次项，二次项系数均通过显著性检验，特大城市生产性服务业再集聚对本地的产业结构升级效应呈"U"形，周边城市制造业再集聚对本地产业结构升级呈倒"U"形，也就是说，在产业转移初期，由于特大城市传统产业迁出，新的再集聚产业短时间内尚未形成，因此，特大城市产业再集聚对本地的产业结构升级效应先下降后上升。周边城市随着制造业的迁入，扩大产业集聚规模，但达到一定程度后，产业再集聚对产业结构升级的影响下降。在产业转移过程中，市场力量占据主导,但是政府的积极引导能够进一步促进产业结构优化升级。

最后,在区域异质性上,东部、中部、西部地区的生产性服务业再集聚对产业结构升级作用显著,估计系数均与基准模型结果一致;制造业再集聚对本地产业结构的升级作用,区域之间有所差异,东部地区作用显著,中部地区不显著,西部地区与基准模型方向不一致,原因在于东、中、西部在长期发展中,形成了不同的产业发展模式,中心城市和周边城市的联系程度也不一样,东部地区整体的制造业基础较好,中部地区次之,西部地区最差。因此,在高质量发展背景下,新一轮的产业再集聚要注重东、中、西部的均衡发展,同时要利用好各个地区的比较优势,加强区域之间的联系,促进本地产业结构的整体优化和协同发展。

四 典型特大城市及其衍生群的产业再集聚态势

产业集聚的本质是产业结构的优化升级。随着经济发展阶段向前推进,产业结构在由低级不断向高级转变的过程中日趋合理化和高级化。与此相适应,产业的发展和壮大,包括制造业的发展和演化,以及新兴产业的发展必然经历产业集聚,扩散到再集聚的发展历程。集聚与扩散本身是城市区域空间经济发展不平衡的一种运动过程,也是规模效应、扩散效应和分化效应综合作用的结果。在产业集聚、扩散作用下,高附加值和高效益的产业向城市中心集聚,而原料密集型、高耗能以及附加值较低的产业向区域外围扩散,进而推动城市空间布局的分异和演化,推动城市空间资源的合理和有效配置。

(一) 我国特大城市及其衍生群的形成

改革开放以来,我国城市化进程快速发展,进入 21 世纪以来,我国城市开发达到前所未有的高潮。目前,我国正处于城市化快速发展阶段,2000 年我国人口城镇化率为 36.22%,到 2017 年已经上升至 58.52%。根据联合国《2014 全球城市化发展报告》预计,到 2020 年中国城市人口将达到 8.74 亿,城市化率将达到 61%;到 2030 年中国城市人口将达到 10亿,城市化率将达到 68.7%。(UN,2014)根据国家统计局数据,2015 年底中国城镇人口为 7.71 亿,这意味着到 2020 年和 2030 年,中国将分别至少有 1.03 亿和 2.29 亿人进城。[①] 而相关调查显示，未来一段时间内，人口向大城市集聚的趋势不会发生改变，虽然小城镇也会吸纳一部分城市化人口，但更多的人口选择向大城市集聚，而不会选择小城镇。[②] 大城市提供的就业岗位更多，发展和提升的机会也大，而小城镇的发展机会和就业岗位有限，容纳的就业人口较少，因此，越来越多的人口流向大城市，大城市的就业压力越来越大。城市化的本质就是大量劳动力向城市转移，为第三产业的发展奠定了基础。正是因为城市化的快速发展，城市基础设施的不断完善，第三产业也将迎来快速发展时期。服务业的增长是解决城市人口就业的有效途径，据测算，经济每增长 1 个百分点，以第三产业为主的产业结构可以解决 130 万 ~ 150 万人的就业，而以第二产业为主的产业结构大致可解决 80 万人的就业。（刘伟、蔡志洲，2014）

"十三五"是中国新型城市化建设和发展的关键时期，在城市化发展的过程中，形成特大城市、大城市和中小城市之间相互支撑、功能互补的区域发展格局。以特大城市和城市群发展为龙头和引领，形成对周边地区的辐射和带动作用，实现区域内产业合理布局。在城市化发展进程中，要充分发挥市场在资源配置中的决定性作用，更好地发挥政府的作用，在政府政策的引导下，有序推进城市化的发展，加大基础设施的力度，完善良好的公共服务，提升对人口的吸引力。在特大城市发展中，尽量减少对人口和产业的人为干预，通过政策引导和财政补贴等方式，在人口规模上合理疏导，在产业发展上积极支持。

全球城市化发展的经验表明，特大城市始终是城市化的核心，是全国乃至一个区域的经济增长极。即使在城市化稳定发展的情况下，特大城市的规模仍将不断扩张，人口增加，市场规模扩大，而布局于特大城市的产业始终位于全球产业链和价值链的中高端，是经济发展的先导产业，或寻求技术突破后快速发展的产业，发展潜力巨大，并对周边地区形成强大的辐射作用，依靠市场的力量，在政府政策的引导下，自发地形成以特大城市为中心的城市群和产业群。

特大城市数量的快速增加是我国改革开放以来城镇化快速发展的主要

[①] 根据《中国统计年鉴 2016》数据测算所得。

[②] 根据国家人口计生委 2016 年流动人口动态监测数据测算所得。

特征之一，是经济高速发展的必然结果。我国城市化发展的历程也表明，特大城市的经济总量在我国经济中占有较高的比例，成为所在区域发展的核心，特大城市的创新驱动和技术进步是区域经济乃至全国经济发展的引擎。技术进步和创新带来规模收益递增，产业结构优化和变迁促使空间的资源配置效率提高，由此导致经济的快速增长，为就业提供了广阔的空间。大量的外来人口进入城市，解决了劳动力短缺和优质劳动力资源不足的问题，同时，城市化进程的加快引起特大城市产业结构的巨大变化，产业发展和布局也随着空间资源的稀缺程度进行不断的调整。当前我国正处在经济全球化、知识经济迅猛发展的大格局下，中国经济也面临着转型，高新技术产业和新型工业化为城市现代化发展注入新的动力和活力，第二产业和第三产业的合作与融合不断加强，新的产业、新的业态和新的商业模式诞生，产业结构加速转化，生产性服务业对制造业等实体经济部门的发展日益重要，正成为推动我国社会与经济发展的主要动力，也成为我国特大城市发展和产业再集聚的内在动力。

城市群体效应在经济发展中一直发挥显著作用，特大城市经济增长引领全国的经济发展，以特大城市为中心的特大城市群的经济发展带动全国的经济发展进程。我国以京津冀、长三角和珠三角三大城市群为代表的城市群经济发展对我国经济增长起到重要作用。城市群作为推动我国新型城市化的主要形态，不仅符合世界城市化发展趋势，也是在我国现有资源环境承载能力下实现区域均衡增长的有效途径。因此，在城市群带动下，加强产业的地区联动，带动特大城市及其都市圈的共同发展。特大城市推进跨行业、跨地区的联合、兼并与重组，形成网络化的区域产业结构，促进传统产业向周边地区梯度转移，将传统产业的优势逐渐向城市工业综合区移动，使核心城市重点发展现代服务业和高技术产业，延伸产业链，并使传统产业得到二次发展，形成都市区产业差别竞争、错位发展的格局，提高区域经济的整体实力和水平。

结合产业再集聚与产业升级实证研究结果，以及中国特大城市及其衍生群发展的客观事实，本书分别选取以北京、天津为核心的京津冀城市群，以上海、杭州、南京为核心的长三角城市群，以广州、汕头为核心的珠三角城市群，以及以成都、重庆为核心的成渝城市群作为重点研究对象，具体分析其产业再集聚态势以及空间效应。这样的选取涵盖了中国13

个特大城市中的 9 个，具有较强的代表性和解释力。

（二）京津冀再集聚主导产业的选择

北京基本已实现以服务业为主导的产业结构，第三产业在国民经济中的比重较高，第一产业和第二产业占 GDP 的比例较低，产业结构总体呈"一高两低"态势，特别是生产性服务业和现代服务业已经成为北京的主导产业，这两大产业占 GDP 比例分别达到 54.5% 和 50.3%，在全国省（区、市）中居于首位，因此，北京人均 GDP 的水平也在全国位于前列。天津农业产值在 GDP 中占比较低，工业和服务业在 GDP 中占比较高，呈现"两高一低"的总体产业结构，人均 GDP 也超过广东和江浙平均水平。天津以石油化工、电子信息、航空航天、装备制造、新能源新材料、生物医药、轻纺和国防八大产业为主导产业，这八大产业的总产值超过天津市工业总产值的 80%，天津人均 GDP 也在全国居于前列。河北省是京津冀地区经济发展相对落后的省份，农业占 GDP 的比重超过 10%，城市化水平较低，2017 年城镇化率为 55%，这两项指标均与京津相差甚远，而且低于广东和江浙沪的平均水平。河北省在工业发展方面占据优势，工业占 GDP 的比例超过天津，但工业以钢铁、石油、煤炭、食品、建材、纺织、电力、热力等传统和低端制造业为主，2017 年河北省装备制造业占工业总产值比重仅为 23.4%，现代制造业发展与京津相比相对落后。河北省第三产业的发展也远低于京津和长三角、珠三角的平均水平，而且以运输仓储业和批发零售业为主，2017 年，河北省运输仓储业和批发零售业占服务业增加值的比重达到 35.44%，而同时期北京和天津的同类指标分别仅为 13.1% 和 16.8%，因此，河北省的服务业发展相对滞后，而工业以低端制造业为主，第二产业和第三产业的发展总体与京津两市形成巨大落差。

京津冀地区的产业集聚虽受到行政区划的约束，产业集聚水平有待提高，但在各自的行政区划中形成了优势产业的集聚。北京市产业集聚以服务业为主导，在 13 大服务业部门中，北京市服务业集聚区位熵大于 1 的有 7 个，在 47 个城市中排名前 10 位的占了 6 个，并基本上呈现出产业相对集中的格局，主要有中关村科技园区、金融街、CBD、王府井、西单核心商业区等重点功能区，形成金融、商贸、科技、文化等具有首都特色的产业集群。天津市在制造业产业集聚中具有比较优势，在 39 个制造业门类中在全国具有绝对优势的产业天津有 1 个，即石油和天然气开采业，综合区位熵为 2.48，具有比较优势的有 6 个，包括机器制造业、橡胶制品业、石油和天然气开采业、仪器仪表金属制品业、文化及办公用品业、电子设备制造业等行业；河北省具有比较优势的产业集聚为钢铁和服装行业。河北省有 200 多家钢铁企业，但整体技术水平较低，产业布局分散且企业规模较小，需要进一步进行产业整合和提高。河北省服装制造行业集聚比较突出，全省已有服装企业 4000 多家，服装制造业从业人员超过 80 多万人，已形成白沟箱包、宁晋牛仔等六大区域性服装产业集聚产业基地。虽然服装制造行业整体产值水平比钢铁产业低，但充分体现了中小企业地区集中的优势。通过基尼系数测算京津冀地区发展差异程度，从 2000 年到 2016 年，京津冀地区的基尼系数不断上升，自 2005 年起始终维持在 0.5 以上，并且在 2016 年达到 0.55，说明区域内人才、地区和产业的错配严重限制了京津冀的协同发展，同时也限制了京津冀地区的产业集聚。

综合来看，京津冀产业集群具有以下两个特点：一是产业集聚以行政打造的园区为载体。目前京津冀地区已形成北京中关村高科技产业园区、北京经济技术开发区、廊坊经济技术开发区、天津武清开发区、天津海洋新技术高新区、天津高科技产业园、天津经济技术开发区和天津港保税区等在内的新兴产业集聚带，这些产业集聚区在发挥规模效应方面的确发挥了重要作用，但相对于企业作为市场主体，按照市场行为自发形成的产业集聚带有更多的政府引导性质，因此，在产业集聚过程中，应更好地发挥市场的决定作用和政府的引导作用，使产业的再集聚能够更好地适应市场的内在要求。二是产业集聚更多地局限在以行政划分的边界内，还没能打破行政的藩篱。一方面，相对于原先自成一体的相对完整的产业体系而言，产业的比较优势得到显现，产业集聚得到加强；另一方面，这些产业集群围于一定行政区域，一个个园区形成相对独立的产业孤岛，反而约束了跨区域产业的转移和集聚，产业链条较短，不能有效地使产业链得到延伸，价值链的优势也不能有效发挥。产业集聚应是企业主体竞合的结果。企业组织在追求持久利润时，通过内部分工向外部分工的转化，使分工和专业化水平达到一个新的层次和境界，通过市场化在一定区域实现地域分工的专业化。因此，如果没有企业的主动性，就没有产业集群的动力源，没有市场化条件，也就缺失了内部分工向外部分工转化的机制。

京津冀再集聚产业的选择应该基于地区自身的基础和优势，并在区域内合理布局。京津冀协同发展以及产业再集聚的目标就是要形成规模效益、生态效益和综合效益，实现协同发展，提高产业创新力。从产业发展趋势来看，京津冀必须抓住产业融合的新趋势，特别是服务业与其他产业融合发展，大力推进制造业与服务业的融合，支持制造企业向研发服务型、服务系统集成型和创建交易市场型的方向转变；大力推进金融业与其他产业的融合，打造科技金融、工业金融、农村金融、商务金融、教育金融、互联网金融、消费金融、社保金融和医疗金融等新兴业态；着力推进互联网、大数据等信息技术与其他产业的融合，支持以信息技术创新所形成的新型服务模式、商业模式和新业态的发展，全面提升各行各业的信息化水平；着力推进文化与科技服务业的融合，增强文化产品的吸引力，打造文化、科技共同发展的新格局。根据京津冀三省（区、市）各自的优势，形成以下特色产业再集聚的格局。

首先，在滨海新区形成生产性服务业再集聚。滨海新区作为京津冀这一区域的"发动机"，凭借优良的港口条件、重化工原材料和传统制造业基础以及发达的物流运输网络优势，打造针对制造业的专门化金融、保险、证券服务等以制造业为基础的生产性服务业，形成对河北等周边地区具有辐射效应的主导产业，一方面发挥京津冀地区产业高级化的引导效应，另一方面大力发挥不同产业之间的融合作用。

其次，在京津冀地区打造"点—线—面"布局的高科技产业和现代制造业的再集聚。在北京和天津"双核"城市实现高科技产业和现代制造业的点状增长极，打造京津塘高新技术产业带、秦唐津沧滨海重化工产业带、石保秦轻型现代制造业带等线状增长区域；重点开发四大经济区：京津高新技术与现代服务业产业区、唐山—秦皇岛重化工业优化提升区、石家庄—保定—沧州现代制造业区、张家口—承德生态产业区。

最后，北京、天津和河北按各自的产业结构和优势形成区域内产业再集聚。北京重点实现以光机电一体化、新材料、生物工程、微电子、计算机、通信、汽车制造等为主的高新技术产业和现代制造业再集聚，以金融、保险、商贸、物流、会展、旅游等为代表的现代服务业再集聚，以科研、教育、文化为主的创意文化产业再集聚；天津在现有加工制造业集聚与港口优势基础上，形成汽车、电子信息、生物技术与装备制造、现代医药、新能源及环保设备等先进制造业再集聚，大力发展现代商贸、现代物流、金融保险、中介服务等现代服务业，适当发展大运量的临港重化工业；河北在原来原材料重化工基地基础上打造现代化农业基地和重要的旅游休闲度假区域，承接京津传统制造业的转移，尽量打造高技术产业和先进制造业研发转化及加工配套基地。京津冀地区要着力突破行政区划的限制，在现有区域内产业集群基础之上，实现跨区域的多元产业集聚，打造相互对接、产业相互关联的北方产业集聚区。

总体来说，河北省目前发展整体落后于京津，以低端的基础制造业为主导产业，处于产业链和价值链的低端，具有制造业产业再集聚的条件和优势。天津处于工业化后期，具有先进的制造业基础，处于产业链中端，具有高端制造业产业再集聚的优势。北京处于最先进的后工业化阶段，是现代制造业的研发中心，在现代高端服务业上具有比较优势，制造业处于疏解分散的阶段，北京产业再集聚发展路径的核心是生产性服务业的再集聚。基于京津冀三地产业的互补性，产业再集聚在时间和地域上均具有共生融合的基础，因此在京津冀地区完全能够形成优势互补的产业和空间发展格局。

（三）长三角产业再集聚的路径选择

改革开放以来，长三角地区凭借其独特的地理优势、市场经济的传统和成熟的工商业基础，已经成为我国经济发展最具活力的地区之一。目前长三角地区制造业集聚发展态势强劲，在上海已经初步形成松江、张江、青浦、漕河泾的微电子，宝山的精品钢材，嘉定的汽车制造，金山的石油化工等大规模产业集群；在浙江省环杭州湾地区形成电子信息产业的集聚，在杭州、金华、台州、绍兴形成现代医药产业的集聚，以及绍兴、萧山一带的纺织业集聚，宁波、杭州、温州的服装产业集聚，乐清的电工电器产业集聚，台州的塑料模具和制品产业集聚以及义乌的小商品产业集聚；在江苏省形成以苏锡常为核心的电子信息产业集聚，无锡、南通的纺织服装产业集聚，苏州、南京、徐州、连云港一带的精品机械等产业集聚。近十年来，长三角地区生产性服务业以 16% 以上的速度快速增长，在该地区生产总值中占据越来越重要的地位，截至 2016 年底，生产性服务业就业人数占总就业人数的比重达到 17%，占服务业的就业比重高达 42%，已经成为第三产业的主要部门。由于受 2008 年美国金融危机的影响，长三角地区服务业产值缩减，集聚程度也有所下降，但与此同时，生产性服务业作为第三产业一个新兴的重要组成部分，在此期间得到快速发展。在抗击金融危机，实现经济高质量发展的过程中，长三角地区的联系更加紧密，尤其是在服务业方面的联系不断加强，服务业一体化进程不断加快，形成金融、物流、旅游等一体化平台，生产性服务业产业间联动与协同集聚趋势较为明显。尽管长三角地区政府对第三产业的发展极其重视，尤其强调大力发展生产性服务业，但经济发展的实践表明，生产性服务业并没有得到较快发展，原因是在第二产业尤其是高端制造业没有得到充分发展的情况下，生产性服务业实现自身独立快速发展是非常困难的。因此，长三角地区要在第二产业结构加快调整的同时，推动生产性服务业快速协同发展，只有实现制造业和生产性服务业的有效互动，长三角地区才能推动产业结构的优化和升级，高端制造业与现代服务业才能实现协同再集聚。唯有如此，长三角地区才能继续保持增长的内生动力和活力，巩固和强化经济增长极的地位，进而实现经济的高质量发展。

专业化产业集聚有利于充分发挥集聚的规模效应，产生知识或技术的溢出效应，对地区或经济发展具有重要的带动作用。相比制造业，生产性服务业主要集中于大城市或主要城市，而且生产性服务业的集聚不仅能提升自身效率，而且有助于创新、促进技术进步、提高制造业效率和促进城市群建设等。因此，《国务院关于加快发展生产性服务业促进产业结构调整升级的指导意见》特别指出，要"因地制宜引导生产性服务业在中心城市、制造业集中区域、现代农业产业基地以及有条件的城镇等区域集聚"。长三角地区有较为发达的市场体系、高素质的劳动力资源以及雄厚的制造业基础等比较优势，在经济发展过程中已经成为国际制造业向中国转移的重要集聚地之一，发展规模在全国范围内处于遥遥领先的位置。统计年鉴数据表明，截至 2016 年底，长三角地区制造业占全国比例超过 25%，成为全国的制造业中心，制造业就业人数占总就业人数的比重为 36%，也高于全国 27% 的平均水平，在第一轮劳动密集型产业全球转移中，就占得先机，在全国范围内形成完善的以初级制造业为主的产业集聚，这一地区经过 40 多年的发展，产业结构不断优化升级，许多产业处于全国的中高端，并为新的产业的发展提供了坚实的基础和改进的空间。随着全球范围内市场需求结构的快速改变,全球竞争日益激烈,产业结构的优化升级迫在眉睫,这不仅影响本地区的发展,而且对全国都具有重要的影响,这一地区承载着我国在全球产业链和价值链中的地位。很显然,这一地区的传统产业已经不能满足经济发展和转型的需要,原有的产业必然会出现分散和转移的趋势,伴随着这一地区的产业转型升级和制造业向产业链高端的攀升,产业就会出现再集聚,主要表现为推动现代服务业的发展,尤其是为制造业提供中间服务的生产性服务业更需要快速成长,这样才能推动高端制造业的发展和这些产业的再集聚。截至 2016 年底,生产性服务业就业人数占总就业人数的比重达到 17%,在全国处于领先位置,但是与人均 GDP 相似的发达国家相比,仍然滞后,产业水平整体处在全球价值链的中低端。此外,生产性服务业在长三角地区已经形成一定程度的集聚,经测算,2016 年上海生产性服务业区位熵指数高达 1.93,南京达到 1.53,杭州也达到 1.31,在坚实的制造业产业集聚基础上,长三角发展制造业内部分离出的生产性服务业的集聚,无论在基础设施方面、人才集聚方面还是工业基础方面,都具有重要优势。

生产性服务业并不是独立存在的,其服务并依存于制造业,高端制造业是现代生产性服务业发展的前提和基础。首先,制造业集聚对生产性服务业集聚具有一定的滞后期,但制造业集聚也会对生产性服务业产生重要的推动作用,所以发展长三角生产性服务业不能忽略制造业的发展,不能单兵突进,而要通过城市群的发展形成相互支撑。国家"十二五"发展规划提出长三角第二产业向中西部转移,但这并不代表长三角不发展制造业,现代服务业不可能单独存在,服务业的发展需要制造业的支撑。所以长三角制造业要向产业链高端进发,推动技术密集型制造业的集聚,拓展和延伸制造业的产业链,在制造业内部实现结构升级,促进生产性服务业与制造业互动融合,大力发展生产性服务业,这也是推动区域经济结构调整、全面提升经济发展质量和水平的重要途径。其次,由于资源排挤效应,同一时期生产性服务业集聚和制造业集聚可能存在相互阻碍的现象。要避免这种不利影响,就必须提高资源利用效率。在政策上,政府应从全局角度出发统一规划,做到政策资源在生产性服务业和制造业之间合理高效的分配。政府应该完善信息咨询和沟通联系等服务功能,为生产性服务业企业和制造业企业提供交流互动的平台,大力促进生产性服务业与制造业发展的互动融合，极大推动两者的相互带动和支撑作用。

国内外相关研究都表明，生产性服务业和制造业之间除了存在因果关系，还存在互动关系，生产性服务业的发展在很大程度上依赖于制造业这个服务对象，而制造业的整体水平和产品性能的提升，又依赖于生产性服务业的附加和整合。进入 21 世纪，长三角生产性服务业和制造业的发展水平有了快速提高，制造业与服务业均呈现一定的集聚和辐射态势，但近年来经济增长方式的转变和经济全球化进程的推进导致制造业扩散趋势明显。整体看来，上海制造业区位熵指数由 2008 年的 1.346 降至 2016 年的 1.054，江苏制造业区位熵指数由 2008 年的 1.542 降至 2016 年的 1.385，浙江制造业区位熵指数由 2008 年的 1.529 降至 2016 年的 1.088；与此对应的就是生产性服务业区位熵指数均出现不同程度的上升，其中上海生产性服务业区位熵指数高达 1.9。基于此，从长三角产业演进的一般规律出发，长三角地区应实现制造业与生产性服务业的协同再集聚，以实现该地区的产业结构转型升级，进一步打造中国经济增长的"航母舰队"。

（四）珠三角产业再集聚的发展趋势

珠江三角洲是中国改革开放的前沿阵地，自改革开放以来，珠三角地区凭借其沿海和毗邻港澳的优越地理位置、政策优势以及充足而相对廉价的劳动力，吸引了大量国际资本的进入，经济增长显著。2016 年珠三角地区 GDP 总量达 6.78 万亿元，占全省合计的 79.3%，人均地区生产总值达 11.43 万元，超过长三角地区。目前，珠三角地区已成为全球最大的制造业生产基地，其生产规模甚至已超出美国东海岸或者欧洲中部。特别是东莞的 IT 行业所占国际市场份额已达到 1/3。随着珠江三角洲"世界工厂"的逐渐形成，也出现越来越多的产业集聚现象，形成了当今中国最大的产业集聚区域之一，有佛山陶瓷工业、南海纺织工业等由传统经济发展起来的产业集聚区，也有广州本田等由政府与外资企业联合打造的制造业产业集群，还有东莞电脑产业、虎门服装产业等由大量外资同类企业自主集聚而形成的产业集群区，更为重要的是，深圳华为、中兴等通信电子高科技产业在深圳集聚，华为成为中国创新的代表之一。总体来说，电子通信、电气设备、服装纺织、家具制造等具有比较优势的劳动密集型产业在珠三角迅速发展，形成珠三角地区劳动密集型的产业集群。由于珠三角产业集聚在我国发展较早，当时急于求成而缺少规范的引导，造成珠三角地区低级产业集群快速发展，这类产业集聚度提高最初促进了地方经济的快速发展，但是随着集聚度不断提高，也给经济持续健康、稳定地发展带来了很多问题。例如，随着劳动力成本的上升、地价的高企，拥挤效应在珠三角凸显，产业结构的优化升级成为这一地区急需解决的问题，产业结构升级就成为制约经济发展的关键问题，一批产业要逐渐分散，取而代之的是具有创新性的高科技产业的再集聚。

20 世纪 90 年代后期以来，这一问题也引起广东省政府的重视，把产业的优化升级作为经济发展战略的重点，把其作为高质量解决发展的突破口。但原有的产业集聚过度给产业的分散和重新集聚带来掣肘，作为市场微观主体的企业，主要表现为技术创新动力不强，产业转移和升级的迫切性不高，直接影响产业结构的总体状况，因此，珠三角地区产业再集聚应重点关注产业集聚度变化、科技投入以及产业升级状况。

珠三角地区经济发展的重要特征之一是产业集群的兴起，在全球经济一体化的背景下，以外向型经济为主的珠江三角洲地区产业集聚更是得到加速发展。目前，珠三角地区经济规模在 2 万亿元以上、具备产业集聚经济特征的专业镇就有 150 ~ 200 个。

目前，珠江三角洲地区已经形成具有一定特色和层次、规模相对完善的三大产业分工与集聚体系。珠三角东岸地区以东莞、惠州、深圳为主，形成了电子及通信设备制造业集聚经济带，2014 年三市的产值达到 3200 亿元，已经成为全国最大的电子通信设备基地，被称为"广东电子信息产业走廊"。西岸的珠海、顺德、中山、江门等地形成以家庭耐用消费品、五金制品等为主的传统制造业产业集聚带，如格兰仕等大型企业。中部以广州、佛山为主，形成电器机械、钢铁、纺织、建材等为主的产业集聚带，近十年来，广州的机械设备工业总产值均达到全省产值的 40% 以上，成为全省的支柱产业。舒元（2009）对广东省十年以来的制造业集聚水平进行测度，实证发现珠三角制造业主要集聚在核心城市中，如广州、深圳、佛山等制造业集聚度都非常高，而且大多是资源型产业及重化工产业等传统制造业，虽然深圳的高科技行业已具有一定的集聚优势，但和广州相比，仍存在一定差距。

珠三角地区的产业集聚已经相当完善和成熟，但是过度的产业集聚却对区域内的产业转型升级形成阻碍。随着经济的发展、生产要素价格的上升，珠三角地区产业转型升级面临巨大的压力。区域内的纺织服装、家具制造、塑料制品业和电子及通信设备制造业等产业集聚已经出现高度的集聚态势（刘哲明，2010），同时，实证发现珠三角地区的产业升级、科研投入和集聚度呈现负相关的关系，即过高的集聚度不利于自主创新和科研经费的大量投入，因为集聚度高会造成产业集群内形成不同程度的模仿替代创新，形成类似"柠檬市场"的情况，不利于企业自主创新积极性的塑造。珠三角地区近年来产业集聚度不断提高，规模越来越大，产业转型升级却迟迟没有实现，一些专业镇反而陷入发展困境，一定程度上验证了上述的假说。这在一定程度上归因为区域内的传统制造业产业过度集聚、劳动产出弹性不高、自主创新能力不足，形成了较为严重的拥挤效应，一些劳动密集型产业要按照市场本身的要求进行分散，通过适当地降低这些产业的集聚度，吸引高技术产业进入该地区，有利于企业产品升级换代，有利于提高企业科研投入的积极性，有利于产业集群的升级发展。因此，根据国内外市场的需求和技术的变化，在市场需求的引导下，在政府的积极支持下，要大力进行产业的动态调整，实现新一轮的产业再集聚。产业再集聚有助于促进区域内的产业升级和企业创新，有助于形成具有知识产权的核心技术和品牌，促进这一地区的经济增长，发挥这一地区对全国的影响力。

　　缺乏核心技术和专门性人才也是当前珠三角地区经济发展面临的一个难题。珠三角的西部地区以传统家电生产为主，科技含量低而且附加值低，东部地区虽然是以电子通信设备制造为主的高新技术产业基地，仅东莞而言，虽然已成为全球电子信息设备制造基地，但还少有属于自己的本土品牌，大多是承接国外的零件装配，没有真正掌握核心技术，仍处于简单制造阶段，属于产业链和价值链的低端，只能赚取廉价的加工费用。即使对珠三角来说，已经非常成熟的家电行业，许多核心零部件也仍需进口。东部的高新技术产业基地大多也只是依靠廉价的劳动力而不是依靠研发，利用核心技术参与国际市场竞争，缺乏核心竞争力。依靠原有的劳动力优势的竞争方式，处在全球价值链的中低端，随着劳动力生产要素成本的上升，国际市场竞争压力加大，容易被国际市场淘汰，因此珠三角的产业转型升级迫在眉睫。

尽管 20 世纪 90 年代以来，随着经济和科技全球化的加快，以电子信息技术为主导的全球科技革命的发展和产业结构的调整升级，推动了以跨国公司为主导的全世界范围内的产业、技术转移和资源的再配置，珠三角地区也开始了产业转型升级的进程。但这个过程相对缓慢，进一步说明了产业的转移和集聚是一个不断演化的动态过程，产业再集聚需持续推进。

随着广东省产业转移和"退二进三"战略、"腾笼换鸟"政策的实施，2005 年开始，珠三角产业集聚的"离心力"开始发挥作用，广东省的基尼系数从 2005 年开始逐渐下降，产业逐渐向周边地区转移，一些传统制造行业和能源依赖性行业开始向郊区转移，核心城市着重发展核心制造业，从而促进珠三角地区的协调发展以及优化城市的产业分工和布局。广东东西两翼以及粤北山区已经开始形成新的产业集聚区，主要承接核心城市的产业转移，集中发展一些工业化早期和中期的产业，如电子电器、五金、服装、化工等劳动密集型产业，但由于发展条件的限制，以及企业选择产业转移发展地区考虑的因素很多，包括区位优势、营商环境、配套企业数量、基础设施等，因此，要达到一定规模且企业间协作创新的新产业集聚区仍需要时间。

珠三角地区目前传统产业集聚已经相当完善和成熟，但是以劳动密集型和资源密集型的低端产业为主，珠三角地区要想实现产业转型升级，必须加快科技的投入，大力发展高新技术产业，向产业链和价值链的上游攀升，实现高端制造业和高科技产业的再集聚。

在实现区域内的产业转型升级的过程中，广东省各级政府力图通过政府的引导促进传统产业的转移和新兴产业的再集聚，积极推进如高新技术产业开发区等新兴产业集聚区的建设，并开始探索出进一步建立和完善有利于促进科技创新、推动科技成果转化为现实生产力的体制和机制，推动传统产业向周边地区扩散和转移，吸引高新技术产业在中心城市和城市的核心区集聚，致使在珠江三角洲内部开始产业的转移和重新布局。这样，这一地区通过有序的合作和发展，产业的层次不断迈向产业链的中高端，在技术上瞄准国际高端技术，传统产业加速向核心区以外欠发达地区转移的同时，也加快了这一地区的工业化步伐，逐步形成了以传统产业为主的新产业集聚区，迎来经济发展的新机遇，而原有发达地区在新的产业和新的技术推动下，也迎来了经济发展的新高潮，区域经济差距缩小，新的经济增长点形成。

高新技术产业是在高技术和知识开发、研究、推广和应用基础之上形成的，具有高智力、知识型特征，有很强的知识渗透性和扩散性。珠三角目前已具备发展高新技术产业的良好条件，广州、东莞、深圳、珠海、南海、惠州等都有一定基础，也初步发展起来一批高新技术产业集聚区。

目前珠三角地区应结合自身特点，重点发展优势产业的再集群。如在广州、珠海和南海等城市，抓住人才和环境优势，重点发展网络技术、软件产业集聚区。在深圳、东莞和惠州利用生产技术优势重点发展计算机、网络和通信设备制造产业再集聚，加快高新技术产业带和开放型经济密集区建设。加强电子信息、软件技术、环保工程、生物工程和新材料等产业的合作，构造"大珠三角"高新技术产业带。

从珠三角产业定位的战略高度来看，要把该产业带建设成为中国高新技术产业发展的发动机、亚洲经济增长的活力区域和国际高素质人才的创新基地。推进软件园建设，加快高新技术开发区建设，加强产学研合作创新，设立研究开发机构，大力支持中小企业的发展。着重突破和创新关键技术，大力改造传统产业并促进区域创新体系的形成与发展。建设可持续发展的高水平开放型经济密集区，将其打造成为高新技术产业的重要基地；充分发挥中心城市以及经济功能区的作用，进一步拓展粤港澳台经贸合作领域，大力开发境外市场并加大对境外投资的力度。

高端制造业的发展需要现代服务业的大力支撑。珠三角地区要大力改造传统制造业、发展高端制造业，在促进高科技产业适度再集聚的同时，要大力推动与这些制造业相配套的服务业发展，尤其是生产性服务业。利用毗邻香港和澳门的优势，建立粤港澳大湾区，形成更大区域内的协同发展，形成新的增长极。珠三角已初步具备了与香港、澳门深度合作的条件，珠三角地区的发展可考虑把香港的服务业与珠江三角洲的高端制造业结合在一起，借助香港高度发达的服务业，把珠江三角洲传统制造业向高附加值制造业（包括高新技术制造业）升级转型。香港的服务业以珠江三角洲作为基地，面向内地和全球市场，要提升和扩大香港生产性服务业的水平和服务空间。香港的服务业进入珠江三角洲，一方面改善了投资软环境，另一方面，可以集聚大批专业服务人才，珠三角就更有条件引进国外著名的大企业、高新技术工序乃至研发中心，从而为该地区未来的经济发展带来后劲和活力。

在人力资源方面，珠三角的人才结构与产业集聚和经济发展极不相适应，珠三角目前的高层次人才数量、质量和结构远远无法满足本地经济发展的需要。在人才吸引方面，珠三角对高层次人才的吸引力远不如长三角和京津冀，产业的技术创新离不开高质量的人才支持，目前，珠三角对应用型专门人才的需求，由数量型紧缺逐渐转向结构型紧缺。因此，珠三角产业的再集聚和产业结构升级也需要高素质人才的集聚。

（五）成渝城市群产业再集聚的发展

为了推动西部经济增长，实现东西部协调发展，国务院批复了《成渝城市群发展规划》。以成都和重庆两大国家中心城市为两极，在长江上游吸引众多人口、城镇、产业集聚于此，形成了我国西部发展最快、综合实力最强、引领西部开发开放的成渝城市群。

2017年成渝城市群地区生产总值达46852亿元，占重庆和四川的83%，占全国的6.2%；成渝城市群人均GDP达55274元，高于西部地区人均GDP约11041元，已成为我国西部地区经济实力最强的区域。此外，成渝城市群通过淘汰落后产能，提高金融服务业、医疗服务业、农业休闲服务业等产业比重，产业结构得到进一步优化，三次产业结构比为8.61∶46.67∶44.73。第一产业比重逐渐下降，第二产业与第三产业比重稳步升高。综合来看，成渝城市群"二、三、一"型的产业格局未发生改变，但是二、三产业比重的差距正在逐步扩大，处于工业化的中期阶段。

作为成渝城市群的两极，重庆与成都中心城区的服务业发展迅速，重庆地区的生产性服务业产值增长迅猛，金融业增加值占比提高到9.3%，一些生活性服务业如旅游、会展、商贸行业等持续高速增长，服务贸易额年均增长达到20%以上。成都的现代服务业同样发展迅猛，近年来，成都已经成为关键的物流中心枢纽、西部金融创新中心、国际购物天堂、旅游文化中心等服务行业的金色标签。成渝城市群的传统服务业占据主体地位，但新兴服务业还不够成熟。以2017年的重庆市为例，成渝城市群服务业增加值最高的细分行业是批发和零售业、居民服务和其他服务业、住宿和餐饮业、交通运输仓储及邮政业和教育业。从生产性服务业的就业贡献来看，就业人数最多的是批发和零售业与住宿和餐饮业，这说明传统服务业依然占据主体地位。但随着近年来的发展，成渝城市群生产性服务业结构逐渐优化，慢慢地向旅游行业、房地产行业、金融服务行业、信息服务行业、文化产业方面转移。此外，生产性服务业在各城市之间的侧重发展也有所不同。成渝两市侧重于金融、教育、总部经济、国际会展、商务旅游、信息咨询等高端服务业。而绵阳、德阳等城市将重心放在信息技术、服务外包等生产性服务业，乐山、雅安等城市则侧重于健康养老、休闲旅游等新型服务业，其他外围城市如泸州、德阳、绵阳、遂宁、内江、乐山、南充、眉山、宜宾、广安、达州与资阳等城市则凭借低廉的要素成本优势，促进了制造业的发展，提升了制造业分工的地位。

从产业分布方面来讲，重庆市的生物医药行业发展迅速，已形成数个医药产业基地和制药基地，成都天府国际生物城投资规模超过 600 亿元，涵盖了医药、生物医学、智慧健康等行业领域。成都龙泉、重庆市的汽车产业已形成规模，在新能源电池研发、汽车空调研发、底盘电控系统等领域已投产。高端交通装备产业方面，以成都、德阳、绵阳为核心，形成了包含卫星产业、飞机整机及部件、轨道交通材料、智能制造装备等产业。除此之外，成都的飞机制造业、电子信息业，绵阳的国防工业、新材料产业，德阳的重装制造业，自贡的盐化工业，泸州的天然气化工业，宜宾的能源工业、食品饮料业，重庆的汽车、摩托车制造业与仪表制造业等均在全国占有一定优势。

从成渝城市群的空间布局来看，形成了"一轴三带"的态势。所谓"一轴"，是指以成渝高铁与高速公路为纽带，连接重庆和成都两个核心城市，进而辐射周围的资阳市、内江市等相关城市。通过依托成渝交通快速通道，发挥成渝带动作用，提高资阳市与内江市的承载能力，根据自身条件有序承接来自成渝的产业转移与分工协作，进而加快成渝的现代服务业发展，促进先进制造业集聚。所谓"三带"，一是指"成绵乐城市发展带"，以成都为中心，成绵、成乐等高速公路为纽带，推进成都、德阳、绵阳、眉山、乐山的一体化发展水平，主要促进电子信息、生物医药、科技服务、装备制造、特色农业等产业的集群发展；二是指"长江城市发展带"，主要依托长江黄金水道，利用水运兼备陆运的优势，促进宜宾、泸州与重庆的产业协作，加快推进多式联运发展，主要集聚冶金化工、清洁能源、轻纺食品等产业，共同开拓货源市场，构建临港产业基地；三是指"嘉陵江城市发展带"，依托嘉陵江，同构重庆、遂宁、广安、南充四城，促进现代服务、装备制造、精细化工产业，提高城市发展带的支撑能力。

与我国其他城市群相比，成渝城市群整体竞争力相对较弱。成渝城市群产业发展层次不高，工业结构仍以劳动密集型产业及传统产业为主，其中能源原材料工业占较大比重，而技术密集型产业及高科技产业比重较低，生产性的服务业发展也比较滞后，因此成渝城市群的产品附加值并不太高，导致市场竞争力不强。此外，成渝城市群对外开放程度不够。2017年成渝城市群对外贸易依存度约为19.2%，远远低于同期全国平均水平，人均进出口总额只相当于全国人均进出口总额的1/2左右。城市间的产业分工与协作并不明显，缺乏错位发展和差异化竞争。很多城市的产业体系与产品结构出现了雷同现象，并将利税高的钢铁、化工和煤电产业作为产业发展的对象，导致产业过剩。因此，成渝城市群还需要进一步形成产业规模和集群效应，提升产业整体竞争力。

五　产业再集聚的不同模式

从我国特大城市所处的经济发展阶段来看，除了哈尔滨、重庆、西安和汕头四个特大城市还处于工业化实现阶段，北京、天津、沈阳、上海、南京、杭州、武汉、广州、成都都已进入后工业化阶段，进入服务经济时代。哈尔滨、重庆、西安和汕头四城市虽然还处于工业化阶段，但也正处于经济结构转型升级阶段，向后工业化阶段迈进。但总体来看，我国特大城市大多已进入以第三产业为主导的服务经济时代，城市发展重心已由制造业转向服务业。

产业再集聚大多从制造业的扩散、生产性服务业的集聚发展开始，生产性服务业的集聚使第二产业内部自循环机制被打破，开始实现第二、第三产业的联动，这种机制不仅会提高制造业的品质和效率，而且能够优化产业结构，实现空间资源的优化配置。我国大部分特大城市的产业再集聚都离不开生产性服务业的集聚，实证研究表明，我国生产性服务业已有较高的集聚程度与较强的集聚趋势，但空间集聚并不均衡，在空间上生产性服务业呈现从东北、中西部地区向东部沿海地区集聚的态势，特别是在京津冀、长三角和珠三角地区，形成高值集聚区（张三峰，2010），但从三大城市群横向对比来看，仍存在差异，不同的特大城市生产性服务业的集聚也存在显著的差异。京津冀地区的服务业集聚大多是基于总部经济，北京作为首都，很多国内外大企业在此集聚，总部经济促进了生产性服务业的发展。长三角和珠三角地区的生产性服务业是在本地制造业集聚和服务外包业务发展的背景下，随着专业化分工不断加深而逐步成长，也正因如此，以加工贸易为基础，仍处于全球价值链低端的长三角和珠三角制造业不能为生产性服务业的发展提供一个很高的起点。相对于北京来说，长三角和珠三角的生产性服务业的集聚水平比较低，而且在产业转型升级的背景下，长三角不仅要发展生产性服务业的再集聚，更要重视制造业与生产性服务业的协同再集聚。在珠三角地区，不仅要依托港澳高度发达的服务业优势发展生产性服务业，更要在传统制造业集聚的基础上大力发展高端制造业和高技术产业的再集聚。

京津冀城市群的生产性服务业再集聚是总部经济集聚模式，北京作为"世界总部经济之都"，2016 年，北京是世界 500 强中 58 家公司的所在地，这个数目居世界第一位，这些公司多为中央国有企业，并多涉及金融、信息和现代物流等生产性服务业领域。生产性服务业以总部经济的模式集聚发展，并且带动国外很多知名的生产性服务企业在北京增设经营机构，服务于全国乃至全球。生产性服务业在北京极具竞争力，在金融街一带聚集了很多国内外大型金融机构和国企总部，是北京集资金、技术、知识于一体的生产性服务业高度集聚的地区。但一些基于制造业的生产性服务业在京津冀地区发展缓慢，因为京津冀地区制造业中对能源依赖较大、附加值较低的传统重工业占比较大，而近年京津冀地区出现产能过剩，对生产性服务业出现有效需求不足，迫切需要实现空间资源的重新配置，因此，京津冀地区的生产性服务业依然存在进一步发展空间。

长三角城市群的生产性服务业再集聚为功能区集聚模式。长三角以上海市为中心，在中心城区及郊区以点线面形式布局多个功能区，大力发展生产性服务业。目前，上海市已建设形成 28 个生产性服务业功能区对接制造业的上下游，作为集聚重点产业的重要载体。发展专业化程度高的生产性服务业功能区既满足了长三角先进制造业的多样化需求，又能承接外向型服务外包业务，提升生产性服务业的规模和能级，实现制造业与生产服务业的协同集聚，并实现二、三产业的融合发展。

珠三角城市群的生产性服务业再集聚模式为专业化集聚模式。改革开放以来，珠三角地区制造业发展突飞猛进，至今已经成为我国乃至全世界的重要制造业基地。随着国内经济转型升级以及国际市场竞争日趋激烈，珠三角地区要想在国际市场中保持竞争优势，就必须专注于核心竞争力，将生产性服务业外包。珠三角地区具有临近港澳的地理位置优势，又有很强的制造业基础，而在广州和深圳两个核心城市已经形成了一定的生产性服务业集聚区，如广州在物流和技术服务业方面占有比较优势，深圳具有发展金融业和信息服务业的基础。因此，珠三角地区可依托自身优势，大力发展专业化的生产性服务业，利用专业化优势，发挥对珠三角城市群先进制造业的全产业链支撑作用，做强"微笑曲线"两端，实现向全球价值链上游的攀升。

而与我国其他城市群相比，成渝城市群整体竞争力不算太强。成渝城市群产业发展层次不高，工业结构仍以劳动密集型产业及传统产业为主，其中能源原材料工业占较大比重，而技术密集型产业及高科技产业比重较低，生产性服务业发展也比较滞后，因此其产业再集聚发展趋势有待进一步深化。

生产性服务业不同于一般产业，作为其他产业的中间投入，是典型的需求拉动型产业。因此，处于不同发展阶段的不同城市，由于市场需求不同，生产性服务业也有不同的集聚发展模式。处在工业化后期的特大城市，如西安、哈尔滨、重庆等城市，应大力发展金融、物流等产业，围绕制造业的需求布局，以提高本地制造业企业生产效率，以满足专业化需求为核心。处在后工业化阶段的特大城市，如北京、天津、上海、杭州、广州、成都等城市，应重点发展商务、高端技术等为核心的产业，以中心城市布局，满足城市群产业转型升级的多样化和高端化需求。

通过对以京津冀、长三角、珠三角以及成渝城市群为主的我国特大城市生产性服务业再集聚模式的分析发现，尽管四大城市群生产性服务业发展遵循不同的发展路径，但是在空间分布和发展机制上仍存在相似特征。

在空间布局上，生产性服务业主要集中在城市群的中心城市，因为中心城市不论在产业、要素和政策等方面，还是在拥有更大外部经济性方面，都具有比较优势，生产性服务业因循环累积效应而集聚程度不断提高。而生产性服务业在中心城市的集聚发展，对周边城市的带动作用也很显著。生产性服务业在中心城市的发展并不会使周边城市呈现"沙漠经济"，反而会给其带来"大树底下好乘凉"的效果。

在分工合作上，中心城市利用信息、科技等新的生产要素更好地融入中心城市的分工中。在中心城市先进的生产性服务业的带动下，周边城市通过大力发展先进制造业而参与到产业空间分工中，为城市经济可持续发展赢得机会。因为特大城市的信息化程度高、科技高度发达、市场自由程度高都会对生产性服务业的集聚发展产生正的外部性，所以，生产性服务业成为特大城市产业再集聚的重要选择。

第六章

产业再集聚的空间效应实证研究

产业集聚是经济发展过程中生产活动空间分布不均衡的常态，是产业优化升级与空间布局发展历程中的必经阶段。有关产业集聚对经济增长的促进作用的论述最早可以追溯到马歇尔时期，马歇尔最早于1920年指出，产业集聚影响区域经济增长的内在机制逻辑在于集聚所产生的外部性，主要涉及地方化的劳动力池效应、专业化的中间投入品共享以及技术溢出效应。此后，在马歇尔提出的集聚外部性的基础上，针对产业集聚增长效应的研究也呈现如火如荼的研究态势，像罗默（1986）、克鲁格曼（1991）、格莱泽（1992）、波特（2000）等学者均对产业集聚的经济增长效应进行过研究与阐述，其中尤其以克鲁格曼为核心建立的新经济地理学派的研究最具代表性。

新经济地理学派的代表人物克鲁格曼从空间经济活动的角度研究产业集聚与经济增长问题，认为产业集聚主要存在三方面原因：需求、外部经济与循环累积的自我实现机制。具备较大市场需求的地理区域能够吸引大量相同或不同的企业集聚，进而形成规模经济促进经济增长；产业集聚在某些地域形成本身可能只是历史的偶然，但是一旦产业集聚格局形成，在缪尔达尔循环累积因果链的作用下，便会产生循环累积因果效应，加强集聚，偶然的历史因素会形成必然的集聚结果；而外部经济主要来源于马歇尔的外部经济性理论，不再赘述。克鲁格曼的新经济地理学打破了古典经济学框架内关于增长的规模报酬不变与完全竞争市场的假设条件，强调市场需求、运输成本等因素的交互作用，使得关于产业集聚的研究更加贴近现实。

随着产业集聚的经济增长效应的研究逐步深化，这一理论也受到来自现实经济发展的挑战。在对外开放逐渐深化与技术进步的推动下，全球经济发展越来越呈现一体化发展态势，区域界限逐渐弱化。尤其是伴随着以高速铁路为核心的交通基础设施建设和以互联网技术为核心的信息基础设施的建设，低成本或近乎无成本的远程、瞬时交流成为现实，技术、资本、劳动力等生产要素可以实现更加自由的转移。当然，事物的发展受外因影响，但内因才是决定因素，所以产业集聚的经济增长效应受到限制的最重要原因还在于集聚自身。产业集聚的经济增长效应主要取决于向心力与离心力，在产业集聚发展初期，运输成本降低、规模报酬递增和紧密的产业关联等作为主导力量推动产业集聚发展，产业集聚呈现不断加深的态势。但随着产业集聚程度的上升，会逐渐引发要素价格上涨、资源匮乏、竞争加剧等拥挤效应，当集聚效应不足以抵消拥挤效应时，产业集聚就会越过转折点，此时离心力大于向心力，产业集聚度相应减弱，趋于分散。所以，产业集聚对经济增长的影响效应呈现倒"U"形发展状态，不同阶段的作用效果具备异质性。

目前，以工业或制造业为主的产业集聚历经长时间的集聚发展态势，在发达地区集聚所导致的拥挤效应逐步显现。以我国东部地区为例，改革开放后，我国东部地区一直是经济集聚发展的前沿阵地，但是随着劳动力要素价格上涨、东南亚国家竞争加剧等国内外宏观经济形势的变化，东部地区产业逐渐向具备要素优势的内陆地区和东南亚地区转移扩散。然而，在产业转移扩散与经济全球化发展的背景下，产业集聚所导致的经济增长效应是否已经减弱甚至逐渐消失，答案是否定的。事实上，在经济发展与产业结构调整升级的过程中，产业集聚与扩散呈现生命周期性的动态变化，产业集聚与扩散过程并不能完全区分清楚，而是相互弥补、互相融合、共同存在的。在集聚效应大于拥挤效应前，产业集聚为主导；在拥挤效应强于集聚效应后，产业扩散就更为常见。但是，在产业扩散过程中，无论是产业转移区域还是承接区域，均在动态调整过程中挖掘新的具有增长潜力的产业，进行新一轮的主导产业选择，进而形成新一轮的产业集聚，即产业再集聚。所以，产业集聚的经济增长效应并不会因为产业扩散而减弱或消失，而是会以产业再集聚的模式继续发挥作用，即产业空间布局调整是导致经济增长长盛不衰的因素。

此外，更为重要的是产业再集聚的发展在特大城市和以特大城市为核心的城市群更具代表性，因为以北京、上海、深圳、广州等特大城市为代表的城市群在经济发展初期，已经充分释放了以制造业为核心的产业集聚的增长动能，产业扩散、结构升级与城市转型成为这些城市群接下来的工作重点，在这个阶段如何更好地实现新兴产业的再集聚发展，充分发挥其对经济增长的推动作用，是需要重点关注的问题。因此，考察以特大城市为核心的城市群产业再集聚发展及其对区域经济的影响，是对产业集聚与扩散的进一步深化与拓展，在特大城市结构升级、产业转移扩散与经济一体化发展的背景下更具实践意义。

一 理论模型构建

受到完全竞争市场和规模报酬不变假设条件的限制，传统主流经济学对现实的解释力不够。迪克西特与斯蒂格利茨从现实出发，把规模报酬递增和不完全竞争市场结构理论纳入均衡分析之中，建立了垄断竞争模型（D-S模型），成为分析产业集聚的微观基础。本部分在克鲁格曼（2005）对D-S模型的应用与扩展的基础上构建了产业再集聚的区域增长效应模型。

在传统的迪克西特—斯蒂格利茨模型中，主要考虑一个只有农业和制造业两个部门的经济体，其中农业部门是完全竞争的，生产单一同质产品，而制造业部门则提供大量的差异化产品，是不完全竞争的，具有明显的收益递增的特征，因此，一般情况下把农业部门看成是除制造业之外生产活动的完全竞争部门。但是随着经济发展进程的加快和产业结构调整的推进，产业构成逐渐由第一产业、第二产业向第三产业推进，农业部门在经济体量中所占据的比重逐渐降低，工业部门保持稳定或略有下降，服务业部门在经济发展中的地位急剧提升，进而导致服务业集聚也逐渐成为国内外研究的热点。

由于以农业部门和制造业部门为主分析迪克西特—斯蒂格利茨模型的经济增长效应难以满足现代经济体发展的需要，并不能很好地说明现代产业集聚对经济增长的推动作用，为了更好地说明产业再集聚所导致的经济增长效应，接下来将服务业作为产业再集聚部门，构建包含制造业与服务业的产业集聚增长模型，借此说明产业再集聚的增长效应。

假设存在 R 个地区，满足消费者需求的产品全部来自制造业部门与服务业部门，制造业部门是存在规模报酬递增的产业部门，产品具有多样化生产特征，同时根据萨缪尔森的观点，制造业产品在运输过程中存在"冰山运输成本"，即如果一个单位的制成品从 A 地区运往 B 地区，只有其中一部分会到达，制成品的其余部分会在运输途中损耗。假设某种制成品在生产地 r 的价格水平为 P_r，那么其在消费地的售价为 P_{rs}，二者间满足如下关系：$P_{rs} = P_r T_{rs}$，其中 T_{rs} 表示如果有一单位的制成品运到目的地，必须从生产地装运 T_{rs} 倍单位的制成品，需要注意的是，运输成本是指包括交通运输成本、交易费用等在内的总耗损。由于服务业产品不容易运输、储藏，生产与消费更多面向本地消费者，所以服务业在不同区域间不具备"冰山运输成本"，而是存在搜寻成本，假设区域间的距离固定，则不同区域间服务产品的搜寻成本固定为常数 θ。对于消费者来说，假设对不同部门产品具有相同的偏好且服从柯布—道格拉斯函数形式，则消费者消费不同种类产品时的效用满足 CES 生产函数形式：

$$U_s = \left(\sum_{r=1}^{R} n_r q_{rs}^{\frac{\delta-1}{\delta}} \right)^{\frac{\delta}{\delta-1}} - \theta(\delta > 1) \tag{6-1}$$

其中 U_s 为 s 地区消费者的效用水平；n_r 表示 r 地区差异化产品的种类，因为在模型的假设条件中存在规模报酬递增假设，所以市场结构属于迪克西特与斯蒂格利茨描述的垄断竞争市场，垄断竞争厂商的种类就是产品种类；q_{rs} 代表 r 地区的产品在 s 地区的销售量；δ 表示差异化产品的替代弹性，当 δ 趋向于无穷大时，表示消费者偏好程度的 $\dfrac{\delta}{\delta-1}$ 趋向于1，表明不同产品具备完全替代性。在建立拉格朗日方程基础上，根据消费者效用最大化的条件可以得到地区 s 对地区 r 生产的某种产品的需求量：

$$q_{rs} = \mu Y_s (P_r T_{rs})^{-\delta} G_s^{\delta-1} \tag{6-2}$$

其中 Y_s 为 s 地区的收入水平，$P_r T_{rs}$ 为 r 地区生产的产品在 s 地区的到岸价格，$G_s = \left[\sum_{r=1}^{R} n_r (P_r T_{rs})^{1-\delta} \right]^{\frac{1}{1-\delta}}$ 为 CES 价格指数，用来表示消费一单位商品组合所支付的最低成本。把所有地区对 r 地区产品的需求量进行加总，就得到 r 地区某种产品的总销售量：

$$q_r = \mu \sum_{s=1}^{R} Y_s \, (P_r T_{rs})^{-\delta} G_s^{\delta-1} T_{rs} \qquad (6-3)$$

在生产方面，根据克鲁格曼的观点，我们假设所有地区所有部门的规模经济只存在于产品的差异化基础上，不存在范围经济等，假设所有生产只需要劳动力一种投入要素，那么生产者的总生产成本为：$TC = (F + cq_r)w_r$，其中 w_r 为雇佣工人的工资水平，F 为厂商进行生产的固定成本，q_r 为 r 地区厂商的产量，c 为厂商进行生产的边际成本。那么厂商的利润函数为：

$$\pi_r = p_r q_r - (F + cq_r)w_r \qquad (6-4)$$

根据厂商利润最大化原则可知：$p_r(1 - 1/\delta) = cw_r$，假设厂商可以自由进出市场，在定价原则一定的基础上，则地区 r 的利润为：

$$\pi_r = w_r \left(\frac{q_r c}{\delta - 1} - F \right) \qquad (6-5)$$

在垄断竞争的市场中，正常利润为零意味着市场均衡，企业只获得正常利润。均衡产出为：$q^* = F(\delta-1)/C$，在实现最大利润的均衡时，产品的需求量等于供给量，即 $q^* = q_r$，

$$\frac{F(\delta - 1)}{C} = \mu \sum_{s=1}^{R} Y_s \, (P_r T_{rs})^{-\delta} G_s^{\delta-1} T_{rs} \qquad (6-6)$$

产业集聚在经济增长中具有规模递增和拥挤双重效应，产业集聚能否推动经济增长主要取决于两种效应的大小。把产业集聚细化至生产者层面，产业集聚效应可以用厂商的边际成本来体现，因为产业集聚产生的规模经济与规模不经济是导致边际成本变化的重要原因。假设地区 r 的差异化产品种类为 n_r，则产业集聚度可以用 $n_r / \sum_{r=1}^{R} n_r$ 来衡量，在前述假设中已经说明在垄断竞争市场中，差异化产品的种类就是垄断厂商的数量，所以差异化产品的数量比重可以看作集聚度的替代指标。假设边际成本的函数形式为：

$$C = \alpha \left(n_r / \sum_{r=1}^{R} n_r \right)^{\beta} \qquad (6-7)$$

其中 α 和 β 的符号和取值主要取决于集聚效应与拥挤效应作用的相对

强弱。除此之外，人均GDP是衡量经济总量的重要指标，而工资水平也是经济增长的重要体现，按照收入法对国民经济进行核算可知：$GDP =$ 劳动者报酬 + 生产税净额 + 固定资产折旧 + 营业盈余，假设工资水平是人均国内生产总值 GDP_r 的一部分，满足 $w_r = \gamma(GDP_r)$，γ 位于 $0 \sim 1$ 区间。将 $C = \alpha \left(n_r / \sum_{r=1}^{R} n_r \right)^{\beta}$、$w_r = \gamma(GDP_r)$ 与 $p_r(1 - 1/\delta) = cw_r$ 代入公式（6 - 6）得到：

$$\gamma(GDP_r) = \frac{\delta - 1}{\delta T_{rs}} \left[\frac{\mu}{(\delta - 1)F} \right]^{\frac{1}{\delta}} \left[\sum_s G_s^{\delta-1} Y_s \right]^{\frac{1}{\delta}} \left[\alpha \left(\frac{n_r}{\sum_{r=1}^{R} n_r} \right) \right]^{\frac{\beta(1-\delta)}{\delta}} \quad (6-8)$$

两边取对数得：

$$\gamma \ln GDP_r = \ln \frac{\delta - 1}{\delta T_{rs}} \left[\frac{\mu}{(\delta - 1)F} \right]^{\frac{1}{\delta}} \alpha^{\frac{\beta(1-\delta)}{\delta}} + \frac{1}{\delta} \ln \left[\sum_s G_s^{\delta-1} Y_s \right] + \frac{\beta(1-\delta)}{\delta} \ln \left(n_r / \sum_{r=1}^{R} n_r \right)$$

$$(6-9)$$

在上述理论模型分析的基础上，将计量回归模型的形式设定为：$\ln(GDP_r) = \alpha_0 + \alpha \ln H_i + \beta \ln X_i + \mu$，其中 H_i 表示服务业集聚指标，X_i 表示相关控制变量。

二 京津冀产业再集聚的空间效应研究

（一）研究背景

京津冀地区作为我国传统的经济圈，是我国经济增长的重要增长极，尤其是2015年中共中央提出京津冀协同发展战略以来，京津冀地区在实现区域内的产业协同、功能整合和创新引领，推动产业再集聚对周边区域的溢出效应等方面发挥着举足轻重的作用，致力于调整优化城市布局和空间结构，构建现代化交通网络系统，扩大环境容量生态空间，推进产业升级转移，推动公共服务共建共享，加快市场一体化进程，打造现代化新型首都圈，努力形成京津冀目标一致、措施一体、优势互补、互利共赢的协同发展新格局。2016年，京津冀地区生产总值合计高达34382.4亿元，占全国国内生产总值的10.1%，成为推动全国经济发展的重要动力。除此之外，在全国产业结构调整布局中，京津冀地区处于我国的"雁阵头部"，产业结构调整和产业升级速度较快，产业集聚、扩散与再集聚发展比较迅速，尤其是北京市作为京津冀地区的核心城市，由于其政治功能的特殊性，其产业再集聚也受到影响，分析京津冀地区的产业再集聚问题更具指导意义。

随着京津冀协同发展进程的推进，越来越多的研究资料开始关注京津冀地区的产业扩散与产业再集聚问题，因势利导，强化具备潜力的优势产业的再集聚逐渐成为政策着力点。陆军、徐杰（2014）的研究表明，受北京经济发展影响，北京的金融集聚得到不断强化，通过吸引周边地区金融资源，使自身资金、机构集聚强化，由此形成集聚快速发展的"马太效应"。王玉海、何海岩（2014）的研究表明，北京、天津和河北要因势利导，发展具有地方特色的产业集群，合理进行产业结构布局，北京重点发展领域是以微电子、计算机、通信技术、新材料、生物工程等为主的高新技术产业和现代制造业，以科研、文化、教育为主的创意文化产业，以及以金融、保险、商贸、物流、会展、旅游等为代表的现代服务业；天津在现有加工制造业优势与港口优势基础上，定位为大力发展电子信息、汽车、生物技术与现代医药、装备制造、新能源及环保设备等先进制造业；河北定位在原材料重化工基地、现代化农业基地和重要的旅游休闲度假区域，也是京津高技术产业和先进制造业研发转化及加工配套基地。王曼怡、赵婕伶（2016）的研究发现，京津冀地区金融集聚发展对产业结构升级有促进作用，金融集聚程度越高，金融相关率越大，则产业结构中第三产业和第二产业所占比重增大，而且第三产业增速快于第二产业，由此不断促进产业结构升级。唐树伶（2016）的研究表明，京津冀地区主要产业存在一定的梯度差异，是区域内产业转移的重要动力，河北省在承接产业转移过程中要实现产业结构优化升级，发挥承接产业转移的正效应，必须将创新驱动、传统制造业转型、人才引进、构建现代产业体系等作为政策着力点。周孝、冯中越（2016）利用投入产出表研究北京生产性服务业集聚与京津冀协同发展的关系，发现北京生产性服务业集聚对区域经济增长具有促进作用，并且认为生产性服务业的差异化发展是京津冀协同发展的重要推动力。席强敏、罗心然（2017）认为京津冀地区要构建生产性服务业与制造业协同发展的产业空间分工体系，即北京、天津、石家庄等中心城市主要集聚各类生产性服务业，并通过发展部分高新技术制造业来保障城市的就业水平，夯实城市产业发展的基础；大城市周边的中小城市主要集聚各类制造业，并根据当地制造业的中间投入需求，适当发展交通运输服务、商务服务等生产性服务业部门。王岩（2016）以偏离份额法分析了产业集聚对京津冀经济增长的影响，发现不管是区域竞争力分量还是产业结构分量，与长三角地区相比，京津冀地区都处于落后地位。在京津冀的产业再集聚过程中，要注意提升区域集聚的竞争力，避免资源错配而导致的经济无效率增长。周明生、王帅（2018）利用京津冀地区城市群服务业各部门相关数据进行区位熵指数分析和面板数据模型估计，分析服务业集聚对该地区经济增长的影响，发现京津冀地区服务业以北京、石家庄为核心差异化集聚，并且服务业集聚在短期内对经济增长促进作用明显，长期内不显著。

目前，许多研究资料针对京津冀地区产业布局、产业扩散问题进行研究，但是研究视角多集中于北京、天津、河北的主导产业选择和布局，涉及特大城市产业再集聚角度的研究资料相对匮乏，并且实证检验资料也比较少，所以本章接下来在分析京津冀地区产业再集聚的基础上，对产业再集聚的经济增长效应、空间溢出效应及行业异质性进行实证检验，明确考察京津冀地区产业再集聚的空间效应。

（二）京津冀产业再集聚现状与测算

1. 经济发展与产业结构状况

京津冀地区经济发展一直保持较为稳定的状态，在全国经济发展布局中占据重要地位，但是从区域内部来看，无论是经济增长总量、经济增长速度还是产业结构等，作为特大城市的北京都占据明显优势。表6-1报告了京津冀地区2007~2017年的地区生产总值和增速状况。从地区生产总值来看，河北省地区生产总值最高，其次是北京，最后是天津，但是考虑到北京、天津作为直辖市，在经济规模方面比起一些较大省份，存在先天不足，因此经济总量还不足以反映京津冀地区的经济发展现实；从经济增长速度来看，三地经济增长速度均呈现波动变化趋势，尤其是2008年全球金融危机后，经济增长速度呈现断崖式下跌态势，但是在政府强化宏观调控的背景下（出台"四万亿"政策、强化"铁公基"建设等），2010年经济增长速度有明显提升，但是经济新常态的推进使得经济增长速度逐渐稳定，相较来讲，北京经济增长速度较高，天津次之，河北最低。

表 6-1 2007~2017 年京津冀地区生产总值和增速

年份	北京				天津				河北			
	GDP（亿元）	增速（%）	人均GDP（元）	增速（%）	GDP（亿元）	增速（%）	人均GDP（元）	增速（%）	GDP（亿元）	增速（%）	人均GDP（元）	增速（%）
2007	9846	25	58204	7	5252	21	46122	21	13607	18	19877	19
2008	11115	13	63029	8	6719	28	55473	20	16011	17	23239	17
2009	12153	9	70452	12	7521	12	62574	13	17235	8	24581	6
2010	14113	16	75943	8	9224	23	72994	17	20394	18	28668	17
2011	16251	15	81658	8	11307	23	85213	17	24515	20	33969	18
2012	17879	10	87475	7	12893	14	93173	9	26575	8	36584	8
2013	19800	11	93213	7	14442	12	99607	7	28442	7	38716	6
2014	21330	8	99995	7	15726	9	100105	0	29421	3	38909	0
2015	23014	8	106497	7	16538	5	107960	8	29806	1	39984	3
2016	25669	12	118198	11	17885	8	115053	7	32070	8	43062	8
2017	28014	9	128994	9	18549	4	118944	3	34016	6	45387	5

资料来源：《中国统计年鉴》。

表 6-2 2008~2017 年京津冀地区三次产业占比

单位：%

年份	北京			天津			河北		
	第一产业	第二产业	第三产业	第一产业	第二产业	第三产业	第一产业	第二产业	第三产业
2008	1.1	25.7	73.2	1.9	60.1	37.9	12.6	54.2	33.2
2009	1.0	23.5	75.5	1.7	53.0	45.3	12.8	52.0	35.2
2010	0.9	24.0	75.1	1.6	52.5	34.9	12.6	52.5	34.9
2011	0.8	23.1	76.1	1.4	52.4	46.2	11.9	53.5	34.6
2012	0.8	22.7	75.5	1.3	51.7	47.0	12.0	52.7	35.3
2013	0.8	22.3	76.9	1.3	50.6	48.1	12.4	52.2	35.5
2014	0.7	21.3	77.9	1.3	49.2	49.6	11.7	51.0	37.3
2015	0.6	19.7	79.7	1.3	46.6	52.2	11.5	48.3	40.2
2016	0.5	19.3	80.2	1.2	42.3	56.4	10.9	47.6	41.5
2017	0.4	19.0	80.6	0.9	40.9	58.2	9.2	46.6	44.2

资料来源：《中国统计年鉴》。

表6-2展示了2008~2017年京津冀地区三次产业产值占地区生产总值的比重。按照产业结构演化的配第—克拉克理论，随着经济发展水平的提高，劳动力首先应该由第一产业向第二产业转移，当人均收入进一步提高时，劳动力进而向第三产业转移，最终形成农业比重下降、工业比重稳定、服务业比重上升的均衡局面。具体来看，作为特大城市的北京的服务业比重最高，2017年农业比重仅为0.4%，几乎可以忽略不计；天津市的服务业比重也已经超过一半，农业比重也相对较低，工业还占据一定地位；河北省工业与服务业分庭抗礼，且工业发展占据一定优势，农业比重也相对较高。这说明就产业结构来看，北京产业结构相对更加高级，天津次之，河北产业结构处于低端。

2. 产业再集聚的测算

由上述三次产业产值占地区生产总值的比重可知，截至2017年，北京市服务业增加值占GDP的比重已经高达80.6%，天津市也达到58.2%，河北省为44.2%。自2008年以来，京津冀三地服务业增加值占GDP的比重均呈现上升态势。虽然河北省服务业增加值占GDP的比重低于北京、天津两地，但是在北京、天津的强势带动下，服务业发展对区域经济的整体拉动作用已经超过一半。2017年京津冀地区生产总值中服务业增加值为48394.53亿元，占京津冀地区生产总值的58%，占全国服务业增加值的10.8%。北京作为特大城市，能够有效地吸引劳动力、资本、技术等生产要素的流入，其服务业集聚在京津冀地区具有得天独厚的优势，形成具有区域特色的集聚模式。因此，鉴于京津冀地区服务业发展的重要性与协同发展模式的推进，选取京津冀地区服务业作为产业再集聚行业进行分析。

为研究京津冀地区城市群服务业各部门的集聚现状，本书采用区位熵理论对京津冀地区服务业具体部门的集聚程度进行计算分析。区位熵指数（又称专门化率）由哈盖特首先提出，并应用于区位分析中，是指特定地区某产业经济规模在该地区经济规模中所占比重与全国该产业经济规模占全国经济规模比重的比值，在衡量区域产业专业化程度和产业集群发展程度中发挥重要作用，具体计算公式为：

$$LQ_{ij} = \frac{L_{ij} \big/ \sum_{j=1}^{m} L_{ij}}{\sum_{i=1}^{n} L_{ij} \big/ \sum_{i=1}^{n} \sum_{j=1}^{m} L_{ij}} \qquad (6-10)$$

其中 $i(1，2，3，…，n)$ 表示地区，在本书中指京津冀地区各城市；$j(1，2，3，…，m)$ 表示产业部门，在本书中指服务业各具体部门。一般说来，如果区位熵指数大于 1，说明该产业在发展过程中存在输出优势，集聚程度较高，在产业结构调整、产业转移过程中容易形成集聚中心。在计算区位熵指数时，经济规模的衡量指标可以选择产值、就业规模、主营业务收入或行业增加值等，为避免当年价格因素的影响，本书采用就业规模来计算区位熵指数。基于数据的可得性和时效性，根据《国民经济行业分类与代码》（GB/T 4754—2002）的划分，选取 2016 年批发零售业，住宿餐饮业，金融业，文化、体育与娱乐业，租赁与商业服务业，交通运输与邮政业，房地产业，计算机服务与软件业，科学研究与技术服务业等 14 个服务业部门的横截面数据进行分析，数据来源于《中国城市统计年鉴—2016》，具体区位熵计算数值见表 6－3。

基于区位熵指数计算结果，京津冀地区服务业各部门的集聚态势和特征表现在以下几个方面。

第一，京津冀地区城市群服务业各部门呈现以北京、石家庄为中心的"双核"集聚模式，但两地的集聚部门存在显著差异。由表 6－3 可知，除居民服务、修理和其他服务业（0.970）外，北京市在生产性服务业和消费性服务业中各个部门的区位熵指数均大于 1，表明其集聚水平较高，尤其是计算机服务与软件业（4.462）、科学研究与技术服务业（3.457）以及租赁与商业服务业（3.681）优势明显；而教育业（0.691），水利、环境与公共设施管理业（0.930）以及卫生、社会保障和社会福利业（0.806）三个部门的区位熵指数均小于 1，说明北京市在公共性服务业部门不具备集聚优势。石家庄市情况则相反，其在批发零售业（0.945），住宿餐饮业（0.567），房地产业（0.703）与居民服务、修理和其他服务业（0.284）不具备集聚优势，主要集中在生产性服务业部门和消费性服务业部门，而其公共性服务业部门的区位熵指数均大于 1。

第二，京津冀地区城市间存在较大的内部集聚差异。以河北省为例，河北省 11 个地级市间集聚水平差异较大，除批发零售业，住宿餐饮业，房地产业与居民服务、修理和其他服务业外，石家庄市在金融业，文化、体育与娱乐业，租赁与商业服务业，交通运输与邮政业，计算机服务与软

表 6－3　京津冀地区服务业各部门区位熵指数

城市部门	北京	天津	石家庄	唐山	秦皇岛	邯郸	邢台	保定	张家口	承德	沧州	廊坊	衡水
批发零售业	1.587	0.969	0.945	0.765	0.508	0.518	0.613	0.524	0.723	0.574	0.608	0.455	1.034
交通运输与邮政业	1.749	1.153	1.710	1.299	2.184	0.896	0.482	0.486	0.974	0.845	0.847	0.491	0.997
住宿餐饮业	1.765	0.810	0.567	0.261	0.645	0.335	0.368	0.327	0.784	0.938	0.327	0.422	0.377
计算机服务与软件业	4.462	0.753	1.082	0.423	0.940	0.408	0.503	0.457	0.779	0.759	0.470	1.662	0.766
金融业	1.905	1.293	1.712	1.372	1.746	1.169	1.245	1.196	1.420	2.622	1.676	1.077	1.722
房地产业	2.309	1.061	0.703	0.766	1.056	0.562	0.721	0.488	1.127	0.463	0.529	1.450	0.612
租赁与商业服务业	3.681	0.994	1.170	0.617	0.602	0.733	0.291	0.298	0.599	0.533	1.997	0.793	0.291
科学研究与技术服务业	3.457	1.738	1.762	0.414	0.800	0.642	0.542	2.034	1.004	0.935	0.351	1.236	0.438
水利,环境与公共设施管理业	0.930	0.994	1.461	1.349	1.562	1.470	1.445	0.590	2.201	1.685	1.265	0.926	1.084
居民服务,修理和其他服务业	0.970	3.114	0.284	0.163	0.175	0.190	0.104	0.165	0.957	1.506	0.212	0.164	0.059
教育业	0.691	0.692	1.482	1.177	1.390	1.658	1.894	1.398	1.737	1.729	1.909	1.467	2.150
卫生,社会保障和社会福利业	0.806	0.757	1.291	1.125	1.489	1.302	1.514	1.041	1.549	1.673	1.490	1.060	1.523
文化,体育与娱乐业	2.805	0.894	1.909	0.805	1.889	0.789	0.600	0.503	1.144	1.478	1.021	0.515	0.873
公共管理与社会组织	1.573	1.466	1.593	1.453	2.340	0.606	0.884	0.787	1.355	1.501	0.697	0.977	0.886

件业及科学研究与技术服务业等部门均存在集聚优势，而衡水、邢台、保定和廊坊等城市仅在个别部门存在集聚优势，集聚程度相对较低，且其集聚部门主要集中于公共性服务业部门，生产性服务业和消费性服务业严重不足。

第三，除教育业（0.692）、计算机服务与软件业（0.753）外，天津市其他服务业部门区位熵指数较为平均，分布在临界值1附近，说明天津市服务业各部门发展较为均衡，整体集聚优势明显，尤其居民服务、修理和其他服务业的区位熵指数高达3.114，科学研究与技术服务业的区位熵指数也达到1.738，集聚优势显著。

第四，京津冀地区城市群金融业发展水平较高，除承德（2.622）、北京（1.905）外，其余城市金融业的区位熵指数也均大于1，且差距并不悬殊，表明金融业在京津冀地区呈现均衡发展态势，城市之间的发展差距相对较小。

由此可见，京津冀地区服务业呈现以北京、石家庄为核心的差异化集聚态势，天津市发展相对均衡，而河北省内存在较大的城市间差异，但这种差异在金融业并不突出。

（三）京津冀产业再集聚的空间效应实证分析

1. 变量选择与数据处理

本章选择采用人均地区生产总值（gdp）作为衡量京津冀地区城市经济发展水平的指标，采用京津冀地区服务业就业密度（emp）衡量服务业集聚程度，服务业就业密度利用京津冀地区服务业总就业人口与城市面积的比值计算。一般而言，影响经济增长的因素主要是生产要素的投入与使用效率的提高，具体包括物质资本投入、人力资本投入、技术进步、知识存量的增加等。因此，在建立面板数据模型时控制变量的选择主要依托下面几个影响因素。（1）物质资本投入。物质资本在促进经济增长过程中发挥着不可替代的作用，尤其对处于工业经济发展阶段的中国作用更加显著，采用人均固定资产投资（inv）来衡量物质资本投入。（2）人力资本投入。伴随经济发展模式转变、产业结构升级及物质资本增长潜力的耗尽，人力资本投资对经济增长的拉动作用加大，本章采用每万人中高等学校在校生人数（edu）来衡量人力资本。（3）对外开放程度。对外开放水平的高低主要影响产业转移的承接、知识溢出等，开放程度高的城市能更好地接受知识溢出效应，促进产业结构调整，本章采用当年实际使用外资金额（fdi）衡量对外开放程度。（4）人均政府支出规模（gc）。政府宏观经济政策、财政支出及基础设施建设等都会对经济增长产生影响，虽然我国目前在经济发展过程中强调市场配置资源的决定性作用，但是政府宏观调控作用依旧突出，本章采用人均政府支出规模衡量政府在经济增长中的作用。

上述变量数据考察区间均为 2005~2016 年，数据来源于《中国城市统计年鉴》《中国统计年鉴》及各地市统计年鉴等。除衡量产业集聚的服务业就业密度指标外，其余变量数据均利用 2005 年为基期的消费价格指数剔除价格因素的影响，同时为消除数据量纲对拟合结果的影响，增强数据的平稳性，直接对所有变量数据进行取对数处理。需要注意的是，当年实际使用外资金额在《中国城市统计年鉴》中是以美元计价，本章利用每年美元对人民币的平均汇率进行折算。表 6-4 中给出了上述变量的描述性统计特征。

表 6-4　各变量的描述性统计特征

变量	均值	中位数	最大值	最小值	标准差
lngdp	10.1298	10.0585	11.2703	9.1499	0.5435
lnemp	3.2331	3.1355	5.8889	1.3863	1.0359
lninv	9.6900	9.7072	11.4298	7.8216	0.7080
lnedu	4.9948	4.9452	6.3665	3.0910	0.8569
lnfdi	5.9415	5.6330	9.1517	2.3979	1.3327
lngc	8.1308	8.0718	10.5316	6.5889	0.8379

2. 面板数据单位根检验

在进行面板数据模型估计前，需要保证数据平稳性，采用 LLC 检验法对数据平稳性进行检验，结果表明人均地区生产总值、服务业就业密度、人均固定资产投资、每万人中高等教育在校生人数、人均当年实际利用外资金额与人均政府支出规模在取对数后均在 1% 的显著性水平上通过检验，即面板数据具备平稳性。具体检验结果如表 6-5 所示。

表 6 – 5 单位根检验结果

变量	LLC 检验	检验类型	P 值	平稳性
lngdp	– 9. 5579	(1、0、0)	0. 0000	平稳
lnemp	– 2. 1967	(1、0、0)	0. 0140	平稳
lninv	– 5. 7860	(1、0、0)	0. 0000	平稳
lnedu	– 1. 8692	(1、0、0)	0. 0308	平稳
lnfdi	– 3. 3806	(0、1、0)	0. 0004	平稳
lngc	– 6. 8398	(0、1、0)	0. 0000	平稳

注：检验类型分别为：只包含截距项、包含截距项与趋势项、不包含截距项与趋势项。

3. 模型结果分析

在面板数据平稳性基础上，可以建立面板数据模型并进行估计。首先需要明确建立随机效应模型还是固定效应模型，在确定固定影响还是随机影响时，一般的做法是：先建立随机影响的模型，然后检验该模型是否满足个体影响与解释变量不相关的假设，如果满足就将该模型确定为随机影响的模式，反之则将该模型确定为固定影响的模式。Hausman 检验结果显示 P 值为 0.0040，小于显著性水平 0.01，拒绝建立随机效应模型的原假设，应该选择建立固定效应的面板数据模型，所以本章在控制时间趋势的基础上对固定效应模型进行估计。

需要明确的是固定效应模型的回归结果是服务业集聚等自变量对经济发展的平均影响效果，为了对模型输出结果进行更好的比较分析，本章又采用分位数回归法进行面板数据的计量回归，而分位数回归法给出的估计结果是经济发展水平处于不同阶段时解释变量对经济发展的影响。固定效应回归结果与分位数回归结果如表 6 – 6 所示。

表 6 – 6 固定效应回归与分位数回归结果

估计结果	FE	Quant30	Quant60	Quant90
lnemp	0. 0449 **	0. 0851 ***	0. 0915 ***	– 0. 0394
	(1. 9818)	(3. 8625)	(5. 4728)	(– 0. 4619)
lninv	0. 4819 ***	0. 3225 ***	0. 3353 ***	0. 4754 ***
	(10. 1001)	(5. 6894)	(8. 0317)	(6. 6302)
lnedu	– 0. 0245	0. 0383	– 0. 0025	– 0. 0971 *
	(– 1. 0305)	(1. 3990)	(– 0. 0898)	(– 1. 7508)

续表

估计结果	FE	Quant30	Quant60	Quant90
lnfdi	0.0680***	0.0494**	0.0561***	0.1552***
	(2.9719)	(2.4725)	(3.0524)	(5.4481)
lngc	0.1872***	0.2211***	0.1863***	0.1305
	(4.8471)	(5.3231)	(5.2797)	(1.5673)
C	3.5114***	4.3509***	4.7549***	4.3968***
	(10.0795)	(16.9089)	(20.6429)	(10.2670)
R^2	0.9149	0.7293	0.7194	0.6574
$\bar{R}^2$	0.9051	0.7203	0.7100	0.6459

注：括号上方数值为系数估计结果，括号内为估计系数的 t 值；Quant30、Quant60、Quant90 分别代表 30%、60%、90% 的分位数水平；*** 表示通过 1% 的显著性检验，** 表示通过 5% 的显著性检验，* 表示通过 10% 的显著性检验。

基于上述固定效应面板数据模型的估计结果可知，服务业就业密度、人均固定资产投资、人均当年实际利用外资金额与人均政府支出规模对京津冀地区城市经济增长的影响系数均通过 1% 水平的显著性检验，且估计系数为正，表明上述解释变量对京津冀地区经济增长发挥正向作用。并且比较估计系数的大小可知：首先，服务业就业密度的估计系数大约为 0.04，说明在京津冀地区发展过程中，服务业集聚对经济增长存在正向作用。但是相比较人均固定资产投资、人均政府支出规模等控制变量，服务业就业密度的估计系数偏小，也反映了服务业集聚推动经济增长的作用还未完全发挥，依然存在较大的进步空间。其次，人均固定资产投资的估计系数大约为 0.48，表明人均固定资产投资对经济增长的作用显著，尤其是河北省的城市经济发展水平与北京、天津差距较大，第二产业在其经济总量中所占比重依旧较高，经济增长动力仍然依靠物质资本的投入，对资源和廉价劳动力依赖程度较高。再次，人均当年实际利用外资金额的估计系数大约为 0.07，表明对外开放的程度越高越有助于经济增长，然而，对外开放和利用外资的规模还受到体制和投资环境的制约，尤其是河北的一些城市的投资环境有待进一步改善。最后，人均政府支出规模的估计系数大约为 0.19，相对偏高，说明我国政府在经济增长中依然具有重要作用，市场机制对经济发展的决定作用有待进一步加强。当然，模型估计结果反映了 2008 年金融危机后各级政府财政刺激政策对经济增长的影响，一定程度上强化了人均政府支出规模对经济增长的推动作用。

而分位数回归结果与最小二乘法存在明显差异。首先，在 Quant30、Quant60 水平下，服务业集聚对经济增长的影响系数通过 1% 的显著性检验，而在 Quant90 的水平下未通过显著性检验，表明在经济发展初期和中期，服务业集聚能有效促进经济增长，而在后期集聚对经济增长作用不显著。这说明当经济发展水平达到一个较高的阶段时，拥挤效应逐渐产生，该地区发生产业转移，新的产业和业态逐渐孕育，因此产业结构升级是一个缓慢的过程。其次，人均政府支出规模在 90% 分位数下没有通过显著性检验，表明政府对经济增长的促进作用在短期内更有效，长期内效果不明显。

另外，两种方法的估计结果均表明每万人中高等教育在校生人数与京津冀地区城市经济增长之间关系不显著或符号为负，与传统经济增长理论不符。其原因可能主要在于：（1）人力资本积累是长期性的生产活动，从接受教育到形成人力资本，再到把人力资本转化为促进经济增长的主要动力，存在较长时期的滞后性，因此每万人中高等教育在校生人数的增加与经济增长在时间趋势上存在不一致；（2）人口跨区域流动的体制障碍大为降低，人口流动频繁，高等学校的学生群体不再坚持就地转化为人力资本，而是根据个人效用最大化选择跨区域流动，尤其是京津等大城市对河北省的人力资源具有显著的"虹吸现象"。

4. 稳健性检验

为增强实证结果的稳健性，接下来采用变量替换的方式进行稳健性检验，利用生产性服务业区位熵指数（pros）代替上述实证中的服务业就业密度（emp）继续进行考察，稳健性结果如表 6 – 7 所示。稳健性检验结果表明生产性服务业区位熵指数对京津冀城市群经济增长的影响系数为 0.1479，至少在 10% 的显著性水平下通过检验，且各控制变量的回归结果基本保持一致，模型具备较好的稳健性。

表 6 – 7　稳健性检验回归结果

变量	模型 1	模型 2
pros	0.6005 *** (8.2367)	0.1479 ** (2.1626)

续表

变量	模型 1	模型 2
ln*fisc*		0. 1389 ** (2. 3061)
ln*inv*		− 0. 1181 (− 1. 4038)
ln*edu*		0. 3585 *** (8. 1683)
ln*open*		0. 1425 *** (3. 2831)
常数项	9. 5102 *** (109. 8089)	2. 4889 *** (10. 7327)
Hausman 检验	4. 0468 ** (0. 0443)	9. 8667 * (0. 0791)
AD − R²	0. 4299	0. 9826

注：各变量括号内为回归系数对应的 t 值，***、**、* 分别代表在 1%、5%、10% 的显著性水平下通过检验。

5. 空间溢出效应检验

为更好地捕捉以特大城市为核心的城市群在生产性服务业集聚和经济增长过程中的空间溢出效应，接下来本章利用空间计量方式开展相关实证研究。经 Hausman 检验确定使用固定效应模型，经 LR 检验确定使用空间杜宾面板模型（SDM 模型），在分别尝试时间固定效应模型、个体固定效应模型和双重固定效应模型后发现个体固定效应模型最合适。其中，权重矩阵采用空间距离加权矩阵，以城市和城市之间的地表距离的倒数经过标准化作为权重。城市间距离具体数值通过计算城市所在地经纬度的球面半正矢距离（Haversine Distance）获得。空间杜宾模型回归结果如表 6 − 8 所示。

表 6 − 8　空间杜宾模型回归结果

变量	参数	直接效应	间接效应
pros	0. 1543 *** (2. 66)	0. 1671 *** (2. 68)	0. 2114 (0. 62)
cons	0. 1109 ** (2. 15)	0. 0986 * (1. 92)	− 0. 2462 (− 0. 92)

续表

变量	参数	直接效应	间接效应
pubs	−0.1171** (−2.13)	−0.1240** (−2.27)	−0.2277 (−0.79)
lnfisc	0.2610*** (3.35)	0.2754*** (3.73)	0.2702 (1.48)
lninv	0.1955*** (5.20)	0.1818*** (5.04)	−0.2835 (−1.64)
lnedu	−0.0662*** (−3.96)	−0.0599*** (−3.52)	0.1224 (1.49)
Wpros	0.0306 (0.18)		
Wcons	−0.1821 (−1.22)		
Wpubs	−0.0771 (−0.49)		
Wlnfisc	0.0211 (0.18)		
Wlninv	−0.2432*** (−2.70)		
Wlnedu	0.0997** (2.24)		
rho	0.4778*** (4.24)		
个体固定	是		
时间固定	否		
Adj − R²	0.9444		

注：各变量括号内为回归系数对应的 Z 值，***、**、* 分别代表在 1%、5%、10% 的显著性水平下通过检验。

　　空间杜宾模型的回归结果显示生产性服务业集聚对京津冀城市群经济增长的影响系数显著为正，且在控制消费性服务业集聚、公共性服务业集聚、财政支出、物质资本投入以及教育水平等相关变量后，生产性服务业集聚对经济增长的影响系数为 0.1543。这说明京津冀地区生产性服务业集聚同该地区的经济发展水平存在显著的正相关现象，一个城市的生产性服务业集聚指数每上升 1 个单位，该城市 GDP 上升 0.154%。同时，京津冀地区生产性服务业集聚的直接效应显著，该作用（0.167）大于估计参数

（0.154）是由于反馈效应的作用。这一结果说明京津冀地区单一城市生产性服务业集聚对自身经济发展有显著的促进作用。但值得注意的是，京津冀城市群之间生产性服务业集聚没有显示出明显的空间溢出效应和城市间的间接效应，这表明京津冀城市群的服务业集聚缺乏城市间互动。

在控制变量方面，消费性服务业集聚对京津冀城市群的经济发展有着显著的促进作用，消费性服务业集聚指数每上升 1 个单位，城市 GDP 上升 0.11%，其中直接效应为 0.099%。但消费性服务业的间接效应和空间溢出效应均不明显，也即城市消费性服务业集聚在区域内没有显著的空间关联性，对区域经济增长的贡献不显著。公共性服务业集聚水平则同城市经济发展呈负相关，其直接效应达到 -0.124，即公共性服务业集聚指数每下降 1 个单位，该城市的 GDP 就会上升 0.124%。这意味着一个城市公共性服务业分布越均匀越有利于创造更好的营商环境，促进经济发展。而公共性服务业集聚的间接效应和空间相关性效应并不明显。财政支出显著影响着京津冀地区经济增长，财政支出每上升 1%，城市 GDP 增长 0.261%。财政支出在京津冀地区的效应主要表现为直接效应，说明京津冀地区城市间财政支出的空间关联性较弱。同财政支出类似，固定资产投资对京津冀地区城市 GDP 的贡献也主要表现为正的直接效应，但固定资产投资也存在显著的空间负相关性，即城市群内的固定资产投资会通过空间关联阻碍城市经济增长。教育水平则存在显著的空间正相关性，即城市群内部教育水平上升可以促进区域内经济协同增长。

另外，整个地区内部经济增长的空间关联效应明显，即京津冀地区内城市的经济发展具有显著的空间相关性，rho 系数高达 0.478，说明京津冀地区的经济协同效应显著。但是，京津冀城市群所有变量的间接效应均不明显，这说明京津冀城市群的城市间虽然经济发展具有协同性，但内部关联不够紧密，结合实际分析，北京作为京津冀地区经济发展的龙头一枝独秀，周边地区的经济增长并没有搭上北京高速增长的快车，大多数情况下都是依靠自身内生动力进行增长。

6. 行业异质性分析

上述分析表明生产性服务业集聚是促进城市经济增长的重要力量，但考虑到不同类型生产性服务业的行业差异性，其对经济增长的推动作用也可能存在行业异质性。因此，为研究生产性服务业集聚，接下来实证考察不同类型生产性服务业集聚对经济增长的差异性作用，其中模型1—模型5的回归结果分别代表交通运输、仓储和邮政业，信息传输、软件和信息技术服务业，金融业，租赁和商业服务业，科学研究和技术服务业。

由表6-9可知，信息传输、软件和信息技术服务业集聚与租赁和商业服务业集聚对京津冀城市群经济增长的影响未通过显著性检验，表明此类生产性服务业集聚的增长效应有待进一步发挥，而其余产业集聚对经济增长的推动作用则显著为正，尤其是金融业与科学研究和技术服务业对区域经济增长的影响效果显著，表明现代生产性服务业的再集聚发展逐渐成为经济增长的重要引擎。尤其是伴随着北京市非首都功能的疏解和京津冀协同发展模式的推进，部分产业加速外迁，这无疑会降低传统产业比重，加快以金融业、科学研究和技术服务业为代表的现代服务业发展，通过此类产业的再次集聚实现经济增长。

表6-9　生产性服务业集聚影响城市经济增长的行业异质性分析

变量	模型1	模型2	模型3	模型4	模型5
LQ	0.6306 *** (4.1032)	0.0922 (0.5021)	0.2448 * (1.6707)	0.0861 (0.5787)	0.5401 *** (2.7276)
ln$fisc$	0.1083 * (1.8132)	0.4936 *** (13.0181)	0.3470 *** (8.6834)	0.1782 *** (3.5289)	0.3106 *** (7.6123)
lninv	0.2068 *** (2.9989)	-0.0739 * (-1.8667)	0.1549 *** (0.6366)	0.1208 ** (2.3428)	0.1821 *** (4.4008)
lnedu	0.0204 (0.5269)	0.0036 (0.2217)	-0.0492 ** (-2.5457)	0.1099 *** (4.7097)	-0.0454 ** (-2.3764)
ln$open$	0.1011 *** (3.2087)	0.0303 ** (2.5634)	0.0061 (0.3789)	0.0922 *** (3.2207)	-0.0099 (-0.6263)
常数项	3.6367 *** (6.5271)	3.7375 *** (16.9512)	2.8292 *** (13.8398)	3.8904 *** (8.4513)	2.9395 *** (14.1913)
Hausman 检验	10.7070 * (0.0575)	10.2772 * (0.0678)	15.6962 *** (0.0034)	11.7748 ** (0.0380)	12.6424 ** (0.0270)
Adj - R^2	0.8185	0.9613	0.9829	0.7981	0.9835

注：括号内为回归系数对应的 t 值，*** 、** 、* 分别代表在1%、5%、10%的显著性水平下通过显著性检验。

（四）小结

通过对京津冀地区城市群服务业各部门区位熵指数的描述分析以及服

务业集聚度与经济增长的实证研究，综合考察上述回归结果，可以得出以下结论。首先，京津冀地区服务业呈现以北京、石家庄为核心的集聚态势，但北京市集聚优势主要存在于生产性服务业部门与消费性服务业部门，而石家庄集聚优势主要存在于公共性服务业部门；天津服务业各部门集聚趋势较为均衡，而河北省存在较大的城市差异，金融业部门除外。其次，京津冀地区服务业产业集聚对区域经济增长存在正向的促进作用，在短期内效果更加显著，但在长期内不显著，且空间溢出效应明显，京津冀生产性服务业集聚协同效应较弱。最后，在控制变量方面，人均固定资产投资对经济增长的推动作用依旧最高，强于人均实际利用外资金额、人均政府支出规模等对经济增长的促进作用，而分位数回归结果显示人均政府支出规模在长期内作用不显著，人均实际利用外资金额在短期内不显著。

针对研究结论，在政策建议方面得到如下启示：（1）继续推进京津冀协同发展，增强服务业集聚的区域协调性，注重服务业内部结构的调整，尤其是加强北京、天津市公共服务业部门建设与河北省生产性服务业、消费性服务业的发展，增强京津冀地区城市群服务业整体的竞争力水平，同时避免协同发展过程中产业高度同构问题。（2）转变经济发展模式，调整经济增长的动力结构，降低对物质资本投入的依赖，促使经济由"外延式增长"向"内涵式增长"转变。（3）完善就业与相关的人才引进政策，吸引更多的高素质劳动力就职于京津冀地区城市群，提高城市群的人力资本水平，在知识溢出效应的基础上，实现"以点带面"的扩散增长。（4）转变政府职能，京津冀地区协同发展离不开良好的市场环境和政策支持，在政府政策的引导下，继续推进政府"简政放权"，落实市场在资源配置中的决定性作用，更好地发挥政府的作用，促进重点领域的率先协同。

三　长三角产业再集聚的空间效应研究

（一）研究背景

自 2005 年国务院批准"上海浦东新区综合配套改革先行先试"政策后，以上海为核心的长三角地区越发呈现如火如荼的发展态势，直逼甚至已经超越了得改革开放政策效应之先的珠三角地区。长三角地区以全国 2.1% 的陆地面积、11% 的人口，创造了全国 21.7% 的国内生产总值、24.5% 的财政收入、47.2% 的进出口总额，已成为中国经济社会发展水平最高、综合实力最强、城镇体系较为完备的区域。相比于珠三角地区，长三角地区在市场、技术、人力、城市化水平等方面均具备后发优势和发展潜力，但是需要指出的是，与珠三角地区相比，长三角地区在发展初期的产业同构性强，互补性不足，分工格局不明显，所以长三角地区经济发展差距虽然不像京津冀地区一样悬殊，但是其产业结构调整与布局也不如珠三角地区高效。因此，如何在产业结构升级与调整阶段，对产业进行高效布局，进而通过产业再集聚推动经济增长是摆在这一地区面前的课题。

鉴于长三角地区产业集聚与经济发展在全国经济布局中的重要地位，国内许多学者就长三角地区的产业结构调整与集聚发展进行过研究。梁琦、詹亦军（2005）对长三角区域内制造业集聚、技术进步与产业升级的内在关联进行考察，研究结果表明产业集聚能促进产业从劳动密集型向资本密集型转变，并且在实现产业升级的进程中可以有效推动行业的技术水平提高以及强化行业竞争。陈建军、夏富军（2006）以长三角地区为例实证分析产业集聚、垂直分工和专业化生产之间的关系，研究结果表明上海制造业的垂直分工水平总体落后于浙、苏两省，但上海在高科技行业具备集聚领先优势，浙江的制造业总量不如江苏，但是浙江的制造业总体的垂直分工水平略高于江苏，浙江制造业的多数部门具有高于江苏的专业化生产优势。何奕、童牧（2008）对长三角地区第二、三类制造业的产业转移、集聚的动态演化和具体的路径选择过程进行分析，结果显示第二、三类制造业已经或正在从上海向区域内转移，并在上海、苏州和无锡等地形成了多产业的集聚，并且在产业转移、集聚的过程中，具备明显的路径依赖，即前期相关产业的集聚状况是决定产业集聚分布的主要因素。杨起予（2009）采用实证分析的方法考察了长三角地区以上海为中心的金融产业集聚对经济发展的影响效应，研究结果表明以上海为中心的金融产业集聚对长三角地区整体经济增长与产业结构优化具有积极的影响。胡晨光等（2011）研究产业集聚过程中政府对集聚经济圈的作用机制与政策选择，认为发展战略、产业与贸易政策、市场制度、公共投资建设等政策手段改变了集聚经济圈产业发展的外部环境，进而引导其要素禀赋的使用与发展方向，促进集聚经济圈的产业集聚。洪娟、谷永芬（2012）在拓展的Fujita 和 Thisse 模型基础上，以长三角地区为例实证分析城市群内产业集聚与经济增长存在的非线性关系的结论性命题，结果表明城市群内产业集聚与经济增长表现为一种倒"U"形关系，也从一个侧面表明产业集聚具有正、负外部性，政府对城市群内集聚区的规划应合理把握集聚的度，应加强集聚区间的分工和基础设施建设以降低集聚增加带来的负外部性。唐运舒等（2014）的研究表明，长三角地区产业转移规模空间变量对周边省份的产业集聚度有着显著的影响，且对不同发展时期的产业影响具有异质性，并随着产业的演化方向而逐渐减弱，这个结果验证了地区产业转移总是从陷于比较劣势的产业开始这一基本规律。吴福象、杨婧（2016）基于产业集群的生命周期理论，在产业扩散与去集群化背景下利用长三角地区 22 个制造业的数据对其集聚程度与集聚效益进行了实证考察，研究证实 2005 年以来，长三角地区制造业集聚程度开始呈现下降趋势，集聚效应逐渐弱化，拥挤效应开始占据上风。吴亚菲、孙淼（2017）实证考察了长三角地区区域经济增长与产业集聚之间的关系，结果表明长三角城市群经济增长和产业集聚存在空间相关性，且制造业的集聚程度对长三角城市群经济增长有正向影响，而生产性服务业的集聚程度则呈现负向影响。

（二）长三角产业再集聚的测算

长三角地区在制造业出现拥挤效应，导致外部不经济的背景下出现分散化效应，开始实行去集群化和产业转移的策略，这为服务业的集聚提供了空间资源和良好的契机。因此，可以说生产性服务业产业再集聚势在必行，尤其是以上海、南京为核心的生产性服务业集群，昭示这一地区的未来发展趋势。本章对长三角地区城市群生产性服务业集聚对经济增长的影响进行实证分析，以验证特大城市产业再集聚的现实。

采用区位熵指数分析方法，对上海、南京、无锡、常州、苏州、南通、扬州、镇江、泰州、杭州、宁波、嘉兴、湖州、绍兴、舟山、台州 16个城市的 2005～2016 年生产性服务业区位熵、消费性服务业区位熵与公共性服务业区位熵进行计算，具体计算结果分别如表 6 - 10、表 6 - 11、表 6 - 12 所示。

表 6 - 10   2005 ~ 2016 年长三角城市群生产性服务业区位熵指数

年份城市	2005	2006	2007	2008	2009	2010	2011	2012	2013	2014	2015	2016
上海	1.65	1.88	1.80	1.80	1.84	1.91	1.59	1.42	2.42	1.98	1.98	1.96
南京	1.44	1.42	1.40	1.33	1.20	1.25	1.27	1.33	1.49	1.50	1.58	1.53
无锡	0.97	0.96	0.86	0.81	0.80	0.72	0.67	0.62	0.68	0.68	0.69	0.76
常州	0.89	0.91	0.91	0.91	0.91	0.93	0.84	0.89	0.73	0.74	0.79	0.77
苏州	0.58	0.48	0.44	0.47	0.48	0.46	0.53	0.57	0.63	0.56	0.55	0.53
南通	0.73	0.77	0.74	0.73	0.72	0.72	0.78	0.82	0.48	0.41	0.41	0.38
扬州	0.78	0.74	0.69	0.63	0.63	0.62	0.67	0.72	0.62	0.55	0.51	0.60
镇江	1.06	0.95	0.90	0.85	0.82	0.77	0.86	0.87	0.80	0.72	0.73	0.72
泰州	0.86	0.88	0.88	0.96	0.85	0.83	0.85	0.87	0.37	0.46	0.46	0.45
杭州	1.34	1.30	1.21	1.14	1.12	1.15	1.18	1.25	1.24	1.20	1.21	1.19
宁波	0.90	0.82	0.83	0.84	0.81	0.86	0.83	0.92	0.91	0.93	0.95	0.92
嘉兴	0.49	0.47	0.48	0.50	0.56	0.55	0.65	0.71	0.69	0.69	0.66	0.64
湖州	1.05	0.68	0.61	0.68	0.59	0.55	0.58	0.64	0.82	0.83	0.57	0.58
绍兴	0.47	0.46	0.40	0.37	0.41	0.36	0.34	0.25	0.30	0.32	0.32	0.32
舟山	1.32	1.38	1.28	1.24	1.44	1.51	1.33	1.56	1.38	1.10	1.10	1.09
台州	0.89	0.91	0.80	0.76	0.75	0.73	0.66	0.73	0.63	0.56	0.59	0.57

数据来源：根据《中国城市统计年鉴》《中国统计年鉴》整理计算而得。

由表 6 - 10 可知，长三角城市群生产性服务业区位熵指数大于临界值 1 的城市包括上海、南京、杭州与舟山，其中尤以上海市的区位熵指数最高，其余城市的区位熵指数均低于临界值 1，表明长三角地区城市群生产性服务业以上海、南京和杭州等核心城市为集聚中心，其余边缘城市生产性服务业集聚和产业再集聚发展相对滞后。从发展趋势来看，像无锡、南通、常州、扬州、镇江等城市生产性服务业的区位熵指数呈现比较明显的下降趋势，而上海、南京核心城市的区位熵指数则呈现明显的上升趋势，其中上海的区位熵指数由 2005 年 1.65 上升至 2016 年的 1.96，南京的区位熵指数由 2005 年的 1.44 上升至 2016 年的 1.53。而另外两大集聚城市杭州和舟山的生产性服务业区位熵指数虽然仍旧大于临界值 1，但已经出现微弱的下降趋势，越发反映出上海和南京两大核心城市的集聚地位。

表 6 - 11　2005～2016 年长三角城市群消费性服务业区位熵指数

年份 城市	2005	2006	2007	2008	2009	2010	2011	2012	2013	2014	2015	2016
上海	2.56	1.56	1.53	1.61	1.66	1.66	1.90	1.96	1.27	2.26	2.24	2.25
南京	1.17	1.21	1.28	1.42	1.53	1.51	1.41	1.39	1.60	1.51	1.49	1.54
无锡	1.00	0.98	0.95	0.95	0.93	0.87	0.95	0.89	0.94	0.95	0.95	0.94
常州	0.95	0.87	0.88	0.82	0.81	0.80	0.68	0.84	0.88	0.83	0.81	0.82
苏州	0.69	0.63	0.57	0.59	0.59	0.56	0.54	0.57	0.78	0.74	0.74	0.75
南通	0.67	0.61	0.57	0.55	0.49	0.50	0.47	0.47	0.36	0.30	0.30	0.31
扬州	0.80	0.80	0.73	0.62	0.61	0.56	0.53	0.54	0.40	0.38	0.39	0.37
镇江	1.09	1.04	0.94	0.90	0.84	0.78	0.72	0.68	0.78	0.70	0.74	0.74
泰州	0.82	0.85	0.83	0.77	0.80	0.85	0.84	0.77	0.61	0.38	0.39	0.37
杭州	1.29	1.24	1.20	1.37	1.39	1.46	1.48	1.38	1.33	1.33	1.38	1.35
宁波	0.87	0.86	0.87	0.86	0.80	0.81	0.72	0.72	0.72	0.75	0.74	0.74
嘉兴	0.58	0.59	0.59	0.66	0.71	0.75	0.77	0.73	0.72	0.71	0.71	0.72
湖州	0.58	0.68	0.70	0.62	0.68	0.72	0.63	0.68	0.20	0.40	0.77	0.78
绍兴	0.54	0.55	0.51	0.49	0.49	0.41	0.37	0.34	0.34	0.35	0.35	0.38
舟山	1.34	1.36	1.24	1.12	0.95	1.06	1.06	1.19	1.18	3.22	3.07	2.98
台州	0.96	0.96	0.80	0.71	0.68	0.66	0.56	0.52	0.50	0.49	0.47	0.48

数据来源：根据《中国城市统计年鉴》《中国统计年鉴》整理计算而得。

由表 6 - 11 可知，长三角地区消费性服务业的区位熵指数与生产性服务业区位熵指数分布保持一致，上海、南京、杭州与舟山的消费性服务业的区位熵指数均大于临界值 1，具备集聚发展优势，而其余边缘城市的消费性服务业的区位熵指数均低于临界值，不具备集聚发展优势。实际上，消费性服务业以提供消费品为主，对市场规模和消费者数量具有较高要求，而生产性服务业集聚的核心城市一般也是人口集聚区域，二者的分布在空间上具有一致性，因此，消费性服务业和生产性服务业在某种程度上是相互契合的。

除此之外，从发展趋势来看，上海市消费性服务业的区位熵指数并没有呈现持续上升的态势，而是出现微弱下降趋势，由 2005 年的 2.56 降至 2016 年的 2.25，这表明核心城市的人口集聚已经出现扩散趋势，核心城市对周边城市的带动作用也逐步显现。

表 6 – 12　2005 ~ 2016 年长三角城市群公共性服务业区位熵指数

年份 城市	2005	2006	2007	2008	2009	2010	2011	2012	2013	2014	2015	2016
上海	0.50	0.65	0.61	0.59	0.59	0.58	0.52	0.47	0.53	0.55	0.54	0.53
南京	0.84	0.83	0.84	0.81	0.74	0.70	0.72	0.75	0.53	0.57	0.61	0.59
无锡	0.81	0.80	0.79	0.74	0.74	0.63	0.68	0.69	0.57	0.58	0.58	0.57
常州	0.87	0.93	0.95	0.96	0.97	1.01	0.87	0.92	0.76	0.79	0.79	0.78
苏州	0.58	0.53	0.50	0.54	0.56	0.54	0.59	0.62	0.39	0.37	0.38	0.38
南通	0.93	0.90	0.87	0.88	0.87	0.87	0.91	0.92	0.39	0.35	0.35	0.37
扬州	0.98	1.02	1.00	1.00	0.97	0.97	1.03	1.05	0.53	0.50	0.55	0.57
镇江	0.92	0.87	0.84	0.81	0.82	0.87	0.87	0.85	0.89	0.82	0.83	0.82
泰州	1.11	1.13	1.10	1.10	1.08	1.07	1.11	1.09	0.56	0.49	0.48	0.46
杭州	0.82	0.73	0.65	0.57	0.55	0.55	0.55	0.56	0.65	0.63	0.64	0.68
宁波	0.69	0.61	0.57	0.55	0.50	0.50	0.47	0.51	0.62	0.62	0.63	0.65
嘉兴	0.52	0.49	0.49	0.49	0.52	0.51	0.57	0.60	0.71	0.73	0.70	0.74
湖州	0.86	0.83	0.80	0.74	0.72	0.70	0.69	0.67	0.79	0.76	0.73	0.77
绍兴	0.58	0.59	0.55	0.46	0.43	0.44	0.38	0.38	0.43	0.43	0.42	0.40
舟山	1.10	1.15	1.11	1.02	0.99	0.98	1.12	1.11	1.31	0.53	0.49	0.52
台州	1.00	1.00	0.92	0.81	0.76	0.73	0.64	0.62	0.70	0.67	0.71	0.69

数据来源：根据《中国城市统计年鉴》《中国统计年鉴》整理计算而得。

由表 6 – 12 可知，2016 年，长三角地区各城市公共性服务业区位熵指数均低于临界值 1，表明长三角地区公共性服务业不具备集聚发展趋势，发展相对均衡。公共性服务业是集中提供教育、基础设施建设等产品的行业，其更加关注产品布局的均衡性和社会公平，集聚发展反而不利于社会公众效用最大化和社会公平的实现。长三角地区作为发展良好的城市群，其公共性服务业布局已经较为符合地区经济发展的需要，尽管在 2005 年泰州、舟山和台州的公共性服务业的区位熵指数还大于 1，但随着城市群发展的深入，舟山也最晚在 2014 年低于临界值，实现了公共性服务业的均衡发展。

（三）长三角产业再集聚的空间效应实证分析

1. 变量选择与设定

采用长三角地区各城市 2005 ~ 2016 年的人均地区生产总值来衡量经济

增长水平；采用计算的生产性区位熵指数表示产业集聚，利用就业人数计算各行业区位熵指数，避免采用经济规模所导致的物价波动和通货膨胀的影响；在控制变量方面，采用政府财政支出规模衡量政府财政支出在经济发展中的作用，采用全社会固定资产投资表示物质资本投入，采用每年实际利用外资金额衡量各个城市的对外开放程度。需要指出的是，涉及价格因素的相关变量均已经采用以 2005 年为基期的消费者价格指数剔除物价影响，并且为了避免量纲的影响，除区位熵指数外，对所有变量进行取对数处理，以增强结果分析的可行性。变量具体设定及描述性统计特征如表 6 - 13 所示。

表 6 - 13　各变量描述性统计特征

变量名称	变量符号	均值	中位数	最大值	最小值	标准差
人均地区生产总值	gdp	10. 8804	10. 9182	11. 9528	9. 7685	0. 4126
生产性服务业集聚	pros	0. 8805	0. 8051	2. 4223	0. 3027	0. 3879
财政支出规模	fisc	14. 7835	14. 7056	17. 6592	12. 6742	0. 9680
固定资产投资	inv	16. 3943	16. 4653	17. 6844	14. 2925	0. 7942
对外开放程度	open	13. 7655	13. 9262	15. 9756	10. 1487	1. 1717

2. 单位根检验与协整检验

采用 LLC 检验方法对长三角城市群的面板数据进行平稳性检验，结果表明人均地区生产总值、财政支出规模在取对数后均在 1% 的显著性水平下通过检验，生产性服务业集聚程度也在 1% 的显著性水平下通过检验，而固定资产投资在取对数后在 5% 的显著性水平下通过检验，均符合平稳性检验。除此之外，面板数据的协整检验显示其 t 值为 - 5. 5087，对应的 P 值为 0. 0000，表明变量间存在稳定的协整关系。单位根检验的具体结果如表 6 - 14 所示。

表 6 - 14　面板数据的单位根检验

变量名称	LLC 检验	P 值	平稳性
人均地区生产总值	- 8. 3903	0. 0000	平稳
生产性服务业集聚	- 3. 3092	0. 0005	平稳
财政支出规模	- 7. 6228	0. 0000	平稳

续表

变量名称	LLC 检验	P 值	平稳性
固定资产投资	− 1.9579	0.0251	平稳
对外开放程度	− 11.3639	0.0000	平稳

3. 模型估计结果分析

表 6 – 15 显示了长三角地区城市群生产性服务业集聚对经济增长的影响效应，经过 Hausman 检验，回归模型类别均为固定效应模型。综合考察模型 1、模型 2 与模型 3 具体的回归结果可知，生产性服务业集聚对长三角城市群经济增长的影响系数显著为正，且在控制物质资本投入、对外开放以及政府支出规模等相关变量后，生产性服务业集聚对经济增长的影响系数为 0.1145，系数较高，进一步说明生产性服务业集聚对经济增长影响效应较为显著且作用强劲，完善城市群的生产性服务业集聚发展模式的确有助于经济增长。而在控制变量方面，在纳入政府财政支出规模后，固定资产投资对经济增长的影响不显著，而财政支出规模与对外开放程度对经济增长的作用仍然显著为正，原因可能在于全球经济危机发生后，在固定资产投资构成中，私人部门投资萎缩，而为应对金融危机所带来的经济萧条，政府部门强化投资支持力度，从而导致政府投资占据较高比重。因此，在财政支出规模变量纳入回归模型后会在一定程度上稀释固定资产投资的效用，财政支出规模影响经济增长的回归系数高达 0.5706，在 1% 的显著性水平下通过显著性检验，也从侧面反映了这一事实。而对外开放对经济增长的影响虽然由于 2008 年全球经济危机而减弱，但其在经济增长中所发挥的作用依然不可替代。

表 6 – 15　长三角地区生产性服务业集聚与经济增长的实证结果

变量名称	模型 1	模型 2	模型 3
$pros$	0.0392 * (1.6480)	0.0655 *** (5.7675)	0.1145 * (1.8478)
$\ln fisc$			0.5706 *** (14.7335)
$\ln inv$	0.2470 *** (10.9323)	0.1147 *** (6.7780)	0.0173 (0.3520)

续表

变量名称	模型 1	模型 2	模型 3
ln$open$		0.0724 *** (9.3417)	0.0287 * (1.7593)
常数项	6.7969 *** (18.7302)	7.9453 *** (29.1362)	1.6635 *** (4.8267)
个体固定效应	否	否	是
时期固定效应	是	是	否
Adj – R²	0.5547	0.9679	0.9603

注：括号内为回归系数对应的 t 值，***、**、* 分别代表在 1%、5%、10% 的显著性水平下通过显著性检验。

4. 稳健性检验

与上述研究类似，接下来参考范建勇（2006）的做法，利用生产性服务业就业密度（emp）表征产业集聚发展水平来替代区位熵指数，进行实证研究的稳健性检验。如表 6 – 16 所示，稳健性检验结果表明长三角城市群生产性服务业集聚对城市经济增长的影响系数显著为正，与实证结果保持一致，回归结果具备较好的稳健性。

表 6 – 16 稳健性检验回归结果

变量名称	模型 1	模型 2
lnemp	0.1838 *** (7.4075)	0.0536 ** (1.9681)
ln$fisc$		0.8493 *** (7.9625)
lninv		0.0618 (0.8778)
lnedu		– 0.0869 *** (– 3.1815)
ln$open$		– 0.0173 (– 0.6742)
常数项	10.3814 *** (146.7060)	– 2.1329 * (– 1.6636)

续表

变量名称	模型1	模型2
Hausman 检验	18.6104 *** (0.0000)	29.0782 *** (0.0000)
Adj – R²	0.5160	0.9546

注：括号内为回归系数对应的 t 值，*** 、 ** 、 * 分别代表在 1%、5%、10% 的显著性水平下通过显著性检验。

5. 空间溢出效应检验

经 Hausman 检验确定使用固定效应模型，经 LR 检验确定使用空间杜宾面板模型（SDM 模型），尝试时间固定效应、个体固定效应和双重固定效应模型后发现个体固定效应模型最合适。权重矩阵采用空间距离加权矩阵，以城市和城市之间的地表距离的倒数经过标准化作为权重。城市间距离具体数值通过计算城市所在地经纬度的球面半正矢距离（Haversine Distance）获得。（空间杜宾模型回归结果如表 6 – 17 所示）。

表 6 – 17 空间杜宾模型回归结果

变量名称	参数	直接效应	间接效应
pros	0.2153 *** (3.51)	0.2204 *** (3.33)	0.1028 (0.27)
cons	– 0.1039 *** (– 4.08)	– 0.1269 *** (– 4.90)	– 0.7203 *** (– 3.40)
pubs	– 0.2688 *** (– 4.43)	– 0.2608 *** (– 4.34)	0.1344 (0.45)
ln*fisc*	0.7689 *** (8.80)	0.7439 *** (9.16)	– 0.8117 *** (– 4.07)
ln*inv*	0.0385 (0.63)	0.0580 (1.03)	0.5838 ** (2.33)
ln*edu*	– 0.0599 ** (– 2.58)	– 0.0511 * (– 2.12)	0.2685 * (2.10)
Wpros	– 0.0106 (– 0.05)		
Wcons	– 0.4199 ** (– 2.98)		

变量名称	参数	直接效应	间接效应
$Wpubs$	0.1680 (0.84)		
$Wlnfisc$	−0.8064 *** (−5.84)		
$Wlninv$	0.3594 ** (2.30)		
$Wlnedu$	0.2002 ** (2.22)		
rho	0.3650 *** (2.89)		
个体固定	是		
时间固定	否		
$Adj-R^2$	0.9243		

注：rho 度量了区域内 GDP 增长的空间溢出效应，若显著则说明经济增长协同性强；括号内为回归系数对应的 t 值，***、**、*分别代表在 1%、5%、10% 的显著性水平下通过显著性检验。

表 6-17 显示，生产性服务业集聚对长三角城市群经济增长的影响系数显著为正，且在控制消费性服务业集聚、公共性服务业集聚、财政支出规模、固定资产投资以及教育水平等相关变量后，生产性服务业集聚对经济增长的影响系数为 0.2153。这说明长三角地区生产性服务业集聚同该地区的经济发展水平存在显著的正相关现象，一个城市的生产性服务业集聚指数每上升 1 个单位，该城市 GDP 上升 0.2153%。同时，长三角地区生产性服务业集聚的直接效应显著，即长三角地区单一城市生产性服务业集聚对自身经济发展有显著的促进作用，完善城市群的生产性服务业集聚发展模式的确有助于经济增长。但是，长三角地区生产性服务业集聚的间接效应和空间溢出效应均不明显，出现这一情况的原因可能是长三角地区是我国较早实现区域经济协同发展的地区，各个城市都有自身"一技之长"，因此周边地区的生产性服务业集聚对单一地区生产性服务业集聚的影响有限。

同时，整个地区内部的空间相关性显著，系数达到 0.365，即长三角区域内城市的经济发展能够显著促进关联城市的经济发展，说明长三角地区作为我国目前区域经济协同发展的代表之一，具有很强的区域协同效应。

控制变量方面，消费性服务业集聚对经济发展起到抑制性作用，这意味着消费性服务业分布均匀有利于更好地服务人民群众的消费性需求，从而更好地促进经济发展。实证也证实了这一点，即一个城市消费性服务业集聚指数下降 1 个单位，本城市 GDP 就会增长 0.1039%。同时消费性服务业的集聚也具有显著的空间溢出效应，即消费性服务业越分散，越有利于城市群整体的经济发展，消费性服务业的集聚不利于长三角地区经济发展。公共性服务业集聚水平也同城市经济发展呈负相关，其影响系数为 −0.2688，即公共性服务业集聚指数每下降 1 个单位，该城市的 GDP 就会上升 0.2688%。这意味着一个城市公共性服务业分布越均匀越有利于创造更好的营商环境，促进经济发展。同时，长三角地区政府的财政支出规模显著影响着地区经济增长，财政支出规模越大，经济发展越快。长三角城市群内各个城市的财政支出规模同经济发展有着显著的空间相关性，城市财政支出的扩张反而会阻碍 GDP 的增长，这种负的协同效应达到 −0.8117。这说明通过政府力量干预市场会造成市场扭曲，从而挤压城市正常的经济发展空间，因此政府通过财政支出干预经济要适度适量。而固定资产投资同教育水平都具有显著的空间溢出效应，即固定资产投资和教育水平的上升会显著促进城市群的经济发展。

（四）以上海为核心的金融业集聚

上海作为长三角地区的核心城市，在生产性服务业集聚层面具备得天独厚的优势，其中尤其以金融业集聚优势最明显。早在 2009 年全球经济危机发生后，国务院就出台政策支持上海国际金融中心的定位与发展，决定到 2020 年，将上海基本建成与我国经济实力和人民币国际地位相适应的国际金融中心。其中主要任务包括：建设比较发达的多功能、多层次金融市场体系；加强金融机构和业务体系建设，稳步推进金融服务业对外开放；完善金融服务设施和布局规划，提升金融服务水平；健全金融法制，加强金融监管，维护金融稳定和安全。历经十年的发展，无论是硬件设施还是软实力，上海在国际金融中心建设方面均取得显著进步。到目前为止，上海已经建立起包括商业银行、证券公司、保险公司、保险资产管理公司、基金管理公司、信托公司、期货公司、金融租赁公司、货币经纪公司、汽车金融公司、企业财务公司、银行资金营运中心、票据业务中心等在内的类型比较齐全的金融机构体系。落户上海的基金管理公司数量占全国一半，管理资产约一万亿元，占全国的 1/3 左右；银行机构总数突破 3100 家，是中国银行业机构门类最齐全的地区，也是不良资产最低的地区之一；保险资产管理公司数量占全国的 60%，管理资产占全国保险业资产的一半左右；我国的私募证券基金、QFII、QDII 以及私人银行业务也主要集中于上海，其资产规模、盈利能力等均位居全国前列。统计年鉴数据显示，在 2015 年，长三角城市群各金融机构年末存款余额高达 2641631815 万元，其中上海市各金融机构年末存款余额为 1037605977 万元，占比高达 40% 左右；长三角地区各金融机构年末贷款余额高达 1782212307 万元，其中上海各金融机构年末贷款余额为 533872070 万元，占比高达 30% 左右，这也充分说明了上海市在长三角地区城市群金融业发展中所占据的地位。但是，上海市毕竟是定位于国际金融中心，其对区域经济发展的拉动作用到底有多大？长三角地区城市群是否可以通过建设区域金融集聚发展中心支持区域经济发展呢？为更好地对长三角地区城市群各个城市金融业发展的集聚态势进行分析，我们考察了长三角地区城市群金融业就业人数和区位熵指数的变动情况。表 6 - 18、表 6 - 19 分别汇报了长三角地区城市群金融业 2005～2016 年的城镇单位就业人数和金融业集聚的区位熵指数。

由表 6 - 18 可知，就金融业的城镇单位就业人数总量来看，长三角 16 个城市的金融业就业人数均在增加，但是相较来说，还是上海、南京与杭州的金融业就业人数规模较大，也在一定程度上反映出这三个城市在金融发展方面所具备的优势地位。从表 6 - 19 可以看出，上海、宁波、镇江和台州的金融业区位熵指数均大于临界值 1，说明在当地产业结构中，金融业具备集聚优势。但需要特别指出的是，长三角地区各地市的金融业集聚程度存在较大差距，以 2015 为例，集聚程度较高的城市有上海（1.390）、台州（1.403）、湖州（1.133）、杭州（1.101）等，而集聚程度较低的城市有南京（0.593）、南通（0.554）、扬州（0.455）、绍兴（0.539）、泰州（0.545）等，金融业区位熵指数的差异化表明其集聚趋势的不同，也进一步表明"金融普惠"政策有待进一步推进。

表 6 - 18　2005～2016 年长三角地区城市群金融业城镇单位就业人数

单位：万人

年份 城市	2005	2006	2007	2008	2009	2010	2011	2012	2013	2014	2015	2016
上海	15.83	17.14	19.32	20.65	21.71	23.63	27.78	29.46	30.03	33.16	33.74	35.51
南京	2.84	2.83	2.98	2.62	2.62	3.12	3.79	3.80	3.53	44.40	42.42	44.40
无锡	2.16	2.17	2.15	2.23	2.43	2.64	2.89	2.43	3.09	3.09	3.26	3.94
常州	1.26	1.31	1.35	1.44	1.51	1.62	1.84	2.00	1.94	2.19	2.33	2.37
苏州	2.84	3.04	3.14	3.27	3.62	3.69	4.21	4.31	6.11	6.34	6.19	6.19
南通	1.69	2.15	2.33	2.65	2.81	2.89	3.03	3.32	3.06	3.55	3.91	4.42
扬州	1.23	1.08	1.06	1.10	1.23	1.24	1.31	1.43	1.50	1.62	1.66	1.79
镇江	1.37	1.54	1.62	1.60	1.64	1.63	1.64	1.70	1.77	1.65	1.77	1.93
泰州	1.42	1.50	1.53	2.26	1.83	1.71	1.65	1.69	1.68	1.78	1.96	2.29
杭州	3.94	4.63	5.23	6.09	6.83	7.52	8.02	8.95	9.14	9.58	10.70	12.01
宁波	3.18	3.29	3.91	4.73	5.18	5.25	6.07	6.78	7.18	7.12	7.45	8.09
嘉兴	1.70	1.67	1.76	1.77	1.92	1.94	2.08	1.78	1.91	2.07	2.33	2.48
湖州	0.97	0.96	0.97	1.50	1.31	1.30	1.45	1.51	1.56	1.71	1.91	2.07
绍兴	1.59	1.58	1.68	1.66	1.90	1.95	2.18	2.39	2.13	2.51	2.51	2.56
舟山	0.51	0.50	0.53	0.52	0.60	0.68	0.65	0.73	0.78	0.92	0.96	0.97
台州	2.05	2.05	2.33	2.60	3.09	3.40	3.81	4.36	3.97	4.06	4.77	5.13

注：数据来源于《中国城市统计年鉴》《中国统计年鉴》。

表 6 - 19　2005～2016 年长三角地区城市群金融业区位熵指数

年份 城市	2005	2006	2007	2008	2009	2010	2011	2012	2013	2014	2015	2016
上海	1.148	1.643	1.623	1.598	1.577	1.670	1.593	1.530	1.633	1.465	1.390	1.521
南京	0.972	0.936	0.943	0.735	0.624	0.689	0.776	0.744	0.550	0.623	0.593	0.582
无锡	1.230	1.179	1.057	0.960	0.980	0.884	0.948	0.796	0.812	0.808	0.817	0.935
常州	1.113	1.144	1.137	1.135	1.135	1.179	1.047	1.181	0.913	0.985	0.994	0.930
苏州	0.877	0.849	0.769	0.788	0.850	0.783	0.902	0.931	0.701	0.649	0.606	0.577
南通	0.977	1.198	1.199	1.278	1.268	1.271	1.310	1.399	0.560	0.518	0.554	0.579
扬州	1.098	0.973	0.897	0.863	0.891	0.859	0.887	0.962	0.499	0.462	0.455	0.471
镇江	1.425	1.501	1.436	1.289	1.254	1.215	1.191	1.206	1.276	1.050	1.042	1.082

续表

年份 城市	2005	2006	2007	2008	2009	2010	2011	2012	2013	2014	2015	2016
泰州	1.394	1.460	1.391	1.891	1.443	1.278	1.195	1.193	0.597	0.536	0.545	0.560
杭州	1.229	1.141	1.056	0.975	0.936	0.897	0.866	0.917	1.089	1.053	1.101	1.112
宁波	1.246	1.099	1.152	1.205	1.097	1.040	1.008	1.120	1.410	1.338	1.329	1.432
嘉兴	0.882	0.775	0.752	0.693	0.707	0.670	0.751	0.649	0.806	0.834	0.856	0.828
湖州	1.269	1.144	1.025	1.339	1.081	0.952	0.998	0.925	1.090	1.114	1.133	1.108
绍兴	0.856	0.797	0.732	0.563	0.567	0.505	0.497	0.528	0.529	0.580	0.539	0.503
舟山	1.503	1.500	1.422	1.163	1.065	1.124	1.152	1.191	1.419	0.657	0.613	0.555
台州	1.572	1.525	1.438	1.305	1.347	1.353	1.259	1.300	1.306	1.220	1.403	1.466

注：根据《中国统计年鉴》《中国城市统计年鉴》整理计算而得。

众所周知，上海从新中国成立后一直到改革开放初期，作为我国东部地区最重要的工业基地，其制造业在经济发展中占据较高比重，也由于港口优势、直辖市政策支持等原因形成较为明显的制造业集聚优势，"上海制造"曾经在全国也具备较高的品牌优势。但是，随着改革开放的深入推进和自身经济发展的转型调整，上海的城市功能定位逐渐发生转变，尤其是对外开放和区域经济交流的深化加快了产业结构升级与产业转移，上海不仅仅是作为承接地在接收发达国家的国际产业转移，也逐渐成为转移地，担负着向中西部落后地区进行产业转移的责任。如果还仅仅依靠制造业推动经济的发展，坚持走制造业集聚的老路子，是不符合发展阶段和发展潮流的。因此，以上海为核心的长三角地区在进行产业扩散转移的趋势下，在推动制造业转型升级的背景下，逐渐形成以金融业为代表的生产性服务业集聚格局，对整个长三角地区经济增长具有举足轻重的作用。

前面已对长三角地区金融业城镇单位就业人数和金融业集聚的区位熵指数进行分析，从发展现状角度对金融业集聚进行初步考察，也对目前金融业集聚在区域内部不同城市间的发展进行比较研究，但是不同城市的金融业集聚对长三角城市群的经济增长到底起到什么作用呢？是在短期内还是长期内起作用呢？变动趋势是否显著呢？这是我们需要进一步研究的焦点。

　　因此，下面通过脉冲响应分析考察金融业集聚对长三角地区城市群经济增长的影响。脉冲响应函数是基于向量自回归模型，衡量当期一个标准差的变量冲击对另一个变量的当前值和未来值的影响。在下面内容中，我们通过脉冲响应函数图分析金融业集聚对经济增长在短期和长期波动的影响。为更好地进行对比研究，主要以上海、南京、杭州与台州4个城市为考察对象，原因在于上海、南京和杭州既是省会级别城市，也是长三角城市群的核心城市，而台州则具备较高的金融业区位熵指数，其金融业集聚对经济增长的影响具备代表性。在进行向量自回归预警模型的脉冲响应函数分析时，必须保证VAR模型的平稳性，非平稳的VAR模型会由于误差项的干扰导致冲击发生改变，采用AR Roots检验方法进行VAR模型的平稳性检验。通过对AR Roots进行检验，发现其全部位于相应单位圆内，由此判定VAR模型是稳定的，可以进行脉冲响应函数分析。图6-1至图6-4分别表示上海、南京、杭州与台州经济增长对金融业集聚的脉冲响应。

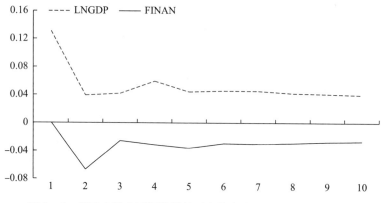

图6-1　长三角城市群经济增长对上海市金融业集聚的脉冲响应

　　由图6-1可知长三角地区城市群经济增长对自身冲击、上海市金融业集聚冲击做出的反应。当经济增长自身产生一个标准差单位的正向冲击时，GDP在前两期内呈下降趋势，直到第四期有微弱的回升，之后又略有下降并呈现较为稳定的均衡态势。这说明经济增长具有明显的惯性，在短期内前期经济的增长对当期带动作用明显，在长期内这种增长上的惯性会逐步趋于稳定。当金融业区位熵指数对经济增长产生一个标准差单位的负向冲击时，GDP在前期呈现下降趋势，第五期开始逐渐回升到稳定状态。长三角城市群经济增长对上海市金融业集聚的脉冲响应表明，虽然上海市具备较好的金融业集聚发展态势，但其对区域经济增长的作用有待进一步挖掘。事实上，这与上海市的定位有关系，上海市作为国际化大都市，其集聚发展的金融业面向全球，长三角城市群所获得的收益还远远不够，因此，更好地发挥核心城市对周边地区的辐射作用也是长三角地区持续发展的关键。

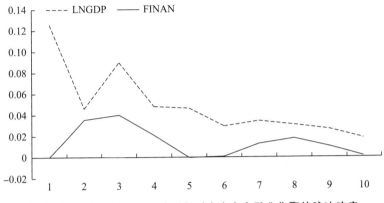

图 6 - 2　长三角城市群经济增长对南京市金融业集聚的脉冲响应

由图 6 - 2 可知长三角地区城市群经济增长对自身冲击、南京市金融业集聚冲击做出的反应。当经济增长自身产生一个标准差单位的正向冲击时，GDP 在前期内先下降后增长，之后又略有下降并呈现较为稳定的均衡态势，也表明经济增长的惯性特征。当金融业区位熵指数对经济增长产生一个标准差单位的正向冲击时，GDP 呈现比较显著的双阶段倒"U"形状态，即经济增长先随着金融业集聚增长，而后又呈现下降趋势。这实际上符合产业集聚的生命周期理论，即产业集聚呈现集聚—扩散—再集聚的发展态势，而与之相应的经济增长也会由于产业集聚的动态变化呈现阶段性特征。同时，南京市金融业集聚对经济增长的影响均为正，这也为长三角城市群产业结构调整提供一个思路，即在发展上海金融业的同时，实现部分功能疏解，将南京市打造成服务地区的金融中心，与国际金融中心上海市相呼应，从而更有效地带动区域经济增长。

图 6 - 3 和图 6 - 4 分别表示长三角城市群经济增长对自身冲击、杭州市金融业集聚冲击与台州市金融业集聚冲击做出的反应，二者的变动趋势基本一致。当经济增长自身产生一个标准差单位的正向冲击时，GDP 表现出较为稳定的下降趋势，且下降趋势较之上海、南京要大，表明经济增长虽具惯性，但后劲不足。当金融业区位熵指数对经济增长产生一个标准差

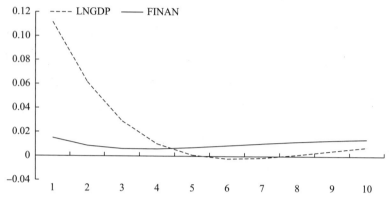

图 6-3 长三角城市群经济增长对杭州市金融业集聚的脉冲响应

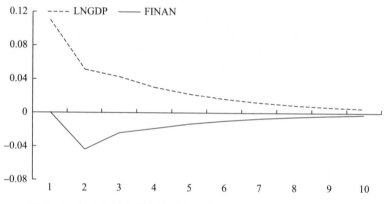

图 6-4 长三角城市群经济增长对台州市金融业集聚的脉冲响应

单位的正向冲击时，GDP 呈现比较显著的上升状态，且在长期内可以实现由负向影响向正向影响的转变，说明杭州市、台州市金融业集聚对经济增长具备推动作用，但这种推动作用低于南京市。就建设区域金融中心看，在短期内应该集中发展南京市，充分发挥南京市金融业集聚对区域经济增长的带动作用，而杭州、台州等城市在后期也具备成为金融业区域中心的潜力，但至少目前其作用还未充分发挥。

四 珠三角产业再集聚的空间效应研究

（一）研究背景

珠江三角洲位于广东省中南部、珠江入海口处，由于位于改革开放的前沿阵地，珠江三角洲城市群最早享受到改革开放政策所带来的政策福利。2009 年 1 月 8 日，国务院以珠江三角洲城市群为依托，颁布《珠江三角洲地区改革发展规划纲要（2008—2020 年）》，以广州、深圳、珠海、佛山、江门、东莞、中山、惠州和肇庆市为主体形成珠三角经济区。通常来讲，狭义上的珠三角经济区仅仅包括广州、深圳、佛山、东莞、惠州、中山、珠海、江门、肇庆九个地级市，而在此基础上形成的泛珠三角经济区还包括香港、澳门特别行政区。需要特别指出的是，为了与京津冀地区、长三角地区形成更好的比较分析，避免经济发展政策的特殊所导致的差异性，本部分的研究主要针对狭义的珠三角经济区。珠三角经济区受到改革开放政策的影响最为深远，作为前沿开放阵地，珠三角经济区是我国南部地区的对外开放门户和我国参与经济全球化的主体区域，已经逐渐形成以先进制造业和现代服务业为基础的产业结构。珠三角经济区的辐射作用成为带动华南、华中和西南发展的重要力量，与京津冀城市群、长三角城市群并列为我国人口集聚最多、创新能力最强、综合实力最强的三大城市群。2015 年 1 月 26 日，世界银行报告显示，珠江三角洲超越日本东京，成为世界人口最多和面积最大的城市群。珠三角经济区 9 市携手港澳打造粤港澳大湾区，是与美国纽约湾区、旧金山湾区和日本东京湾区并肩的世界四大湾区之一，已建成世界级城市群。但是，珠三角经济区发展也存在一些问题，比如产业结构调整缓慢，核心城市辐射效应较弱。面临港澳台地区，甚至是长三角地区的直接挑战，尤其是随着对外开放程度的提高，珠三角经济区传统产业面临东南亚、中国内陆地区的直接竞争，再加上城市功能的完善与升级，传统产业由集聚走向扩散，进而向内陆地区转移成为必然的选择。在此阶段，如果具备增长潜力的新兴产业不能被挖掘，不能形成有效集聚的产业集群，不能利用集聚模式的优势形成具有国际竞争力的强大产业，那么珠三角经济区将在产业升级与结构调整的进程中"迷失自我"。因此，在产业发展由集聚走向扩散，进而向外转移的过程中，如何在珠三角地区挖掘新的潜力产业，并依托潜力产业形成再集聚发展模式成为珠三角地区保持繁荣的政策着力点和未来发展方向。

珠三角经济区是规划时间较早、发展比较成熟的城市群，现有许多学者已经对珠三角地区从区域一体化、产业集聚与扩散等视角进行研究。张秀萍、余树华（2005）指出泛珠三角区域的产业集群在生产要素的流动性、产业链的合理配套、产业的优化升级与梯度转移等方面存在许多问题，规范和协调产业集群发展中的政府行为，促进集群企业纵横向产业链的完善，实施产业集群优化升级和向中西部转移并行发展的战略，对于促进集群经济的可持续发展，提升泛珠三角区域经济竞争力有着重要的意义。吕景春（2006）指出珠三角已经形成具有地方特色的三大产业分工与集聚体系，珠三角产业集聚属外向型集聚，但是珠三角产业聚集还存在缺乏核心技术、信息资源整合度低、城市间缺乏统一的协调机制等问题。甄选具有增长潜力的主导产业、发展产业集群、加强区域规划与协调、打造科技园区应该成为接下来经济发展的重点。毛艳华（2009）认为珠三角地区在 2012 年要初步实现区域经济一体化，2020 年实现区域经济一体化，其下一步区域经济一体化的思路应重视如何通过产业集群成长来推动区域一体化、市场化和城市化，即如何借助于区域经济一体化的制度设计来加快产业集群的成长，提升区域竞争力。芮宏（2009）认为珠三角产业集群要想获得突破发展，就要以全球产业分工体系为背景，引导产业集群嵌入全球价值链，打破产业集聚发展的低端锁定状态，进而坚持走高端发展道路。刘哲明（2010）的研究通过对珠三角产业集群空间集聚度的测度以及技术创新和产业升级状况进行实证分析，认为产业集聚过度会引发模仿驱逐创新的"柠檬市场"形成，珠三角产业集群升级要以降低产业集聚度为根本，通过加强对集群内企业创新成果的保护和集群内创新体系的建立实现珠三角产业集群升级。许德友、梁琦（2011）的研究表明，后金融危机时代，珠三角的低附加值企业生存日益艰难，大量的港资、台资企业开始迁往内地劳动力成本和土地成本都较低的地区。与此同时，珠三角的产业结构开始出现优化的趋势，广东的产业转移已经初步显现出既缩小地区差距又促进珠三角产业升级的目标。李光德（2011）通过构建新经济地理学分析框架，深入分析基于运输成本变量的大珠三角产业转移机理，指出港珠澳大桥必将成为发达地区和国家产业转移的重要通道，珠江三角洲要想实现进一步的跨越式发展，依托交通建设承接外来产业，促进现有产业转移扩散是必经之路。聂普焱、苏银珊（2012）实证研究了珠三角地区产业集聚与城市技术创新水平之间的关系，得出珠三角城市存在不同程度的产业集聚度，其中深圳的产业集聚程度最高，且产业集聚对城市技术创新产生正向影响的结论。徐海燕等（2014）认为空间扩展与产业转移的速度及城市经济增长呈正相关关系，但同时由于珠三角初期的产业转移缺乏科学管理和人为控制，造成城镇空间用地比例失衡、无序扩张、环境污染等严重后果。因此，在新一轮的产业转移过程中应当注重产业选择和用地集约发展，将承接产业转移纳入城市总体规划，协调好承接产业转移与城镇用地平衡的关系，促进城镇空间环境可持续发展。

（二）珠三角产业再集聚现状与测算

珠江三角洲地区作为中国改革开放的门户，在改革开放进程中起到"桥头堡"作用，相较于其他特大城市群，以广州、深圳为核心的珠三角城市群在经济发展过程中也已经形成独具特色的经济特征。

1. 珠三角经济发展特征

一是经济实现长期快速发展。在改革开放四十年的时间里，珠江三角洲经济区以对外开放为着力突破口，以开放推动改革，经济实现了快速、可持续的发展，根据广东省统计局 2017 年 10 月 11 日发布的《党的十八大以来珠三角经济社会发展成就》，2013～2016 年，珠三角地区生产总值年均增速达 8.5%，比全省平均增速高 0.6 个百分点，对全省经济增长的贡献率达 78.9%。经济总量稳步攀升，2013 年珠三角 GDP 总量突破 5 万亿元，2015 年突破 6 万亿元，2016 年达 6.78 万亿元，占全省合计的 79.3%。考察人均地区生产总值，广州市的人均地区生产总值在 2015 年已经高达 136188 元，深圳市的人均地区生产总值也已经高达 157985 元，人均地区生产总值的增长速度高于亚洲"四小龙"经济起飞阶段的平均增长速度，已经达到中等发达国家水平。单就城市群的经济发展水平来看，珠三角经济区已经在逐渐跨越中等收入陷阱，区域经济的发展也为带动全国经济尤其是落后的西南地区提供强有力的撬动力量。

二是外向型发展特征明显。珠三角经济实现突破式发展离不开对外开放的支撑，珠江三角洲地区在经济发展过程中充分发挥毗邻港澳的地缘优势和侨胞遍及世界各地的有利条件，以国际市场为导向，以国内市场为依托，推动外向型经济高水平、快速度发展。根据广东省统计局 2017 年 10 月 11 日发布的《党的十八大以来珠三角经济社会发展成就》，2016 年，珠三角一般贸易进出口总额占全省的比重达 41.9%，比 2012 年提高 9.6 个百分点。加工贸易企业转型升级步伐加快。"委托设计 + 自主品牌"方式出口比重达 71.3%，提高 16.4 个百分点。服务贸易占进出口总额比重达 13.8%，比 2012 年提高 3.8 个百分点。贸易伙伴更趋多元化，率先实现粤港澳服务贸易自由化。2013～2016 年，珠三角与"一带一路"沿线国家进出口额累计达 5.5 万亿美元，其中 2016 年占比达 20.2%，比 2012 年提高 4.0 个百分点。利用外资形势稳定，2013～2016 年，珠三角累计实际利用外商直接投资年均增长 1.2%。外商投资向高技术产业、服务业特别是金融、保险、民生等服务领域拓展的趋势明显。2016 年，珠三角服务业利用外商直接投资比重达 68.9%。"走出去"战略加快实施，2013～2016 年，珠三角对外实际投资年均增长 51.7%。珠三角经济区在 2005 年的实际利用外资金额为 1133959 万美元，在 2015 年已经达到 2562435 万美元，在 10 年的时间里实际利用外资金额增长 1.26 倍，成为推动珠三角地区乃至全国经济发展的重要力量。

三是市场经济体制完善，产业结构趋于合理。四十年的改革开放给珠三角地区带来的不仅仅是高度发达的外向型经济，还有渐趋完善的市场经济体制，良好的市场机制实现了资源的合理配置，促进了产业结构渐趋合理。相比于其他地区，尤其是绝大多数内陆地区，珠三角经济区市场化进程较快，政府在经济发展中的作用有所弱化，珠三角地区的经济发展提供了一种典型的"有效市场"与"有为政府"相结合的模式，即有效地发挥市场在资源配置中的决定性作用，更好地发挥政府的作用。在渐趋完善的市场化改革进程中，由市场主导的产业结构逐渐优化合理，以服务业经济为主要特征的经济发展模式深入推进，珠三角大力促进服务业和消费发展，推动研发设计、科技服务等生产性服务业发展，服务业对经济增长贡献明显。第三产业增加值占国内生产总值的比重在 2012 年突破 50%，2016 年达到 56.1%，比 2012 年提高 4.3 个百分点，比第二产业高 14.0 个百分点。现代服务业发展加快，2016 年，珠三角现代服务业增加值占服务业比重达 64.1%，比 2012 年提高 3.2 个百分点，服务业发展从传统服务业支撑发展到现代服务业拉动。

四是创新驱动发展势头良好，内需对经济增长贡献明显。党的十八大以来，珠三角以国家自主创新示范区和全面创新改革试验试点省建设为引领，务实推进以企业为主体，以市场为导向，以重大创新平台和国际科技合作、省部院产学研合作为依托的开放型区域创新体系建设，发挥打造国家科技产业创新中心的主力军作用。新旧动能实现有序转换，以广州、深圳为创新龙头的"1+1+7"一体化区域协同创新格局基本形成。2016 年,珠三角地区研究与试验发展(R&D)经费支出占 GDP 的比重从 2012 年的 2.43% 提升至 2.85%,比全省高 0.29 个百分点。万人发明专利拥有量达 27.73 件,比 2012 年增加 14.3 件;PCT 国际专利申请量占全国一半。2016 年,珠三角地区技术自给率和科技进步贡献率分别为 71% 和 58%,基本达到创新型国家和地区水平。2016 年底,珠三角高新技术企业达 18872 家,共拥有国家级高新区 6 个,国家重点实验室和国家工程技术研究中心共计 49 家,新型研发机构、孵化器、众创空间分别达 161 家、589 家和 442 家。2016 年,珠三角工业企业新产品产值是 2012 年的 1.88 倍,占全省新产品产值的比重达 95.4%。

在大力发展新兴消费、服务消费,加大投资力度等扩大内需战略带动下,消费的基础性作用和投资的关键性作用得到较好发挥。2013~2016 年,固定资产投资和社会消费品零售总额年均增长分别为 13.8% 和 10.9%,比 GDP 年均增速分别高 5.3 个和 2.4 个百分点;最终消费支出对经济增长的年均贡献率为 45.8%,高于资本形成总额 9.2 个百分点。重大平台、重大项目、重大科技项目建设不断推进,基础产业和现代服务业投资力度不断增强。广州南沙基础设施总投资累计达 1557 亿元,深圳前海累计入驻企业超 12.3 万家。2016 年,珠三角交通运输、仓储和邮政业,信息传输、软件和信息技术服务业,科学研究和技术服务业,农林牧渔业投资占全部投资的比重分别为 9.7%、1.8%、0.9%、0.8%。

珠三角地区作为我国改革开放的前沿阵地,受改革开放政策的影响较为深远,在此基础上发展的经济也具备较高活力,但是随着国际产业转移与劳动分工的进一步深化,珠三角地区也面临着较大的压力:低端制造业受到劳动力成本上升、土地要素价格上涨的影响,在与东南亚等承接地的竞争中已经逐渐处于劣势,而高端产业发展厚度不足,与发达国家存在一定差距。因此,在产业转移扩散的背景下,如何更好地通过产业再次集聚推动经济发展重新提速,是亟须解决的难题。下面根据近年珠三角产业转移和再集聚的现状,通过实证分析珠三角经济区在新的经济发展背景下,再集聚产业是如何推动经济增长的。

2. 珠三角产业再集聚的测算

经济发展过程中必定伴随着产业结构的调整和经济的优化升级。珠三角地区的产业从最初的农业为主,发展到工业占绝对比重,到现在服务业超过第二产业比重，占一半以上；同时，制造业内部和服务业内部也在不断优化，制造业从低端不断走向中高端，现代服务业增长迅猛，这一产业的升级过程为经济增长提供源源不断的新动力。在产业集聚初期阶段，以工业集聚或制造业集聚为主，因为此时经济系统中的主要推动力量就是工业发展，服务业发展还相对滞后。然而，随着产业结构调整与优化，服务业尤其是生产性服务业成为经济增长的核心力量。生产性服务业是指为保持工业生产过程的连续性和促进工业技术进步、产业升级提供保障服务的服务行业，大致包括现代物流业、科技服务业、金融保险业、信息服务业、商务服务业，它是与制造业直接相关的配套服务业，是从制造业内部生产服务部门独立发展起来的新兴产业，本身并不向消费者提供直接的、独立的服务效用。它依附于制造业企业而存在，贯穿于企业生产的上游、中游和下游诸环节中，以人力资本和知识资本作为主要投入品，分布于"微笑曲线"两端各领域，把日益专业化的人力资本和知识资本引进制造业，是二、三产业加速融合的关键环节。基于专业化分工生产性服务业从制造业中分离出来，专业化提供中间产品和服务，通过知识溢出这一正外部性效应促进制造业生产效率的提高，在循环累积以及创新驱动机制的基础上，共同促进地区经济增长。

在西方发达国家，生产性服务业发展已经逐渐完善，与制造业等部门形成了良好的互动关系，而我国生产性服务业的发展还存在一定的滞后性，因此，强化生产性服务业发展是推动经济增长的重要举措。在2015年，广东省就已经就加快发展生产性服务业出台《广东省经济和信息化委关于加快工业和信息化领域生产性服务业发展的实施意见》，该意见指出，生产性服务业的发展对促进广东省产业结构转型升级具有战略性意义，支持、引导生产性服务业发展是在长期内坚持的政策导向。所以在这种宏观经济发展背景下，生产性服务业集聚成为产业再集聚的重要表现形式，本部分重点考察珠三角经济区生产性服务业的集聚对经济增长的促进作用，以及广州、深圳两大核心城市的产业再集聚的增长效应。

本部分首先需要考察生产性服务业集聚对经济增长的影响，为了增强结果的对比性，同时对消费性服务业集聚以及公共性服务业集聚对经济增长的影响进行实证分析。因此，在选择相关解释变量与控制变量前，首先需要对服务业部门进行明确清晰的划分，根据《国民经济行业分类与代码》（GB/T 4754—2002）对服务业具体部门的划分，本书设定生产性服务业包括：交通运输、仓储和邮政业，信息传输、软件和信息技术服务业，金融业，租赁和商业服务业，科学研究和技术服务业；消费性服务业包括：批发和零售业，住宿和餐饮业，房地产业，居民服务、修理和其他服务业，文化、娱乐和体育业；公共性服务业包括：公共管理、社会保障和社会组织，卫生和社会工作，教育业，水利、环境和公共设施管理业。

采用区位熵指数分析方法，对广州、深圳、珠海、佛山、江门、肇庆、惠州、东莞和中山9个城市的2005～2016年生产性服务业区位熵、消费性服务业区位熵与公共性服务业区位熵进行计算，具体计算结果分别如表6-20、表6-21、表6-22所示。

表6-20　2005～2016年珠三角生产性服务业区位熵指数

年份	广州	深圳	珠海	佛山	江门	肇庆	惠州	东莞	中山
2005	1.5389	1.3052	0.5836	1.0516	0.6987	0.7587	0.4108	1.2607	0.8297
2006	1.5350	1.2830	0.5730	1.0368	0.6734	0.7476	0.4115	1.2534	0.7795
2007	1.4661	1.3363	0.5910	0.9514	0.6248	0.6856	0.3484	1.2667	0.7823
2008	1.4853	1.3423	0.5858	0.8170	0.6821	0.6815	0.3900	1.0879	0.8009
2009	1.4960	1.3099	0.6096	0.8292	0.6455	0.6703	0.3750	1.0050	0.8048
2010	1.4981	1.3709	0.6049	0.8205	0.5668	0.6287	0.3970	1.0719	0.8017
2011	1.4058	1.5271	0.6401	0.8506	0.5278	0.6665	0.4377	1.4857	0.9026
2012	1.4060	1.6231	0.7100	0.7947	0.5448	0.8075	0.4621	1.3041	0.8754
2013	1.8891	1.1547	0.7664	0.4498	0.6362	0.5912	0.5389	0.3669	0.3924
2014	1.8725	1.1978	0.8381	0.4622	0.7093	0.5491	0.5101	0.3524	0.4262
2015	1.7863	1.2688	0.8565	0.4695	0.6179	0.5078	0.5357	0.3708	0.4300
2016	1.8183	1.2901	0.8580	0.4617	0.6588	0.4969	0.5049	0.3693	0.4005

资料来源：根据《中国城市统计年鉴》《中国统计年鉴》整理计算而得。

由表6-20可知，珠三角经济区生产性服务业的主要集聚城市是广州、深圳，广州市生产性服务业的区位熵指数均高于1.4，且从2005年的1.5389上升至2016年的1.8183，中间虽然有几年呈现轻微的下降趋势，但整体上升趋势明显。深圳市区位熵指数也均在临界值1以上，但是深圳市生产性服务业区位熵指数呈现先升后降的趋势，从2005年的1.3052上升至 2012 年的 1.6231，然后又下降至 2016 年的 1.2901，整体上来看，深圳市生产性服务业发展具备集聚优势，但是集聚优势在逐渐减弱。除此之外，东莞市生产性服务业集聚指数从 2005 年的 1.2607 下降至 2016 年的 0.3693，佛山市由 2005 年的 1.0516 下降至 2016 年的 0.4617，基本上已经丧失集聚优势，而其他城市的区位熵虽有波动，但是整体没有越过临界值 1，不具备生产性服务业集聚发展的优势。显然，由于广州、深圳作为特大城市的虹吸效应，珠三角地区其余城市的生产性服务业发展受到一定程度的限制。

表 6 - 21　2005～2016 年珠三角消费性服务业区位熵指数

年份	广州	深圳	珠海	佛山	江门	肇庆	惠州	东莞	中山
2005	1.6962	1.7847	0.9406	0.8253	0.6130	0.8654	0.4422	0.4783	0.6203
2006	1.7568	1.7997	1.0091	0.8310	0.6134	0.8541	0.4485	0.4418	0.6452
2007	1.7445	1.9299	0.9405	0.6739	0.5941	0.7737	0.3910	0.4732	0.6630
2008	1.7127	1.9063	0.9528	0.7121	0.6080	0.7076	0.4439	0.5617	0.6660
2009	1.6966	1.7832	0.9369	3.0042	0.9202	0.7112	0.4576	0.4678	0.5001
2010	1.7593	1.6708	0.9761	0.6876	0.6568	0.6474	0.4640	0.4853	0.5248
2011	1.9312	1.6335	0.8694	0.6287	0.5397	0.7197	0.4565	0.4389	0.5080
2012	1.9159	1.6361	1.0071	0.5026	0.7056	0.4889	0.5760	0.4692	0.7576
2013	1.9545	1.2349	1.1579	0.7028	0.8220	0.7539	0.6975	0.6202	0.7417
2014	1.9283	1.2735	1.2199	0.7135	0.8276	0.7811	0.6264	0.5834	0.7766
2015	1.9622	1.3375	1.2282	0.7211	0.8664	0.8260	0.6017	0.5726	0.8309
2016	1.9807	1.4092	1.3442	0.7329	0.8729	0.8684	0.5905	0.5841	0.8501

资料来源：根据《中国城市统计年鉴》《中国统计年鉴》整理计算而得。

由表 6 - 21 可知，珠三角经济区消费性服务业以广州、深圳与珠海三地为中心进行集聚，广州市消费性服务业区位熵指数由 2005 年的 1.6962 上升至 2016 年的 1.9807，除 2009 年存在不明显的下降外，整个时期均具备上升态势，且集聚优势也高于深圳、珠海。深圳市消费性服务业的区位熵指数整体处于下降过程中，由 2005 年的 1.7847 降至 2016 年的 1.4092，但还是高于临界值 1，具备一定的集聚优势。珠海市消费性服务业集聚从 2012 年开始逐渐显露优势，突破临界值 1，并于 2016 年达到 1.3442，具备较为明显的后发优势。除了广州、深圳与珠海外，其余城市消费性服务业的区位熵指数均未突破临界值，目前来看，并不具备集聚优势。消费性服务业一般以需求为导向，广州、深圳与珠海作为珠三角经济区的代表性城市，在吸引人力资本流动、汇集人口方面具备先天优势，所以依托需求所形成的消费性服务业更易集聚。

表 6 – 22　2005~2016 年珠三角公共性服务业区位熵指数

年份	广州	深圳	珠海	佛山	江门	肇庆	惠州	东莞	中山
2005	0.6535	0.3881	0.3851	0.8245	0.9571	1.2319	0.5021	1.2324	0.6616
2006	0.6508	0.3741	0.3871	0.8473	0.9236	1.2329	0.5168	1.2726	0.6443
2007	0.6476	0.3771	0.3932	0.9258	0.8565	1.2793	0.4822	1.3479	0.6552
2008	0.6525	0.4003	0.3968	0.8949	0.8611	1.2872	0.5130	1.4249	0.7467
2009	0.6540	0.3795	0.3898	0.9449	0.8891	1.3092	0.5069	1.3363	0.7545
2010	0.6653	0.3561	0.3902	1.0151	0.8651	1.3186	0.4995	1.4160	0.7379
2011	0.6094	0.3996	0.4044	1.0655	0.7930	1.3324	0.5496	1.5218	0.7661
2012	0.6385	0.3876	0.4141	0.9708	0.8401	1.3136	0.5464	1.6004	0.7573
2013	0.6163	0.2813	0.4726	0.4698	0.8405	1.2735	0.6805	0.2299	0.3492
2014	0.7059	0.2789	0.4809	0.4892	0.8425	1.2535	0.6338	0.2391	0.3494
2015	0.7442	0.2700	0.4794	0.4807	0.8445	1.1816	0.6328	0.2471	0.3721
2016	0.7332	0.2648	0.4772	0.4633	0.8234	1.1841	0.6252	0.2477	0.3753

资料来源：根据《中国城市统计年鉴》《中国统计年鉴》整理计算而得。

由表 6 – 22 可以看出，公共性服务业发展在肇庆一直呈现集聚态势，而在东莞市则经历由集聚发展向扩散的转变，其区位熵指数由 2005 年的 1.2324 降至 2016 年的 0.2477，其余城市的公共性服务业的区位熵指数都低于临界值 1，均不具备集聚发展的态势。事实上，公共性服务业主要以提供公共产品或准公共产品为特征，包括公共管理、社会保障和社会组织，卫生和社会工作，教育业，水利、环境和公共设施管理业，此类产业并不适合采用集聚模式进行发展，追求普惠性与公平性才是公共性服务业的最主要特征。如果采用集聚发展模式，反而会导致公共资源的过度集中，产生严重的资源错配问题，不利于区域均衡发展。所以，仅仅是肇庆市的公共性服务业存在集聚发展态势，恰恰说明珠三角经济区各城市的公共性服务业布局良好，体现了公共性服务业的公平性，能最大限度地满足不同城市的消费者需求。

（三）珠三角产业再集聚的空间效应实证分析

1. 变量选择与设定

采用珠三角经济区各城市2005～2016年的人均地区生产总值来衡量经济增长水平；采用计算的生产性服务业区位熵指数、消费性服务业区位熵指数和公共性服务业区位熵指数表示产业集聚，在计算各行业区位熵指数时利用就业人数进行计算，避免采用经济规模所导致的物价波动和通货膨胀的影响；在控制变量方面，采用政府财政支出规模衡量政府财政支出在经济发展中的作用，采用全社会固定资产投资表示物质资本投入，采用每万人中高等教育在校生人数衡量人力资本发展，最后采用每年实际利用外资金额衡量各个城市的对外开放程度。需要在此指出的是，涉及价格因素的相关变量均已经采用以2005年为基期的消费者价格指数剔除对物价的影响，并且为了避免量纲的影响，除区位熵指数外，对所有变量进行取对数处理，以增强结果分析的可行性。变量具体设定及描述性统计特征如表6-23所示。

表6-23　各变量描述性统计特征

变量名称	变量符号	均值	中位数	最大值	最小值	标准差
人均地区生产总值	gdp	10.8706	10.9514	12.8074	9.4186	0.5847
生产性服务业集聚	$pros$	0.8655	0.7664	1.8891	0.3484	0.3973
消费性服务业集聚	$cons$	0.9456	0.7417	3.0042	0.3910	0.5184
公共性服务业集聚	$pubs$	0.7364	0.6540	1.6004	0.2299	0.3500
财政支出规模	$fisc$	14.6187	14.4657	17.0950	12.9152	0.9484
固定资产投资	inv	15.9298	15.9417	17.5235	14.3922	0.7156
每万人中高等教育在校人数	edu	5.2925	5.3711	7.1077	3.2336	1.0620
对外开放程度	$open$	13.7875	13.6571	14.9314	12.2765	0.6588

2. 估计结果分析

在满足数据平稳性与协整检验的基础上，针对珠三角地区的面板数据进行回归分析，考察珠三角产业再集聚过程中生产性服务业集聚对经济增长的影响，模型类型采用固定效应模型，Hausman检验也支持固定效应模型。具体的回归结果如表 6 – 24 所示。

表 6 – 24　珠三角产业集聚与经济增长的实证回归结果

变量名称	模型 1	模型 2	模型 3
pros	0.8661 *** (7.6017)	0.4011 ** (2.4587)	0.3671 ** (2.4688)
cons	– 0.1353 (– 1.3970)	– 0.4106 ** (– 2.6296)	– 0.4644 *** (– 2.8572)
pubs	– 0.9066 *** (– 9.2142)	– 0.6849 *** (– 6.7481)	– 0.6452 ** (– 6.8135)
lnfisc		0.0759 (0.7523)	0.2377 ** (2.1704)
lninv		0.2737 *** (2.7919)	0.2576 *** (2.7735)
lnedu		0.1887 *** (6.0499)	0.2046 *** (6.9040)
lnopen			– 0.1731 ** (– 2.2479)
常数项	10.9166 *** (107.0328)	4.9480 *** (4.6923)	5.1926 *** (5.0369)
个体固定	否	否	否
时期固定	是	是	是
Adj – R²	0.7483	0.8523	0.8621

注：括号内为回归系数对应的 t 值，*** 、** 、* 分别代表在 1%、5%、10% 的显著性水平下通过显著性检验。

表 6 – 24 显示了珠三角地区产业转移扩散与再集聚背景下生产性服务业集聚与经济增长的实证分析结果，模型 1 主要单独考察生产性服务业集聚、消费型服务业集聚与公共性服务业集聚的增长效应，不包含其余控制变量。模型 2 在主要集聚变量的基础上，纳入政府财政支出规模、固定资产投资与每万人中高等教育在校生人数三个控制变量进一步考察生产性服务业集聚对区域经济增长的效应。模型 3 则又单独将对外开放程度纳入回归分析，主要原因在于 2008 年全球经济危机导致世界主要经济体的经济增长下行压力明显，也在很大程度上影响了中国经济增长，尤其是对我国珠三角地区的发展影响更大，而数据考察期间为 2005 ~ 2016 年，涵盖了全球

经济危机的发生时间，为更好地说明经济危机发生后对外开放因素对珠三角地区经济增长的影响，因而单独将对外开放程度纳入回归模型进行分析。

由模型1可知，在不包含控制变量的情况下，产业集聚对经济增长影响的 AD-R^2 为 0.7483，说明产业集聚可以成为解释珠三角地区经济增长的主要因素。模型2表明生产性服务业集聚对经济增长的影响效应显著为正，而消费性服务业集聚与公共性服务业集聚对经济增长的影响效应为负，原因在于消费性服务业主要面向消费者，在地区经济发展差距逐渐缩小的珠三角地区，消费性服务业更加倾向于均衡布局，以实现对消费市场的占有，同时也可以满足绝大多数消费者的需求。而公共性服务业主要提供公共产品或准公共产品，如司法、公安、医疗卫生、教育等，更加倾向于追求全民所有的普惠性，因此公共性服务业不适合以集聚模式发展，这也从侧面凸显出生产性服务业集聚对经济增长具备重要的推动作用。模型3在纳入对外开放控制变量后，生产性服务业集聚、消费性服务业集聚与公共性服务业集聚的影响系数和显著性几乎没有发生变化，即在全球经济危机的外生冲击下，模型结果依然具备较好的稳健型，其主要经济意义不再赘述。当然，除此之外可以明显观察到对外开放程度对经济增长的影响系数显著为负，说明在全球后经济危机时代，对外开放对经济增长的作用受阻，原因可能在于两个方面：一是全球经济下行压力明显，以美国特朗普政府为代表的国际贸易保护主义势力抬头，对珠三角地区传统出口产品产生较大的冲击；二是珠三角地区本身产业结构发展不合理、不均衡，中高端产品还不具备竞争力，低端产品的出口压力增大，无法形成有效出口，从而陷入结构调整阵痛期，导致其对经济增长的拉动作用不再显著。

上述分析表明，珠三角城市群在产业扩散与再集聚的背景下，已经依托广州、深圳两个特大城市，实现产业结构转型，奠定生产性服务业集聚的基础，并且实证分析也证实生产性服务业集聚对珠三角地区的经济增长的确具备显著的促进作用。相比于京津冀地区，珠三角城市群在产业转移与协同发展方面协调较好，扩散效应对周边地区的影响已经显现，所以在接下来的产业集聚发展过程中，珠三角地区应该以生产性服务业集聚为契机，继续优化产业结构，实现区域协调发展。

3. 空间溢出效应检验

与上述研究类似，本书接下来采用空间杜宾面板模型（SDM 模型）考察珠三角地区城市群生产性服务业集聚与经济增长的空间相关性。其中，空间权重矩阵采用空间距离加权矩阵，以城市和城市之间的地表距离的倒数经过标准化作为权重。城市间距离具体数值通过计算城市所在地经纬度的球面半正矢距离（Haversine Distance）获得。回归结果如表 6 - 25 所示。

表 6 - 25　珠三角产业集聚与经济增长的空间杜宾模型回归结果

变量名称	参数	直接效应	间接效应
pros	0.3504 ** （1.97）	0.3065 * （1.75）	0.9451 （1.51）
pubs	- 0.7259 *** （- 7.10）	- 0.6375 *** （- 5.50）	- 1.6406 ** （- 2.56）
lninv	0.2904 *** （3.71）	0.3199 *** （3.63）	- 0.4833 （- 1.37）
lnedu	0.2948 *** （6.85）	0.2606 *** （5.60）	0.5806 ** （2.37）
Wpros	1.2863 * （1.99）		
Wpubs	- 2.3570 *** （- 4.08）		
Wlninv	- 0.4782 （- 1.08）		
Wlnedu	0.8610 *** （3.99）		
个体固定	否		
时间固定	是		
Adj - R²	0.8334		

注：各变量括号内为回归系数对应的 Z 值，***、**、* 分别代表在 1%、5%、10% 的显著性水平下通过检验。

珠三角地区生产性服务业集聚同一个地区的经济发展水平存在显著的正相关现象，且在控制公共性服务业集聚、物质资本投入以及教育水平等相关变量后，生产性服务业集聚指数每上升 1 个单位，该城市群 GDP 上升 0.3504%。同时珠三角城市群内城市的生产性服务业集聚的空间相关性系数高达 1. 29，空间溢出效应显著，即区域内城市的生产性服务业集聚程度越高，对珠三角城市群的经济发展越有利。完善城市群的生产性服务业集聚发展模式的确有助于经济增长，而且随着珠三角地区经济一体化的加快发展，这种区域协同作用还会不断增强。

控制变量中，公共性服务业集聚水平同城市经济发展水平呈显著负相关，即公共性服务业集聚指数每下降 1 个单位，该城市的 GDP 就会上升0.7259%。同时公共性服务业直接效应和间接效应都很显著，说明珠三角地区公共性服务业分布越均匀，即公共服务供给越平衡，越有利于一个城市的经济发展。珠三角城市群公共性服务业集聚水平同该区域内经济发展的空间相关性系数为 - 2.357，这说明城市群内部的公共服务分布越均匀，对该城市的经济发展越有利。公共性服务业集聚水平强大的影响力反映了珠三角地区公共服务供给具有极强的空间联动性，这也从侧面证实了珠三角地区经济一体化程度的紧密。

另外，教育水平、固定资产投资都对一个地区的经济发展水平有着显著的促进作用，同时教育水平还具有高达 0.861 的空间溢出效应，即珠三角地区教育水平改善有助于区域内经济的协同增长，这充分体现了教育水平的正外部性。

4. 行业异质性分析

上述研究表明生产性服务业集聚是促进城市经济增长的重要力量，但考虑到不同类型生产性服务业的行业差异性，其对经济增长的推动作用也可能存在行业异质性。因此，为研究生产性服务业集聚，接下来实证考察不同类型生产性服务业集聚对经济增长的差异性作用，如表 6 - 2 所示。其中模型 1—模型 5 的回归结果分别代表交通运输、仓储和邮政业，信息传输、软件和信息技术服务业，金融业，租赁和商业服务业，科学研究和技术服务业。

表 6 - 26　珠三角生产性服务业集聚影响城市经济增长的行业异质性分析

变量名称	模型 1	模型 2	模型 3	模型 4	模型 5
LQ	- 1. 0988 ** （ - 2. 5680）	0. 0112 ** （2. 5152）	0. 1737 * （1. 8940）	0. 2092 *** （3. 1824）	- 0. 0134 （ - 0. 3496）

续表

变量名称	模型 1	模型 2	模型 3	模型 4	模型 5
ln$fisc$	0.1541 * (1.9464)	0.3841 *** (3.6727)	0.3932 *** (4.5630)	0.2446 *** (12.2141)	0.2203 (1.2309)
lninv	0.4304 ** (2.2782)	0.0643 (0.5878)	0.0551 (0.5201)	0.3300 *** (16.7015)	0.3560 ** (2.2925)
lnedu	0.0307 (0.5311)	0.1878 *** (5.7675)	0.1923 *** (21.7213)	0.0620 *** (12.6561)	0.0640 *** (3.0148)
ln$open$	0.0620 (0.4305)	− 0.1556 * (− 1.8480)	− 0.1663 *** (− 7.6755)	0.1053 *** (8.3312)	0.1296 *** (3.0328)
常数项	1.0418 *** (0.4571)	5.3815 *** (6.0231)	5.4737 *** (10.3151)	0.2276 (1.1480)	− 0.1445 (− 0.0998)
Hausman 检验	20.7790 *** (0.0009)	18.2999 *** (0.0026)	17.9850 *** (0.0030)	11.7748 ** (0.0380)	21.691 *** (0.0008)
Adj − R^2	0.8716	0.7734	0.7765	0.8992	0.8617

注：括号内为回归系数对应的 t 值，***、**、* 分别代表在 1%、5%、10% 的显著性水平下通过显著性检验。

由表 6 - 26 可知，交通运输、仓储和邮政业集聚对经济增长的影响系数为负，在 5% 的显著性水平下通过检验，说明现阶段珠三角城市群交通运输、仓储和邮政业集聚对经济增长的影响已经出现抑制性，实现该产业的合理布局，降低其拥挤效应成为接下来其发展的重点。而信息传输、软件和信息技术服务业，金融业，租赁和商业服务业的集聚对经济增长的影响系数均显著为正，表明其对珠三角城市群经济增长的促进作用较为显著，以金融业，信息传输、软件和信息技术服务业为代表的现代生产性服务业集聚对经济增长的促进作用强劲。除此之外，科学研究和技术服务业集聚对珠三角城市群经济增长的影响未通过显著性检验，原因可能在于科学研究和技术服务业集聚发展过程中会存在知识溢出的空间局限性，这可能会导致边缘地区受益有限，从而影响其对经济增长的作用。

五　成渝城市群产业再集聚的空间效应研究

与京津冀、长三角与珠三角沿海三大城市群的经济和产业发展相比，成渝城市群虽依托重庆和成都两个特大城市，但由于其位居内陆，对外开放和国际产业承接优势不足，进而导致其在全国范围内整体竞争力不算太强。尤其是从产业发展层面来看，成渝城市群产业发展层次不高，其产业结构仍以劳动密集型产业及传统产业为主，其中能源原材料工业占工业总产值的比重较高，而技术密集型产业及高科技产业所占比重较低，而由制造业发展延伸出的生产性服务业发展也相对滞后，因此成渝城市群的产品附加值并不高，导致市场竞争力不强。鉴于产业结构转型升级的需要和生产性服务业发展的重要性，成渝城市群也在逐渐加大力度发展生产性服务业，通过淘汰落后产能，提高金融服务业、医疗服务业、农业休闲服务业等产业比重，产业结构得到进一步优化，第一产业比重逐渐下降，第三产业比重稳步升高。

尤其是作为成渝城市群的两极，重庆与成都中心城区的服务业发展迅速，重庆地区的生产性服务业产值增长迅猛，金融业增加值占比提高到9.3%，一些生活性服务业如旅游、会展、商贸行业等持续高速增长，服务贸易额年均增长达到20%以上。近年来，成都的现代服务业同样发展迅猛，已经成为关键的物流中心枢纽、西部金融创新中心、国际购物天堂、旅游文化中心等服务行业的金色标签。成渝城市群的传统服务业占据主体地位，但新兴服务业还不够成熟。以2017年的重庆市为例，成渝城市群服务业增加值最高的细分行业是批发和零售业、居民服务和其他服务业、住宿和餐饮业、交通运输仓储及邮政业和教育业。从生产性服务业的就业贡献来看，就业人数最多的是批发和零售业与住宿和餐饮业，这说明传统服务业依然占据主体地位。

因此，为更好地与沿海三大城市群进行对比分析，本章也着重实证研究了成渝城市群以生产性服务业集聚为代表的产业再集聚发展趋势对城市群经济增长的影响，实证过程中所涉及变量的选择与处理与上述三大城市群保持一致，在此不再赘述。

1. 单位根检验

在进行实证分析前，首先采用 LLC 检验法对成渝城市群面板数据的单位根进行平稳性检验，如表 6 - 27 所示。检验结果表明，除表征生产性服务业集聚的区位熵指数在 5% 的显著性水平下通过检验外，其余变量指标的单位根均在 1% 的显著性水平下通过检验，整体数据的平稳性良好。

表 6 – 27　面板数据的单位根检验

变量名称	LLC 检验	P 值	平稳性
人均地区生产总值	– 5.6795	0.0000	平稳
生产性服务业集聚	– 2.0328	0.0210	平稳
财政支出规模	– 9.7511	0.0000	平稳
固定资产投资	– 5.8245	0.0000	平稳
人力资本情况	– 4.0774	0.0000	平稳
对外开放程度	– 7.7298	0.0000	平稳

2. 实证结果分析

在对面板数据进行单位根检验的基础上，利用固定效应模型实证考察了成渝城市群生产性服务业集聚对经济增长的影响。具体回归结果如表 6 – 28 所示。

表 6 – 28　成渝城市群生产性服务业集聚影响经济增长的回归结果

变量名称	模型 1	模型 2
pros	0.0230 * (1.8085)	0.0135 ** (2.2154)
ln*fisc*		– 0.2738 ** (– 2.1344)
ln*inv*		0.2045 * (1.8082)
ln*edu*		0.1551 ** (2.4568)
ln*open*		0.0918 ** (2.0680)
常数项	9.6699 *** (857.9459)	8.7394 *** (13.0022)
Hausman 检验	85.0527 *** (0.0000)	268.6875 *** (0.0000)
Adj – R^2	0.5711	0.8613

注：括号内为回归系数对应的 t 值，*** 、** 、* 分别代表在 1% 、5% 、10% 的显著性水平下通过显著性检验。

由表6-28模型2可知，成渝城市群生产性服务业集聚影响经济增长的回归系数为0.0135，且在5%的显著性水平下通过检验，表明现阶段成渝城市群生产性服务业集聚可有效促进经济增长。相比于沿海的京津冀、长三角和珠三角城市群，成渝城市群位居内陆地区，其产业发展和结构转型可能会滞后于沿海地区，但在产业动态发展过程中，以生产性服务业为代表的产业再集聚已经能有效发挥其经济增长效应，实现地区发展。而在控制变量方面，除地方政府财政支出规模对城市群经济增长的回归系数为负外，其余对外开放、固定资产投资和人力资本情况均表现出显著的正相关关系，说明政府过度干预可能会降低资源配置效率，进而影响城市群经济增长，尤其是成都、重庆作为特大城市，其发展更多受市场作用。当然，对于身处内陆地区的成渝城市群来讲，对外开放的继续深化和人力资本积累的不断提升仍然能为城市群经济增长提供有效的动力。

3. 稳健性检验

与上述研究类似，接下来参考范剑勇（2006）的做法，利用成渝城市群生产性服务业就业密度（emp）表征产业集聚发展水平来替代区位熵指数，进行实证研究的稳健性检验。如表6-29所示，稳健性结果表明成渝城市群生产性服务业集聚对城市经济增长的影响系数显著为正，与实证结果保持一致，且其余控制变量的回归结果基本保持一致，模型具备较好的稳健性。

表6-29 稳健性检验回归结果

变量名称	模型1	模型2
lnemp	0.0282 * （1.7736）	0.0273 * （1.8639）
lnfisc		-0.0281 （-0.9505）
lninv		0.0917 ** （2.4318）
lnedu		-0.0435 *** （-3.2987）

变量名称	模型 1	模型 2
lnopen		0.0415 ***
		(5.1141)
常数项	9.6568 ***	8.3867 ***
	(496.5521)	(13.0424)
Hausman 检验	5.7377 **	446.7048 ***
	(0.0166)	(0.0000)
Adj – R²	0.9874	0.9901

注：括号内为回归系数对应的 t 值，***、**、* 分别代表在 1%、5%、10% 的显著性水平下通过显著性检验。

4. 空间溢出效应检验

接下来本书采用空间杜宾模型实证检验成渝城市群以生产性服务业为代表的产业再集聚的空间溢出效应。经 Hausman 检验确定使用固定效应模型，经 LR 检验确定使用空间杜宾面板模型（SDM 模型），尝试时间固定效应、个体固定效应和双重固定效应模型后发现个体固定效应模型最合适。权重矩阵采用空间距离加权矩阵，以城市和城市之间的地表距离的倒数经过标准化作为权重。城市间距离具体数值通过计算城市所在地经纬度的球面半正矢距离（Haversine Distance）获得。回归结果如表 6-30 所示。

表 6-30 空间杜宾模型回归结果

变量名称	参数	直接效应	间接效应
pros	0.0047 *	0.0059	0.0206
	(1.71)	(1.32)	(0.50)
lnfisc	-0.0291	-0.0295	0.0197
	(-0.96)	(-1.03)	(0.13)
lninv	0.0704 **	0.0983 ***	0.4361 ***
	(2.08)	(3.08)	(3.40)
lnedu	-0.0439 ***	-0.0499 ***	-0.1048 *
	(-3.78)	(-4.26)	(-1.75)
lnopen	0.0409 ***	0.0498 ***	0.1559 ***
	(5.54)	(6.39)	(3.47)
Wpros	0.0034		
	(0.25)		

变量名称	参数	直接效应	间接效应
$Wlnfisc$	0.0282 (0.47)		
$Wlninv$	0.1204 * (1.89)		
$Wlnedu$	−0.0112 (−0.45)		
$Wlnopen$	0.0324 (1.53)		
rho	0.6403 *** (8.53)		
个体固定	是		
时间固定	否		
Adj – R²	0.9798		

注：rho 度量了区域内 GDP 增长的空间溢出效应，若显著则说明经济增长协同性强；括号内为回归系数对应的 t 值，*** 、** 、* 分别代表在 1%、5%、10% 的显著性水平下通过显著性检验。

表 6 – 30 显示，生产性服务业集聚对成渝城市群经济增长的影响系数显著为正，且在控制财政支出规模、固定资产投资以及教育水平等相关变量后，生产性服务业集聚对经济增长的影响系数为 0.0047，其中直接效应占主导地位，即本城市的生产性服务业集聚有利于本城市 GDP 增长，这说明成渝城市群生产性服务业集聚同该地区的经济发展水平存在显著的正相关。

在控制变量方面，财政支出规模对成渝城市群的经济增长影响不显著，同时成渝城市群城市间财政支出规模的空间关联性较弱。而固定资产投资对成渝城市群城市 GDP 的贡献具有显著的正相关性，固定资产投资每增长 1%，城市 GDP 增长 0.0704%。同时固定资产投资也具有显著的正直接效应和正间接效应，其中直接效应达到 0.0983，说明固定资产投资的增加可以促进本城市经济增长；间接效应达到 0.4361，说明对目标城市的固定资产投资可以显著促进关联城市的经济增长。固定资产投资高达 0.1204 的空间正相关性系数也说明了区域内城市的固定资产投资同经济增长具有显著的区域协同性。成渝城市群的教育水平对城市经济发展影响显著，

回归系数为 -0.0439 的原因可能是成渝地区虽然有高质量的高校，但是仍然存在人才外流现象，对本地经济发展的支撑作用不够。对外开放也显著影响成渝城市群的经济发展，对外开放每上升1%，城市 GDP 增长 0.0409%，同时对外开放具有显著的直接效应（0.0498）和间接效应（0.1559），这说明目标城市的对外开放不仅能够显著加快自身经济发展，同时也能够显著带动周边城市协同发展。

另外，成渝城市群内城市的经济发展具有显著的空间相关性，rho 指数达到 0.6403，这说明成渝城市群的经济发展具有显著的区域协同效应。

5. 行业异质性分析

上述实证研究考察了成渝城市群生产性服务业集聚对经济增长的影响，结果表明现阶段以生产性服务业为代表的产业再集聚发展能有效促进地区经济增长。在上述研究的基础上，为进一步捕捉生产性服务业各细分行业的经济增长效应，我们进一步考察了成渝城市群生产性服务业集聚影响经济增长的行业异质性。如表 6-31 所示，其中模型1—模型5的回归结果分别代表交通运输、仓储和邮政业，信息传输、软件和信息技术服务业，金融业，租赁和商业服务业，科学研究和技术服务业。

表 6-31　成渝城市群生产性服务业集聚影响经济增长的行业异质性分析

变量名称	模型 1	模型 2	模型 3	模型 4	模型 5
LQ	1.1435 *** (5.4511)	1.1167 *** (2.8986)	0.4353 ** (2.0579)	0.3812 *** (6.1471)	0.0125 *** (5.2446)
$\ln fisc$	-0.2837 *** (-4.5414)	-0.2703 *** (-4.0427)	-0.2954 *** (-4.3071)	-0.2143 *** (-10.9087)	-0.2411 *** (-14.2523)
$\ln inv$	0.1265 ** (2.0689)	0.1968 *** (3.0911)	0.2077 *** (3.2188)	0.1737 *** (11.0098)	0.2040 *** (14.3688)
$\ln edu$	0.1143 *** (4.9520)	0.1632 *** (6.9994)	0.1522 *** (6.4214)	0.1390 *** (13.1145)	0.1430 *** (18.3693)
$\ln open$	0.1238 ** (7.0627)	0.0901 *** (5.1044)	0.1081 ** (5.4968)	0.0720 *** (16.1456)	0.0798 *** (20.9389)
常数项	9.6447 *** (25.8989)	8.7092 *** (24.3641)	8.7341 *** (24.0954)	8.6458 *** (34.9719)	8.4758 *** (41.7354)
Hausman 检验	329.1061 *** (0.0000)	268.1811 *** (0.0026)	273.8223 *** (0.0000)	266.9617 *** (0.0000)	266.5866 *** (0.0000)

变量名称	模型 1	模型 2	模型 3	模型 4	模型 5
$Adj - R^2$	0.8843	0.8674	0.8635	0.9871	0.9891

注：括号内为回归系数对应的 t 值，***、**、* 分别代表在 1%、5%、10% 的显著性水平下通过显著性检验。

由表 6 – 31 可知，现阶段成渝城市群生产性服务业各细分行业的集聚发展与城市群经济增长之间存在显著的正相关关系，表明各行业集聚均可有效促进城市经济增长。尤其是考察模型 1—模型 5 的回归系数可知，交通运输、仓储和邮政业集聚对城市群经济增长的影响系数最高，为1.1435，其次是信息传输、软件和信息技术服务业，系数为 1.1167，而金融业集聚影响城市群经济增长的系数为 0.4353，租赁和商业服务业为0.3812，最低的科学研究和技术服务业为 0.0125。这表明现阶段成渝城市群金融业与科学研究和技术服务业集聚发展对经济增长的促进效果有待进一步释放，需要继续实现现代生产性服务业内部行业结构的优化升级，充分发挥金融业、科学研究和技术服务业等行业集聚对城市群发展的作用。

六 产业再集聚效应的区域差异分析

在城市群制造业实现初次集聚与扩散转移的基础上，以生产性服务业为核心的产业再集聚现象在沿海与内陆不同城市群呈现如火如荼的发展态势，需要指出的是，不同城市群地理位置的差别、发展基础的差异以及国家区域发展政策的差异等，均会在不同程度上导致产业再集聚发展以及其对经济增长的异质性。在上述现实考察、理论探讨与实证分析的基础上，通过对京津冀城市群、长三角城市群、珠三角城市群和成渝城市群的对比分析，总结其产业再集聚的发展特点和影响经济增长的差异化特征，有助于结合不同城市群的产业再集聚发展特征分别给予相应的政策建议。

通过考察不同城市群产业再集聚的发展趋势和经济增长效应，我们可以总结出以下几点

第一，京津冀地区城市群服务业各部门呈现以北京、石家庄为中心的"双核"集聚模式，但两地的集聚部门存在显著差异。北京在生产性服务业和消费性服务业中各个部门的区位熵指数均大于 1，表明其集聚水平较

高，集聚发展优势较明显的产业也多集中于计算机服务与软件业、科学研究与技术服务业等高新科技产业。而石家庄情况则相反，其产业再集聚主要集中于公共性服务业部门，而生产性服务业与消费性服务业集聚优势较弱。天津则处于"中间地带"，其以生产性服务业为核心的产业再集聚发展没有显现出特别的优势产业，各产业区位熵指数均在临界值1左右，产业再集聚发展水平较为平均。

第二，珠三角经济区生产性服务业的主要集聚城市是广州、深圳，其他城市的区位熵指数虽有上下波动，但是整体没有越过临界值1，生产性服务业不具备集聚发展的优势。而消费性服务业则以广州、深圳与珠海三地为中心进行集聚，且与惠州、东莞、中山等城市的区位熵指数差距较大。公共性服务业发展在肇庆市的区位熵指数大于1，长期以来呈现集聚发展态势，而在其余城市的区位熵指数均小于1且集聚水平较为接近。

第三，长三角城市群生产性服务业再集聚、消费性服务业再集聚发展的中心城市集中于上海、南京、杭州与舟山，其余城市的区位熵指数均低于1，不具备集聚发展的优势，而公共性服务业基本不具备集聚发展优势，各地市分布较为平均，与其功能的定位相吻合。

第四，相较于沿海三大城市群，成渝城市群位居内陆，其以生产性服务业为代表的产业再集聚发展优势较弱，其中重庆和成都作为内陆地区的特大城市，具备良好的发展基础，各类型生产性服务业布局集中，而城市群内部其他城市较弱。

第五，各地生产性服务业集聚或生产性服务业细分行业集聚对区域经济增长均呈现显著的推动作用，表明城市群核心城市的产业再集聚的确有助于区域经济增长。因此，特大城市的产业再集聚正在进行中，如果能够抓住这一难得的机遇，就会带来这一地区乃至全国的经济增长。

上述分析表明，以生产性服务业为核心的产业再集聚现象基本上是布局于城市群中的核心城市，京津冀地区集中布局于北京，珠三角城市群集中布局于广州和深圳，长三角城市群集中布局于上海、南京与杭州，并形成了以特大城市集中布局的发展趋势。实际上，这与我国特大城市的发展过程不谋而合，特大城市作为一个城市群的核心地区，对周边不同层级城市的发展存在显著的虹吸效应和扩散效应。在虹吸效应的作用下会导致劳动、资本以及技术等生产要素集聚，在要素集聚的基础上会引致产业初次集聚，此时产业集聚的载体是制造业，因此在产业集聚的初期，制造业集聚发展成为各地区显著的特征；而产业集聚出现扩散效应后，扩散效应的作用会导致制造业转移，在制造业扩散转移的基础上形成新的主导产业集聚，与制造业相辅相成的生产性服务业无疑是最佳选择。除此之外，珠三角地区和长三角地区公共性服务业的集聚发展趋势并不明显，而京津冀地区的河北省各地市生产性服务业还具备显著的集聚发展趋势，这是不合理的。生产性服务业作为公共产品的提供者，其聚焦于教育、基础设施建设等生产领域，更多追求的是社会公平性和均衡性，显然，率先实行改革开放的珠三角地区和长三角地区的生产性服务业发展更为均衡，而京津冀地区的生产性服务业有待进一步优化布局。而通过对产业再集聚增长效应的考察也发现，京津冀地区、长三角地区和珠三角地区服务业或生产性服务业集聚对以特大城市为核心的城市群的经济增长具备显著的推动作用，已经成为推动地区经济增长的重要动力机制。而地处内陆地区的特大城市由于其服务业发展滞后于沿海地区，单纯生产性服务业集聚不足以为经济增长提供动力，考虑制造业集聚无疑更具发展优势，因此，内陆地区的特大城市的生产性服务业和制造业的协同集聚成为其经济增长的重要动力。

国外经验与政策建议

第四篇为国外经验与政策建议部分，第七章为国外典型地区产业再集聚的发展经验与启示，考虑到发展历程与发展前景的相似性，选取具有代表性的英国、墨西哥两个国家和纽约市的产业空间布局变化的案例进行分析，考察产业再集聚的发展经验，为中国特大城市产业再集聚发展提供有意义的借鉴。

　　第八章是研究结论与政策建议部分，该部分从产业再集聚的内涵与特征、内在机制和实证研究等角度对整体研究进行深入总结和说明，并且针对上述研究结论，从特大城市产业合理布局、产业结构优化升级、区域协同发展、培育特大城市产业竞争力、政府行为、微观主体等不同角度给出相应的政策建议。

|第七章|
国外典型地区产业再集聚的发展经验与启示

产业的发展不是一成不变的，而是经历集聚—扩散—再集聚的演化过程，呈现阶段性动态调整的特征。整个动态调整过程是建立在经济发展的不同阶段，以及由此引发的产业结构循序发展、渐进合理化和高度化的基础上，全球经济的加速发展始于工业化进程的开始，所以制造业或工业是最具代表性的集聚产业。因此，考察产业再集聚的动态调整过程需要相对完善的制造业发展历史，英国作为最早开始工业革命和工业化进程的国家，其制造业发展具备很好的代表性，能够从发展史的角度考察制造业空间布局的变动，所以接下来首先对英国产业再集聚的发展历程进行分析与考察。其次，产业再集聚与产业布局的空间调整会在很大程度上受到政府政策的支持与引导，以期快速实现产业优化布局，促进生产效率的提高。选择墨西哥作为分析对象，考察墨西哥由闭关锁国走向贸易自由化后制造业空间布局所发生的变化，为政策影响产业再集聚提供有力的证据支持。最后，考虑到特大城市产业集聚、扩散与再集聚的专有特征，选择纽约大都市圈考察其产业定位与布局的变化，为中国特大城市产业结构转型和产业再集聚发展提供政策参考。

一　英国的经验证据

英国作为工业革命的发源地，最早开始了工业化的进程，给世界提供了一个发展的样本，其工业发展在工业革命后很长一段时间，无论在经济实力、技术水平，还是现代管理理念和产品生产上都具有超强的实力，在世界上遥遥领先。罗斯托在《世界经济：历史与展望》一书中得出结论：在1870年，世界工业的32%集中于英国，工业产值占全世界的比重高居全球首位。当然，完善的工业发展也塑造了典型的产业集聚现象，尤其是英国工业发展周期较长，已经形成工业集聚—分散—再集聚的动态变化趋势，其制造业集聚始终遵循着"核心－边缘"的路径，符合"中心－外围"假说理论，同时，英国的区域政策变化一定程度上加速了其产业集聚与空间布局的变化，这为探讨产业再集聚提供了经验证据和政策支持。

近代第一次技术革命在英国率先发生，当英国18世纪中叶开始进行工业革命时，纺织机械的发明、蒸汽机的改进以及机械设备的投入使用促使矿产资源、劳动力、资本等生产要素大规模地由边缘地区向具有工业发展条件和发展潜力的核心区域集聚，形成典型的"核心－边缘"发展模式，产业高度集聚成为英国工业革命初期经济运行的普遍特征。在工业革命开始之前，英格兰南部地区人口数量占全英格兰人口总量的1/3，工业革命后的英国工业化起飞期，英格兰西南部和南部人口逐渐向中部和东北部工业区集聚，苏格兰、威尔士人口也向新兴起的工矿区和港口集中。1801～1871年，英国总人口增长1.54倍，而西南部的非工业区人口增长不到1倍，西北部工业区则增长2.58倍。以工业大城市兴起为特征的城市化进程同步启动，工业革命前的1750年，英国2500人以上的城市人口仅占全国总人口的25%，1801年为33.8%，1851年为50.2%，1911年为78.1%。因此，伴随着工业化进程的推进以及人口、产业集聚的形成，英国也率先成为当时世界上城镇化水平最高的国家。[1]

经济发展和就业是吸引落后地区人口向发达地区集聚的主要原因，而产业发展是经济发展和就业的重要基础，因此人口集聚以产业集聚为载体。在英国工业化进程起步后，英国中部、西北部迅速产生并逐渐壮大的煤炭工业、机器制造业、纺织工业、冶金工业、大港口和大铁路运输业紧密联结而成的地域性产业集群成为吸引人口迅速集聚的重要推动力。

同时，人口向产业集聚区域的迁移也为产业集聚提供了必要的生产要素和广大的市场。第一次工业革命造就的产业主要是以劳动密集型、资本

---

[1] 陈鸿宇：《后工业化时期产业和人口的双重再集聚——英国区域政策变化趋势及其对广东的启示》，《岭南学刊》2009年第1期。

密集型为主导的制造业，人口迁移的过程就是劳动力和资本转移的过程，伴随着这些生产要素的集聚和集中，当时最受欢迎的产业，如纺织、钢铁等产业迅速在这一地区发展起来，因为资本和劳动力是工业化初期工业集聚所必不可少的基本要素。人口在工业发达区集聚成为当时英国经济发展的重要特征。当然，英国在第一次工业革命中人口和产业空间布局的重要调整主要也得益于自然资源的丰富，以英格兰北部的谢菲尔德市为例，其形成产业集聚的重要原因在于靠近三大自然资源地的地理优势：奔宁山脉为其提供了铁矿资源，流经城市的顿河为其提供了高炉冶炼所需的水力，同时旁边的煤炭产区为其提供了丰富的煤炭资源。

但是，随着工业革命的深入和工业化进程的深化，英国工业集聚区域的拥挤效应逐渐显现，生产要素价格上升、交通拥挤，尤其是重工业的发展导致英国环境污染尤为严重。工业化进程中主要依赖燃煤所提供的动力，集聚产业也集中于钢铁制造、采矿等重工业行业。以曼彻斯特为代表的工业城市，成为当时污染最为严重的区域，甚至导致桦尺蠖体色出现由浅色到黑色的变异。在这种发展趋势下，英国开始进入人口和产业的区域性双重扩散时期。19世纪末，英国逐渐出现了郊区城市化的浪潮，大城市人口开始向城市外围地区迁移，原本高度密集的城市中心区通过郊区城市化逐渐演化为低密度的城市集群。此外，产业集聚导致的拥挤效应也引发了老工业区域的企业外迁浪潮，原来形成的产业空间布局发生根本性的改变，产业由空间集中向空间扩散转变，传统的"核心－边缘"模式被打破。需要特别指出的是，产业与人口的双重扩散在缩小地区收入差距方面发挥着举足轻重的作用，在产业集聚时期，地区收入差距扩大是必然的结果，但是"核心－边缘"发展模式的瓦解，引发产业的扩散和人口迁移，以及消费市场的外移，这在很大程度上缩小了人均收入的区域差异。

产业结构升级是经济和社会发展不可逆转的趋势，20世纪30年代左右，英国工业化发展进程逐渐步入成熟阶段，产业结构升级成为典型特征，以煤炭生产、钢铁制造为主导的重工业逐渐向服务业过渡，后工业化时期到来。但此时，前期产业集聚与扩散导致整个英国经济发展面临一些问题：大伦敦地区和英国东南部地区一直继续保持主导地位，但出现了产业和人口过度聚集的问题；北部和西北部的老工业区的城市集群出现了产业升级乏力、新兴产业群难以生成、劳动力大量外迁的问题；英格兰北部、苏格兰和北爱尔兰的一些边远地带则因基础设施落后仍然缺乏发展活力。

在这种发展状态下，单纯依赖市场的力量很难在短时期内实现产业升级与新的产业集聚，经济增长在短期内缺乏动力，再加上当时凯恩斯经济学占据西方经济学的主导地位，因此，英国政府采取以抑制东南部过度扩张和增进北部、西北部活力为政策目标和着力点的区域政策组合。从1928年的产业转移计划开始，英国的传统区域政策经历了早期推出、地区倾斜、城市倾斜三个阶段。在英国政府区域政策的引导下，英国逐渐形成以服务业为主导的产业再集聚模式，彻底改变了工业化初期重工业集聚的"核心 – 边缘"发展模式。

二　墨西哥的经验证据

在前述产业再集聚的内涵时，已经指出相较于由历史和偶然因素引发的产业集聚过程，产业再集聚过程主要会受到预期和政府政策的引发，而当一个国家的对外开放政策逐渐深化时，经济发展模式也会由封闭经济向开放经济不断迈进。在此过程中，产业空间布局也会随之发生变化，与此对应的就是产业集聚中心的转移与重新定位，墨西哥由封闭走向开放的经济政策伴随的是产业集聚中心的转移和新的空间布局的形成。

墨西哥作为发展中国家，在经济发展初期，与绝大多数发展中国家一样均倾向于实施进口替代战略，即优先发展本国制成品生产，用本国产品代替原先进口的商品，以带动其他经济部门发展。20世纪40年代开始，墨西哥政府就逐渐提高进口关税和建立进口许可制度，通过政府干预进行贸易保护，促进本国的产品生产。进口替代战略的实施使墨西哥在短期内获得经济的较快发展和动力支持，这一战略也促使本国制造业的发展初具雏形，避免了在经济发展初期沦为发达市场原材料供应地与产品倾销地的悲剧。但是，进口替代战略并非是一劳永逸的，墨西哥在20世纪80年代初期陷入经济停滞的困境，因为该战略的实施在长期内不利于技术引进与本国产业结构和世界接轨，在很大程度上成为国内劳动生产率提高的障碍。

墨西哥在进口替代时期，产业政策以保护国内生产为主，导致工业品缺乏国际竞争力，出口不断下降而进口设备和中间产品持续增加，造成经常项目赤字不断攀升，于是开始大规模举债，最终导致经济体系日益脆弱。第一次石油危机之后，在石油价格飙升、外债利息增加和初级产品降价的多重冲击下，墨西哥终于在 1982 年爆发了债务危机。由于进口被大幅削减，墨西哥进口替代战略难以为继，导致债务危机演变为日益严重的经济危机，经济和人均收入经历了长达 10 多年的停滞。《拉美加勒比海地区统计年鉴》数据显示，1970~1980 年墨西哥 GDP 和人均 GDP 年均增幅分别为 6.5% 和 3.5%，而 1981~1990 年则分别下降为 1.9% 和 -0.2%。经济问题还导致了贫富分化加剧，1984 年墨西哥收入前 20% 的富裕家庭的收入占总收入的比重为 49.5%，而 1994 年则上升为 57.5%；同时 20% 贫困家庭的收入占比从 4.8% 下降为 3.2%，贫富差距的进一步扩大为墨西哥社会的稳定发展埋下隐患。

在进口替代战略失败后，墨西哥政府痛定思痛，开始探索对外开放的道路。1986 年，墨西哥加入关贸总协定，开始了由内向型发展模式向外向型发展模式的转变，并迅速取得一定的成就。以两位数行业分类来看，1985 年，墨西哥国家平均关税为 23.5%，需进口许可要求的产品比重为 92.2%；而到 1987 年，平均关税下降至 11.8%，需进口许可要求的产品比重减少至 25.4%。紧接着在 1992 年，美国、加拿大和墨西哥三国就《北美自由贸易协定》达成一致意见，并于同年 12 月 17 日由三国领导人分别在各自国家正式签署。1994 年 1 月 1 日，协定正式生效，北美自由贸易区宣布成立。北美自由贸易区的成立使墨西哥经济发展具备更加广阔的市场，对其传统的产业布局和产业集聚产生重要影响。表 7-1、表 7-2 分别说明了墨西哥在实施进口替代战略时期和改革开放后，产业空间布局的变化情况以及就业的区域平均年增长水平。

表 7-1　墨西哥两位数行业就业的区域份额对比

单位：%

产业	1980 年					1993 年				
	边境	北部	中部	墨西哥城	南部	边境	北部	中部	墨西哥城	南部
全部制造业	20.95	5.25	25.48	44.44	3.89	29.84	7.47	28.22	28.72	5.75
食品产业	17.70	10.59	33.92	28.70	9.10	19.01	11.90	35.42	22.27	11.41
纺织服装业	11.29	4.98	35.12	43.92	4.69	18.64	8.00	40.03	27.25	6.09
木材制品业	19.18	14.65	20.30	36.90	8.97	27.38	13.89	27.91	19.47	11.35

续表

产业	1980 年					1993 年				
	边境	北部	中部	墨西哥城	南部	边境	北部	中部	墨西哥城	南部
纸、印刷业	13.89	3.61	13.47	65.14	3.91	20.08	6.70	20.14	48.26	4.83
化学制品业	14.59	1.78	26.31	55.73	1.60	20.72	1.79	28.47	45.73	3.28
非金属矿物业	32.08	5.29	23.85	34.55	4.24	30.15	7.15	35.74	19.60	7.37
碱性金属业	49.22	2.52	18.40	29.82	0.05	37.51	9.29	20.22	32.17	0.81
金属制品业	26.90	2.76	18.90	50.71	0.73	49.71	5.34	17.40	26.14	1.41
其他制造业	15.61	0.85	13.06	69.19	1.28	28.65	2.94	17.50	41.29	9.62

资料来源：Hanson G. H. Reginal Adjustment to Trade Liberalization Regional Science and Urban Economics [J]. *Science and Urban Economics*, 1998, 28: 419 – 444.

　　表 7 – 1 说明了 1980 年与 1993 年墨西哥制造业两位数行业就业的区域份额情况，其中 1980 年是实施进口替代战略时期，1993 年是建立北美自由贸易区后。由表 7 – 1 可知，在墨西哥实施进口替代战略时期，制造业就业主要集中于墨西哥城，全部制造业的就业份额高达 44.44%，纸、印刷业，化学制品业，金属制品业以及其他制造业的就业比重均超过 50%，表明墨西哥城是当时的产业集聚中心，在整个产业的空间布局中具有首屈一指的地位。而在实施对外开放政策后（尤其是加入北美自由贸易区后），制造业的区域就业比重发生显著变化，就业中心逐渐由墨西哥城向边境地区转移，墨西哥城的就业份额由 1980 年的 44.44% 下降至 1993 年的 28.72%，而边境地区制造业的就业比重则由 20.95% 上升至 1993 年的 29.84%。制造业就业中心的转移表明随着墨西哥对外政策的调整，产业布局呈现产业集聚—分散—再集聚特征，边境地区由于率先享受到对外开放的政策福利，而成为新一轮产业集聚过程中的主要目的地。墨西哥贸易自由化前后产业区位的改变和集聚中心的转移，是一个区域经济如何调整以适应经济一体化和贸易自由化的典型案例。

表 7 – 2　墨西哥两位数行业就业的区域平均年增长水平

单位：%

产业	1980 ~ 1985 年					1985 ~ 1993 年				
	边境	北部	中部	墨西哥城	南部	边境	北部	中部	墨西哥城	南部
全部制造业	1.62	3.91	3.91	– 4.17	– 0.13	3.41	1.97	– 1.16	– 2.85	4.96

续表

产业	1980～1985 年					1985～1993 年				
	边境	北部	中部	墨西哥城	南部	边境	北部	中部	墨西哥城	南部
食品产业	0.76	2.61	0.50	-2.03	-0.55	0.41	-0.16	0.23	-1.91	3.18
纺织服装业	2.74	3.66	3.23	-3.61	-8.03	4.56	3.64	-0.38	-3.73	8.28
木材制品业	3.79	4.58	0.86	-4.89	-1.52	2.08	-3.52	3.44	-4.94	3.89
纸、印刷业	3.18	6.29	6.37	-2.60	-4.86	2.63	3.82	1.05	-2.13	5.67
化学制品业	-2.32	-4.31	10.01	-6.79	11.49	5.84	2.79	-5.27	1.88	1.85
非金属矿物业	-2.11	1.86	5.91	-4.16	4.18	0.54	2.62	1.37	-4.49	4.31
碱性金属业	-3.84	15.97	5.41	-0.29	39.32	-1.00	6.45	-2.20	1.13	11.27
金属制品业	4.38	7.66	1.57	-4.62	6.48	4.66	3.47	-2.01	-5.40	4.31
其他制造业	7.41	22.74	-8.88	-1.52	11.07	2.96	1.28	9.21	-5.50	18.28

资料来源：Hanson G. H. Reginal Adjustment to Trade Liberalization Regional Science and Urban Economics [J]. *Science and Urban Economics*，1998，28：419－444.

表 7－2 描述了 1980～1985 年、1985～1993 年两个时间段墨西哥两位数行业就业的区域平均年增长水平，其中 1980～1985 年是对外开放之前，1985～1993 年是实施对外开放政策阶段。由表 7－2 可知，贸易自由化前后，全部制造业就业在墨西哥边境地区的平均年增长水平由 1.62% 上升至 3.41%，反映出墨西哥边境地区的制造业呈现集中趋势，且发展趋势相对较快。从具体行业来看，纺织服装业、化学制品业、非金属矿物业、碱性金属业、金属制品业等行业在边境区域的就业比重均呈现上升趋势，而食品产业、木材制品业以及其他制造业等行业在边境区域的就业水平处于下降趋势。而原先的集聚中心墨西哥城的两位数行业就业的区域平均年增长水平几乎均处于下降状态，表明随着贸易自由化程度的强化，墨西哥城已经不具备传统的集聚优势，制造业就业人数逐渐向边境地区转移，墨西哥城的中心地位在衰退。需要特别指出的是，除了就业数量由墨西哥城向边境地区转移外，墨西哥南部地区所有产业均呈现就业比重的增长状态，原因可能在于墨西哥南部地区石油资源丰富，又与美国的佛罗里达州相连，具备充分的地缘优势，所以容易依托矿产资源，形成面向佛罗里达州市场出口的产业结构，从而吸引贸易自由化前的墨西哥城的劳动力向南部地区转移。而墨西哥北部和中部地区则不具备明显的集聚态势，两位数行业就

业的区域平均年增长水平总体处于下降状态。

事实上，考察墨西哥贸易自由化前后产业空间布局的变化与产业集聚中心的转移问题，对理解我国东北地区的衰退提供了另外一种角度。在改革开放之前，东北地区作为我国重工业基地，是重工业生产的集聚中心，在全国经济发展中占据重要地位，而随着对外开放政策的推进，东南沿海地区率先享受政策红利，成为外商投资集聚地与进出口贸易集聚地，从而形成制造业集聚中心，导致东北地区的制造业份额逐渐被东南沿海地区吸收，经济增长速度减缓。当然，东北地区的衰退是多种因素共同作用的结果，其衰退原因是复杂多样的，至此也没有形成统一共识，因此对外开放导致的产业集聚中心的转移只不过是其中一方面而已。

三　纽约的经验证据

纽约大都市圈位于美国大西洋海岸的东北部，其核心区域由曼哈顿、布鲁克林、布朗克斯、昆斯和里士满组成，面积大约 828.8 平方公里，当然除核心区域以外，纽约市还包括内环、外环等区域。2011 年，纽约名义 GDP 为 11579.69 亿美元，同比增长 2.5%；实际 GDP 为 10163.5 亿美元，同比增长 1.1%。纽约是全球最繁荣的贸易和金融中心，根据美国联邦政府的调查报告，截至 2013 年底，纽约市的所有财产总值为 879 万亿美元，在世界 500 强企业中，有 73 家企业总部位于纽约，作为世界范围内最具代表性的特大城市，其对全球经济发展尤其是金融业的发展具有不可替代的作用。

因此，纽约作为全球的特大城市，其发展历程对发展中的特大城市具有一定的普遍性和代表性。纽约与中国北京、上海等特大城市的发展在产业结构转型升级、金融业发展、人口布局等方面具备较多相似性，都是经历了由制造业集聚发展向服务业再集聚的转变过程，其发展经验对中国特大城市的发展具有很好的借鉴意义。分析纽约大都市圈产业布局调整和产业再集聚的经验事实，有助于更加深入地理解我国特大城市的发展阶段和发展前景，为特大城市产业再集聚提供政策支持。

自 19 世纪中期开始，随着工业革命的蓬勃发展，纽约市的制造业获得了快速发展的良机，逐步形成以制造业为核心的产业结构，但是由于纽约市自然资源相对匮乏，因而不具备发展重化工业的要素禀赋条件，故该地区形成了以劳动密集型、资本密集型为主要特征的轻工业的制造业体系，也成为推动经济增长的主要动力。

但是自 20 世纪末开始，以制造业为支柱产业的纽约市的发展逐渐面临一系列问题，如环境污染、人口拥挤、交通堵塞等。显然，以制造业为支柱产业的发展模式已经不适合特大城市的可持续发展。要解决特大城市面临的问题，需要产业结构的优化升级。恰在此时，影响未来产业发展的信息技术革命在美国大范围内兴起，具备良好经济发展基础的纽约则成为信息技术革命发生的重要区域。借助于信息技术等高科技的发展，纽约市的产业结构发生根本性变革，制造业在整个国民经济中所占的比重逐渐降低，而信息技术、金融等现代服务业则呈现快速发展的趋势，由此慢慢形成制造业萎缩、服务业蓬勃发展的局面。表 7-3 描述了不同时期纽约市产业分布的区位熵指数和不同产业的就业分布比重。

表 7-3 纽约市产业分布区位熵指数和不同产业的就业分布比重

单位：%

年份	行业	就业分布比重	区位熵指数			
		纽约市	曼哈顿	其他核心地区	内环	外环
1956	制造业	28.2	0.68	1.21	1.17	1.28
	批发业	6.8	1.45	0.83	0.68	0.45
	金融保险不动产业	4.8	1.69	1.46	0.68	0.35
1980	制造业	21.5	0.78	0.86	1.11	1.22
	运输业	9.1	1.02	0.68	0.81	0.71
	批发业	5.1	1.10	0.94	1.12	0.78
	零售业	14.1	0.70	1.10	1.14	1.13
	金融业	9.5	1.95	0.57	0.75	0.62
	商业服务	5.9	1.44	0.66	0.95	0.85
	科学和技术服务业	22.1	0.87	1.18	0.97	1.02
2002	农林渔业	0.20	0.12	0.32	0.94	1.53
	建筑业	6.48	0.33	0.95	0.90	1.10
	制造业	8.48	0.38	0.92	1.13	1.31
	批发贸易	3.73	0.91	1.03	1.08	0.99
	零售贸易	10.65	0.56	1.00	1.11	1.18

续表

年份	行业	就业分布比重	区位熵指数			
		纽约市	曼哈顿	其他核心地区	内环	外环
2002	信息业	5.81	1.84	0.56	0.78	0.84
	房地产和房屋租赁业	3.81	1.49	1.36	0.88	0.65
	科学和技术服务业	9.84	1.69	0.36	0.89	0.93
	行政管理等	11.13	1.06	0.72	1.05	1.04
	教育服务业	22.82	1.31	0.67	0.83	1.07
	医疗与社会救助	7.57	0.73	1.72	0.99	0.88
	艺术与娱乐业	5.02	1.66	0.63	0.87	0.85
	住宿与餐饮业	4.48	1.23	0.86	0.93	0.98
	其他服务业	0.20	1.21	1.06	0.98	0.87

资料来源：邵晖：《城市产业空间结构演变机理》，北京师范大学出版社，2011。

由表 7-3 可以看出，在 1956 年，纽约市的制造业就业分布百分比为 28.2%，到 1980 年，制造业就业分布百分比下降至 21.5%，而到 2002 年已经下降至 8.48%，而相比制造业，服务业的就业比重则均呈现上升态势，且逐渐形成多门类的服务业发展结构，说明纽约市的产业结构呈现制造业衰弱、服务业崛起的发展趋势。从区位熵指数来看，服务业主要集中于曼哈顿地区，而制造业则主要集中于内环、外环。1956 年，制造业的区位熵指数在内环与外环分别为 1.17、1.28，1980 年分别为 1.11、1.22，而到 2002 年分别为 1.13、1.31，制造业在内环与外环地区的分布基本保持稳定不变的态势，说明在该发展阶段，制造业已经较为稳定地集中于边缘地区，内环、外环成为纽约大都市圈制造业的主要布局地。服务业则主要集中于曼哈顿地区，1956 年，批发业、金融保险不动产业的区位熵指数分别为 1.45、1.69，到 1980 年，除零售业（0.70）、科学和技术服务业（0.87）之外，其余服务业产业部门的区位熵指数均大于 1，具备集聚发展优势，在 2002 年，除批发贸易（0.91）、零售贸易（0.56）、医疗与社会救助产业（0.73）外，其余服务业部门的区位熵指数也均大于 1，表明曼哈顿地区的服务业集聚优势明显。

当然，像批发贸易、零售贸易等传统服务业部门虽然在曼哈顿地区的区位熵指数低于临界值，不具备集聚发展优势，但在其他核心区域和内外环还是具备集聚发展的可行性。以 2002 年为例，批发贸易、零售贸易在其他核心区域的区位熵指数分别为 1.03、1.00，在内环的区位熵指数分别为 1.08、1.11，在外环的区位熵指数则分别为 0.99，1.18，基本都具备集聚发展优势。这说明像曼哈顿这类核心区域主要集聚的产业是现代服务业，而传统服务业和制造业一样，已经逐渐在向边缘地区转移布局。

纽约大都市圈的发展经验表明，随着经济总量的扩大和特大城市发展的推进，产业结构转型升级和新一轮主导产业选择成为不可避免的过程，其主要特征就是制造业在产业结构中所占的比重逐渐降低，而服务业尤其是生产性服务业则呈现以特大城市为核心的集聚发展趋势。纽约的发展历程为我国特大城市的发展提供了很好的参考借鉴，在北京、上海、广州等特大城市为核心的城市群中，形成服务业集聚发展模式，尤其是以生产性服务业集聚为核心的发展模式，对城市群产业结构调整和经济持续发展具有强劲的推动作用。

四 国外经验对中国产业再集聚的启示

国外的经验充分证明了产业的集聚不可能是一劳永逸的结果，而是一个动态调整的过程，产业结构的均衡是暂时的，而不均衡是持久的。因而，在经济发展过程中，产业随经济发展的不同阶段而不断调整，尤其是在城市化和工业化的过程中，特大城市都是以初级制造业起步，以中高端制造业升级，以新兴产业替代，因此，"集聚—分散—再集聚"成为永恒的主题。那么，如何实现产业平稳升级，形成产业的再集聚？三国的经验给了我们一定的启示。

第一，特大城市的产业再集聚一定要抓住科学技术发展的机遇。纽约之所以成为世界国际贸易和金融的中心，都是历次抓住了经济发展的机遇。在第二次技术革命中，利用资本和劳动力资源的优势，重点发展以轻工业为支柱的制造业体系，并具备了良好的技术基础，形成了最具国际竞争力的区域。但当城市的发展面临环境污染、拥挤效应凸显、劳动力成本上升、土地价格上涨等问题时，纽约抓住了新技术革命的有利时机，利用信息技术的发展推动了信息产业、互联网和智能产业的发展，进而带动了商务服务、金融与科学技术和服务业等现代服务业的发展。我国的特大城市同样面临着产业的转移，产业的再集聚是必然的趋势，必须抓住新技术革命的机遇，发挥创新型企业的带动和辐射作用，发展成为高新产业的集聚区，由此推动经济的发展。

第二，政府的适时鼓励和政策引导有助于产业的再集聚。英国作为最早的工业化国家，最初以伦敦和曼彻斯特为中心形成了制造业的集聚，当这些地区出现拥挤效应时，利用市场的力量自发地进行了产业的转移，在郊区形成制造业的集聚，而北部和西北部的老工业区的中心城市出现一定程度的衰退，城市集群出现了产业升级乏力、新兴产业群难以生成、劳动力大量外迁等问题。面对这种状况，英国政府采取抑制东南部过度扩张和增进北部、西北部活力为政策目标和着力点的区域政策组合，从而使英国逐渐形成以服务业为主导的产业再集聚模式，彻底改变了工业化初期重工业集聚的"核心－边缘"发展模式。在我国特大城市的再集聚过程中，政府应该在尊重市场经济规律的同时，适时地进行政策引导和鼓励，这样可以加速产业集聚的步伐，有助于快速形成区域竞争力。政府要明确提出所支持的产业、禁止的产业，通过财政补贴和金融支持政策鼓励具有发展潜力的高科技企业和先进的制造业形成新的集聚。

第三，政府的经济发展战略会影响产业集聚。墨西哥通过从进口替代战略到出口导向战略，以及建立北美自由贸易区，使集聚中心从墨西哥城转移到北部边境地区，经济也实现了快速发展。我国的改革开放战略成就了东南沿海制造业的集聚，使珠三角地区和长三角地区成为我国经济的增长极，而东北地区因为经济战略的转移，同时自身未及时调整而衰落。因此，我国特大城市要紧跟国家的发展战略，只有符合国家的发展战略，才会获得发展的机遇，实现经济的可持续发展。十九大明确提出高质量发展的目标，各大城市要根据本地的实际进行谋划，对已经不适合本地发展的产业有计划地转移，以便实现产业的升级，从而实现新的、有潜力的产业再集聚。

在产业再集聚过程中，国家的战略、政府的引导，以及抓住技术革命的机遇都是必不可少的，但所有的产业升级和优化，以及实现产业的再集聚必须以市场作为基础，发挥市场主体的积极作用，让市场机制在产业转移和升级中起决定作用，而政府的有限和适时干预只是辅助作用。

|第八章|
研究结论与政策建议

一　研究结论

经济活动的空间集聚越来越成为现代经济发展的重要特征，产业集聚对经济增长的推动作用也得到了发展现实的检验，因此，在区域内更好地形成产业集聚是促进区域经济增长的重要举措。当然，与产业集聚密切相关的就是产业结构调整，产业结构调整是经济高质量发展过程中不可避免的环节。产业结构调整会导致区域内具体产业的变化，因此也会导致产业集聚的变化，如原来集聚发展的产业可能由于结构调整而外迁，原来没有形成优势集聚地位的产业可能由于政府政策支持、结构调整需要等原因形成新的产业集聚现象。事实上，在产业结构调整过程中所发生的集聚产业的调整，就是进行产业再集聚的过程。通过对产业再集聚内涵与特征的总结、产业再集聚机制的分析，以及中国特大城市产业再集聚与产业升级、典型特大城市及其衍生群产业再集聚空间效应的实证分析，主要得出几点重要结论。

首先，与产业集聚相比，产业再集聚必定伴随着产业结构升级。在经济发展初期阶段，制造业的发展通过产业集聚模式实现规模的扩大和技术水平的提高，这些产业的发展更多集中于上海等特大城市和东北地区，在发展初期基本都形成了制造业集聚或重工业集聚的发展模式。这是由经济发展阶段所决定的，也反映了当时产业结构的基本状况，可以说，经济发展与产业结构相吻合，符合产业空间布局的要求。但是，制造业集聚进程中拥挤效应的出现和产业结构升级的现实，导致产业集聚发展态势发生变化，传统的主导产业逐渐在产业升级的过程中被替代，空间资源将被更具潜力和活力的产业所占据。因此，以生产性服务业和高端制造业为主体的产业集聚将不断发展，即特大城市出现产业再集聚，围绕特大城市发展的产业链不断形成。与此相适应，伴随产业结构变动的城市群如长三角城市群、珠三角城市群也出现经济增长的现象，这些区域的主导产业也历经产业结构的变迁，实现区域产业结构的优化升级。而东北地区没有抓住国家战略转移的机遇，缺乏市场经济发展和开放的理念，只一味地依赖传统的工业生产体系，没能跟上产业结构变迁的节奏，由此很容易成为产业再集聚的边缘地区，导致经济增长滞后。

其次，产业再集聚与产业集聚相比，更多体现在集聚起步阶段的推动力存在差异。产业集聚在刚刚起步阶段，主要是受历史与偶然性因素的影响，使得核心区域在某些方面存在微弱的竞争优势，然后在循环累积因果机制的作用下形成集聚中心，进而使得核心区域的发展优势不断强化；而产业再集聚更多受到预期的影响，鉴于国内外经济和产业发展的实际，既有对全球产业未来发展趋势的预测，也有对自身在国际大市场中的竞争实力的客观评估，当然，政府政策的引导对于各类企业是最重要的预期。相比于产业集聚时期的"摸着石头过河"，产业再集聚发展模式的推进是产业空间布局发展到相对成熟阶段的产物，具备更强的规划性与政策引导性，因此产业再集聚过程会受到更大程度的政府引导。而政府对产业再集聚的引导作用主要体现在政府政策的具体实施，包括财政政策、产业政策、区域信息基础设施政策等，通过政策的引导能有效地弱化历史偶然因素对产业再集聚的作用，发挥预期对产业再集聚的有效性，从而直接对产业再集聚起到催化剂的作用。

再次，产业再集聚是经济和产业结构变迁发展到一定阶段的社会产物。产业升级和产业再集聚必然伴随着日新月异的技术突破和应用，当今，科技革命迅猛发展，科学技术日新月异，以"信息和远程通信""互联网技术应用""纳米技术和新材料应用""新能源和生物电子应用"等为标志的新一轮产业革命正在孕育突破，大量新兴产业和业态蓄势待发，其核心就是工业化和信息化高度融合，主旨在于革新制造模式、创新产业形态、重建生产组织方式，从而使新的产品、新的产业、新的商业业态不断涌现，并成为新的经济增长点。因此，信息技术对产业再集聚的作用尤为突出。信息化的发展对以制造业为主的传统产业集聚带来冲击，导致在一定区域内的知识溢出效应有一定程度减弱，这会在很大程度上降低知识关联对产业集聚的束缚性，从而使作为产业集聚重要作用机制的知识溢出对空间距离的依赖性也有所降低。但是正如上述分析所提到的，知识分为显性知识与默会知识，信息化能够传输的知识也大多数属于可编码的显性知识范畴，绝大多数默会知识的溢出效应仍然必须通过面对面交流的方式才能够实现，尤其是以金融业、科学技术、技术研发与设计、商务管理等为主体的现代服务业对信息具有高度依赖性，其运营和决策过程也对信息有较高的需求，比传统服务业更加需要城市空间上的集中。因此，在信息化迅猛发展阶段，与其说知识溢出是产业再集聚的重要作用机制，不如说默会知识的溢出效应才是其重要作用机制，这种默会知识在任何时期都需要距离上的可接近性。

此外，针对产业再集聚与产业结构升级的研究则表明，制造业再集聚和生产性服务业再集聚均能促进产业结构升级。相比制造业再集聚，生产性服务业再集聚对产业结构升级的影响更大，生产性服务业再集聚每提高1个单位，产业结构优化提升66%左右，而制造业再集聚每提高1个单位，产业结构优化仅能提升6%左右。这也说明，在高质量发展背景下，产业结构调整的重点在于支持和促进生产性服务业和创新型行业等发展壮大，充分发挥产业集聚规模效应，促进本地技术水平提升以及空间资源优化。进一步分析也显示特大城市生产性服务业再集聚和周边城市制造业再集聚均有利于本地产业结构升级。除此之外，在区域异质性上，东部、中部、西部地区的生产性服务业再集聚对产业结构升级作用显著，估计系数均与基准模型结果一致。对于制造业再集聚对本地产业结构升级的作用，区域之间有所差异，东部地区作用显著，中部地区不显著，西部地区与基准模型方向不一致，原因在于东、中、西部在长期发展中，形成了不同的产业发展模式，中心城市和周边城市的联系程度也不一样，东部地区整体的制造业基础较好，中部地区次之，西部地区最差。因此，在高质量发展背景下，新一轮的产业再集聚要注重东、中、西部的均衡发展，同时要利用好各个地区的比较优势，加强区域之间的联系，促进本地产业结构的整体优化和协同发展。

最后，与产业集聚的增长效应一致，产业再集聚的发展对促进区域经济增长具有显著的推动作用。京津冀地区、长三角地区、珠三角地区作为我国经济基础良好、产业集聚发展相对完善的区域，其产业结构升级调整、主导产业重新选择以及产业再集聚均走在全国前列。通过对京津冀地区、珠三角地区、长三角地区以及成渝城市群的面板数据分别进行实证分析，研究结果表明，以现代服务业、高端制造业和生产性服务业为核心的产业再集聚发展模式对区域经济增长具有显著的推动作用。当然，针对各城市群生产性服务业集聚与经济增长的空间相关性开展的研究表明，虽然各城市群产业再集聚能有效促进其经济增长，但空间相关性有待进一步深化，坚持空间依赖的协同发展不可或缺。并且，通过对回归结果的分析，发现珠三角地区生产性服务业的经济增长效应更为强劲，珠三角地区作为我国对外开放战略实施的前沿阵地，是最早接受国际产业转移的区域，其产业结构更加合理，产业升级更加迅速，服务业发展已经相对成熟，这是珠三角地区生产性服务业集聚增长效应更加强劲的原因。长三角地区以上海为中心，形成了生产性服务业的再集聚，这一地区既要进一步发展高端制造业，也要推动现代服务业的再集聚。京津冀地区的协同发展，需要突出北京核心功能的定位，发挥科技对周边地区的引领作用，实现研发和高科技企业的再集聚；发挥天津的港口优势，推动高端装备业的发展；河北要进一步发挥生产要素的优势，加快制造业的发展，从而使这一地区形成相互支撑、相互协调的产业体系，不断延长产业链和价值链，通过新一轮的产业再集聚推动经济增长，释放经济增长的潜力。

除此之外，鉴于上海市作为国际金融中心的重要定位，在考察生产性服务业作为再集聚产业促进长三角城市群经济增长的进程中，着重对长三角地区城市群金融业集聚进行了考察。通过对金融业就业人数和区位熵指数的分析表明，上海、南京与杭州等核心城市的金融业就业人数规模较大，在一定程度上反映出这三个城市在金融发展方面所具备的优势地位；而区位熵指数显示，上海、宁波、镇江、台州的金融业区位熵指数均大于临界值1，反映出这四个城市的金融业具备集聚发展优势。但是，需要特别指出的是长三角地区各地市的金融业集聚程度存在较大差距，以2015年为例，集聚程度较高的城市有上海（1.390）、台州（1.403）、湖州（1.133）、杭州（1.101）等，而集聚程度较低的城市有南京（0.593）、南通（0.554）、扬州（0.455）、绍兴（0.539）、泰州（0.545）等，金融业区位熵指数的差异化表明其集聚趋势的不同，也进一步表明"金融普惠"政策有待进一步推进。针对区域金融中心的研究结果表明，上海定位于国际金融中心，其金融业面向全球化市场，就区域金融增长中心来看，在短期内还是应该集中发展南京，充分发挥南京金融业集聚对区域经济增长的带动作用，而杭州、台州等城市在后期也具备成为金融业区域性集聚中心的潜力，但至少目前其作用还未充分发挥。

二　政策建议

（一）强化区域合作，坚持走区域协同发展道路

第一，推进区域协调发展。党的十九大报告正式提出实施"区域协调发展战略"，强化区域合作，合理分工，形成优势互补的发展格局是促进区域经济协同发展的重要举措，也是建立现代经济体系的重要组成部分。一方面，加强顶层设计，在全面考量各区域之间、区域内部分工和比较优势的基础上，建立区域合作协调工作小组，落实协同发展责任主体。从发展的全局出发，明确区域间与区域内的分工与合作，突出各区域以及区域内各地方的功能定位，积极疏散中心区域非核心功能，发挥核心城市尤其是特大城市的辐射带动作用，形成以核心城市为中心、中小城市为外围的城市群发展策略。在保护中小城市特色的同时，实现其与中心城市错位的协同发展，以延长产业链和价值链，实现产品增值。另一方面，加强东部沿海发达地区对中西部落后地区的对口帮扶，做好各区域之间的联动发展，避免区域之间发展差异扩大化。

第二，积极推进全面深化改革，处理好政府与市场的关系。转变政府职能，加强服务型政府建设，完善市场经济体制，统一市场准入制度，促进市场规则更加公平、开放、透明，更加合理地发挥市场在资源配置中的决定性作用。制定和实施合理有效的区域竞争政策，完善协同发展工作机制，构建各地方政府合作和沟通平台，保持各地政府以及各上下级单位的密切联系。进一步规范各地方政府的竞争行为，各地方政府要摆脱单纯追求自身利益最大化的思想束缚，变零和博弈为合作共赢，积极破除协调发展障碍，避免以产业同构为代表的不合理竞争，对存在地区歧视性和阻碍

要素正常流动的地区性政策规定应予以坚决反对，消除恶性竞争，促进良性合作和竞争。

第三，要贯彻执行"五位一体"总体布局。区域合作不仅涉及经济增长的合作共赢，还要统筹推进文化、卫生、教育、基础设施建设等社会事业的合作与发展，确保全方位的互联互通，促进区域一体化进程。推进基础设施共建共享，规划高效的区域内、区域间交通运输网络，建设国家级乃至世界级的机场群，实现铁路和高速公路区域内全覆盖，大力清除地方保护势力，打破地方市场壁垒，实现各地区间劳动力、资本以及技术等要素的跨地区流动。大力推进公共服务一体化，建立健全基本公共服务均等化，实现区域内基本公共服务无差别供给。尤其是京津冀地区，北京地区在教育资源、医疗资源、科研资源等公共基础服务上相比天津和河北地区存在巨大优势，这种公共服务在地区间的巨大不均等对吸引外资、人才引进、技术创新、产业升级等会造成很大影响，因而要积极发展较不发达地区的公共服务和基础设施建设，缩小地区间公共服务差距。应进一步发挥政府主导作用，建立区域基本公共服务调度平台，通过合理统筹和整体安排，进一步实现教育资源、医疗资源、科研资源等在区域内的充分流动，避免资源不均和资源浪费问题，实现公共资源的最佳配置。要充分发挥社会组织的作用，充分利用社会组织作为第三方在处理政府和市场间关系的优势，进一步加强社会组织自身建设，提高政府与社会组织间合作的水平，进一步改善公共服务质量。

但需要注意的是，现有研究资料表明区域经济一体化进程的推进会更有利于发达地区，即经济发展落后地区存在沦为发达地区原材料产地和产品市场的风险。因此，在合作发展的过程中要坚持走区域协同可持续发展道路，避免牺牲本来就已经落后地区的经济增长，以此来换取发达地区的进一步增长，比如欧盟就根据《马斯特里赫特条约》设立结构资金和新凝聚资金，用以支持经济一体化进程中落后地区的基础设施建设，实现协同发展。尤其是京津冀地区更应该注重协同发展，长三角地区和珠三角地区受对外开放政策影响较深，其市场化发展更加完善，其核心城市的扩散效应更加显著，而相比之下，京津冀地区在政府政策的指引下推进协同发展进程，很容易导致北京、天津成为经济核心，而河北地区彻底沦落为外围地区，由此产生更大的发展差距。因此，强化北京、天津对河北省更多城市的扶持和产业定向转移也是促进京津冀协同发展，避免出现"马太效应"不可或缺的重要举措。

（二）坚持结构优化，实现产业结构转型升级

第一，产业结构优化升级是产业再集聚的题中应有之义。产业再集聚主要是指特大城市在实现以生产性服务业为代表的产业结构转型升级后的高端产业的重新集聚。一方面，在促进产业结构转型升级的进程中，要加强政府在产业结构优化升级中的政策引导，构建合理的产业政策体系，努力营造良好的市场环境，积极扶持新兴产业。从全球经济发展历程来看，伴随着经济增长由要素驱动向创新驱动的转变，传统主导产业在特大城市的衰退和向外转移是大趋势，而大多数新兴产业在发展初期具有一定的脆弱性，通过产业集群的形式促进较为脆弱的新兴产业的发展是一条有效的途径。因此，各地区要立足于自身的优势资源和功能定位，优化产业布局，明确产业分工，促进具有自身特色的优势产业进一步集群式发展。另一方面，要实现特大城市的产业再集聚，营商环境必须做到软硬件双管齐下。基础设施建设对区域产业结构优化升级至关重要，要完善与产业结构优化升级相配套的基础设施建设，全面提高基础设施服务效率，促进要素在地区间的自由流动，积极发展交通网络，提高教育、医疗、环保等资源的规模与质量，建设高水平的公共服务体系，建立健全相关法制建设，构建吸引高端企业的外部环境，逐步形成完善的产业生态链。要进一步规范政府行为，建立高效的政府公共投资机制，将政府公共投资与产业结构优化升级紧密结合。

第二，因地制宜，创造自身特色。各区域不能盲目追求技术自主创新，要循序渐进，根据要素禀赋确定产业结构调整战略，确立符合自身条件的创新体系。很多城市往往不顾或高估自身的技术水平和要素积累，盲目追求技术自主创新，提出不符合本地区条件的产业发展战略，使很多符合本地特点的产业被迫转移，给本地区的企业和政府造成很大的成本。而由于技术更新换代较快，往往这种高成本并不会带来高回报。对于较落后地区，更应正视自身存在的产业水平低、高端人才不足等问题，从技术引进到自主创新逐渐过渡，制定符合地区要素禀赋的创新体系。而对于中心城市，应大力培养自主创新能力，建立合理高效的创新体系。自主创新能力的提高是产业转型升级不可或缺的助推力，政府和企业要积极落实从要素驱动向创新驱动的转变，提高产业自主创新能力，完善创新体系，通过出台相应法律法规来健全产权保护机制，鼓励企业突破核心技术，依托高校、科研机构、大型企业整合创新资源，通过产学研等形式做大做强高端产业，加大人才培育力度，放宽对劳动力流动的限制，吸引高端人才参与地区的生产经营活动和科技研发活动，真正实现高端产业的再集聚。

第三，建立健全良好的信用体系。要进一步完善市场经济体制，健全社会信用制度，建立良好的上市公司筛选制度，为资本市场的发展营造良好的环境，提高资本在产业结构优化升级时的配置效率。要加强金融体系对产业发展的推动作用，发挥好资本市场对产业结构优化升级的促进作用，改革金融体系，使稀缺的资本要素实现高效配置，逐渐改变对国有大中型企业的独惠机制，建立金融的普惠制，避免信贷资源在产能过剩产业的重复集中浪费，拓宽新兴产业的融资渠道，制定产业扶持政策，发挥政策优势，积极引导资本扶持新兴产业，从而解决产业结构优化升级的资金问题。

除上述外，由于大多数新兴产业的成长具有一定的脆弱性，新兴产业对产业政策的依赖性很大，因此政府要建立健全高效监督机制，同时加强社会对政府的监督，避免在产业政策制定过程中因出现寻租行为和权力滥用而导致产业政策低效率，最大限度地发挥好产业政策的作用。

第四，产业升级不仅是三次产业间的变迁，更重要的是产业内部的合理优化。需要明确的是，产业再集聚过程中的产业升级不仅包括三次产业间的升级，即由生产要素第一产业向第二产业、第三产业的转移，还应该包括三次产业内部的结构调整，即由传统农业向现代农业转变，由传统制造业向高端制造业转变，由传统服务业向生产性服务业转变，因此产业内部升级也是产业调整升级的重要内容。无农不稳、无工不强、无商不富，因此，重视三次产业内部的结构调整也是释放结构红利的重要举措。在产业升级和再集聚过程中，各地要错位发展。我国作为一个发展中的大国，要建立起完整的经济体系，才能在国际竞争中占据有利地位，要坚决避免各地在产业升级中盲目地推进产业结构的高度化，因为离开产业结构合理化的高度化是"虚高"，不利于经济增长，也不利于产业的合理布局，更可能导致大规模失业问题。

（三）积极推进生产性服务业集聚发展

服务业发展已经成为国民经济发展的重要组成部分，产值已超过 GDP 的一半，而由制造业分工细化分离出的生产性服务业更是发挥着举足轻重的作用，是推动制造业上水平的关键。因此，推进生产性服务业集聚发展，是推动产业结构升级、摆脱服务业整体发展水平落后局面的必经之路。

首先，要从供给侧入手，积极出台相关的政策规划，把发展生产性服务业作为政府部门的重要战略举措，实现生产性服务业与制造业的互动融合发展，延长制造业和服务业的相关产业链条。一是加大政府财政支持，积极引导民间资本投入生产性服务业，提高对外开放程度，积极吸引外商投资，拓宽生产性服务业融资渠道。对于一些较脆弱的生产性服务业，可以提供一定的优惠政策，降低企业成本，促进行业健康发展。二是要以高新技术企业为基础，依托高校资源，吸引高端人才，打造适合地区条件的创新体系，进一步鼓励民营企业在生产性服务业中创业创新，增强生产性服务业活力。三是完善人力资源管理体系，建立一批多层次的岗位培训学校，积极发展职业教育，培养专业化人才，进一步建设人才中介服务机构，引导专业人才与相适企业结合，提高人力资源的配置效率。四是抓住新产业革命发展的机遇，主动利用互联网的飞速发展，协调整合物流、信息流、资金流，加大人力资本开发，构建完备的基础设施平台，进而推进生产性服务业集聚发展，融入现代经济体系。五是清除地方保护势力，打破地区隔阂，促进要素在地区间的自由流动。六是完善相关法律法规，逐步降低生产性服务业的进入门槛，打破生产性服务业的行业垄断，严厉打击寻租行为，注重保护知识产权，为生产性服务业营造良好的法律环境，促进生产性服务业的健康发展。同时，政府在做土地规划时要充分考虑生产性服务业的潜在发展需求，逐渐外迁或关停不符合城市定位的高污染、高能耗、高占地面积的落后企业，保证生产性服务业良性发展的用地需求，提高土地的利用率，防止土地浪费，也要注意加大对土地审批的审查力度，严防打着发展生产性服务业旗号而开展的圈地行为。

其次，还要从需求侧入手，促进经济增长由主要依靠投资和出口拉动逐步转向以消费需求为主导，要注重利用国内的巨大市场，积极开发国内市场，加强国内需求对产品生产的需求和经济增长的拉动作用，尤其是注重挖掘农村人口的需求，通过一系列惠农利农政策增加农村人口收入，引导农村潜在需求的释放。并进一步加强对外开放，鼓励本土企业走出去，推动本土企业逐步融入国际市场，主动纳入国际分工体系和服务体系，加强国际交流，吸取国外先进经验，打造国际品牌，增强国际竞争力，扩大生产性服务业的国内国外市场需求，从而刺激生产性服务业集聚发展。当然，生产性服务业发展应该是建立在产业结构完善的基础之上，努力推动生产性服务业集聚发展并不意味着对制造业的漠视，而是追求生产更加有国内外市场需求的产品，如果单纯地追求生产性服务业的发展，就会导致产业结构的虚高度化，既不利于生产性服务业的再集聚，也不利于制造业的发展。

最后，各地区在发展生产性服务业的过程中一定要因地制宜，发展符合本地区要素禀赋、发展阶段的生产性服务业。对于较落后地区，应优先发展与本地区优势产业相适应的生产性服务业，引导这些生产性服务业进行专业化集聚，培育龙头企业，要着重突出地区的生产特色和技术积累，做到"人无我有，人有我专"，实现各地方错位发展。而对于发展阶段较高的发达地区，在引导生产性服务业集聚、扶持重点生产性服务业的同时，要大力提高生产性服务业的多样化水平，打造高水平、大规模的生产性服务业集聚群。进一步构造交流平台，保持各地方政府的密切联系，对于成功的经验，要相互学习、相互借鉴，完善生产性服务业区域内协调发展机制，促进生产性服务业在区域内互补式发展，防止地区间生产性服务业的恶性竞争。

（四）发挥政府政策的引导作用，实现资源有效配置

实现资源的有效配置，降低资源错配所带来的经济效率的损失，这不仅需要充分发挥市场机制的作用，还需要加强政府的积极引导，有效发挥政府作用。

首先，避免政府"越位"。很多时候，政府对资源配置干预的出发点是好的，但往往没有掌控好干预的力度，反而适得其反，造成诸如政府投资领域过多、财政补贴向国有企业倾斜严重、审批程序烦琐导致的效率低下等问题。因而各级政府一定要明确政府干预是为了弥补市场失灵，而不

是取代市场机制，在市场机制可以发挥作用的领域，要减少甚至取消政府的微观调控，避免政府的过度干预，防止可能出现的寻租行为，从管理型政府逐步过渡为服务型政府。其中最重要的就是对政府职能进行合理界定，在对政府职能进行界定时，尤其要避免政府部门直接参与市场经济活动。因此，要通过立法等手段明确各级政府职能边界，建立长效监督机制，严厉打击政府的过度干预，严防寻租行为，积极推行简政放权，尽可能裁撤或合并不必要的部门，缩减政府规模，适当控制政府开支。

其次，避免政府部门"失位"。在需要政府积极发挥作用的领域，比如基础设施建设、社会保障完善、就业指导以及社会安全等领域，政府部门不能"隐身"和相互推诿，需要积极"作为"。政府应致力于积极提供高水平的公共服务平台，健全相关法律法规，营造公平高效的市场环境，进而提高资源配置效率和社会福利水平。

再次，适度开展公私合作。通过政府与社会资本的适度合作，进一步提高整个社会的资源配置效率和基础设施的经营效率。增强与企业的协商交流，做好政府监督，及时将行业发展现状、产能利用情况等信息公开，以利于投资者做出更理智的决策，避免产能过剩，积极推进供给侧结构改革，实现资源有效配置。加强政策引导，将技术、资本以及劳动力等资源引入新兴产业，加快产业结构转型升级，鼓励自主创新，保护知识产权，积极吸纳人才，高效配置资源。

最后，加强政府自身能力建设。政府自身能力建设的加强，有助于提高政府的清廉、防腐能力，对于增强公共决策的科学性、民主性以及合法性都发挥着重要的作用。对于那些借助违法手段干预公共决策的利益集团，应该依法取缔，严厉打击，保证以人民群众为核心的社会公共利益。政府"失位"也体现在政府部门支出精准度低，一些地方政府在面对经济运行的问题时缺乏经验，尽管积极出台各项政策和补贴，但政府支出精准度低，导致一些需要政府支出的领域未获得精准补贴，进而导致资源配置的低效率。另外，政府也应注意市场配置资源在提高效率的同时可能导致的收入差距扩大，需要政府因时制宜地适度发挥作用，保证社会公平和稳定。

总之，各级政府要有所为、有所不为，明确何所为、何所不为。在坚持市场在资源配置中起决定性作用的前提下，明确政府职能边界，逐步完善政府与市场的分工合作关系，既要加强政策引导，完善基础设施建设，营造良好市场环境，适度开展与社会组织和企业的合作，又要避免政府对资源配置的过度干预，打击寻租行为和权力滥用，进而提高资源的配置效率。

（五）加强技术创新，实现创新驱动

科学技术是第一生产力，加强技术创新是实施创新驱动战略、促进产业结构转型升级的基础，也是实现经济增长由要素驱动向创新驱动转变的重要举措。政府应在支持基础研究、高科技的大额经费投入研究等科研活动发展中积极发挥主导作用，建立政府科研预算制度，加大政府科研经费投入，明确政府科研投入经费的分配使用方向，保证优势领域和未来重点领域的科研经费充足，加强科研经费使用监管力度，杜绝学术腐败，提高科研经费使用效率，调动科研人员的工作积极性。制定符合各地区要素禀赋的创新发展战略，确定主导产业，有计划地扶持一批重点创新企业，形成一套完善的技术创新管理体系。

政府和企业要积极引进国外先进技术，增进国际交流，促进对引进技术的消化和吸收，重视模仿创新，以利于在较短时间内快速缩小与国际先进技术水平的差距，为自主创新奠定基础。更要加大技术创新投入与人才引进力度，提高自主创新能力，鼓励企业积极掌握核心竞争力，打破发达国家在高端产业的垄断地位，努力融入国际产业价值链的高端环节，推进企业生产向微笑曲线的研发和营销环节拓展，努力打造自主品牌，坚持以市场为导向，实现技术创新与产业转型升级相结合，引领产业前沿，积极开拓国内外市场，实现企业创新链与产业链的有机结合。积极进行产学研相结合，定期举行新技术展览推广会，为科研成果的转化提供有效途径。政府要紧紧围绕企业自主创新活动，构建与自主创新活动相配套的基础设施，完善交通、通信、电力等基础设施，提供高质量的基础设施服务，促进要素的自由流动，增强企业自主创新能力。提供保证企业自主创新的法律环境，完善知识产权保护制度，加大对窃取创新成果行为的打击力度，保护企业的创新成果，完善创新企业税收制度，对创新企业适当减税，保护脆弱的新兴创新企业。

同时，要进一步完善融资市场，拓宽融资渠道。由于技术创新是一项

高投入、高风险、长周期的活动，其对融资的依赖性很大。而我国现有的企业融资方式导致资本投入倾向于国有企业，民营企业融资困难，创新投入捉襟见肘，这显然不利于自主创新活动的开展。政府在加强创新企业帮扶的同时，要积极拓宽创新企业的融资渠道，重视吸纳海外直接投资，积极引导资本流入高技术产业，鼓励产品研发，健全技术创新激励机制。充分发挥企业家在自主创新活动中的能动性，加强培育企业家创新精神，在社会上营造尊重创新企业家的氛围，鼓励企业家的创新行为。加大人才培养力度，尤其是发达地区，可以依托高校、研究所、高科技企业，培养一批高素质技术人才，同时积极引进海外高技术人才，建立人才长效激励机制，加强人才集聚，打造高端产业集聚地，夯实技术创新基础，实现经济的长期稳定增长。尤其是珠三角城市群和长三角城市群已经在对外开放和国际产业转移浪潮中占据先机，其现有产业结构会受到边远地区低成本要素投入的竞争，转型升级迫在眉睫，因此，只有强化自主创新能力，通过创新带动产业转型升级才能避免陷入"两难境地"，最终实现整体区域经济转型。

（六）增强微观主体活力，发挥企业主观能动性

企业是产业再集聚重要的微观基础，也是经济发展的源泉，微观主体的竞争力和活力直接影响着产业再集聚的水平，对实现经济高质量发展至关重要。因此，在产业再集聚的过程中，应增强微观主体活力，发挥企业主观能动性。

第一，科学地进行企业选址或直接投资。首先，产业再集聚伴随着原有产业的疏散与新产业的重新集聚，企业不可避免地需要进行重新选址或者直接投资的抉择。在这过程中，企业首先要切忌重复建设的冲动和求大求全的心理，应重视对集聚区内部企业关系进行调研，实现错位发展，避免产业集聚区内部企业的无序恶性竞争。其次，信息技术的蓬勃发展使企业的空间阻碍性大幅度减弱，原材料、劳动力等传统区位因子的限制性逐渐减弱，信息、技术、人才、资金等因素逐渐成为企业区位选择的考虑因素。企业在产业再集聚过程中，应超越"第一自然""第二自然"等传统思维，对时间等经济发展新空间动力予以更多的思考。最后，有能力的大中型企业应认识到全球经济治理体系正在发生重大调整和深刻变革，习近

平总书记基于"提高对外开放的质量和发展的内外联动性"提出的"一带一路"倡议，是对对外开放思想的最新诠释。在"一带一路"沿线国家中，大部分国家的产业集聚程度和工业化水平要低于我国，那些存在优质过剩产能的企业，在产业再集聚过程中，可以考虑将总部保留在原集聚区内，在技术更为先进、经验更为丰富的发达地区设立研发部门，而将生产工厂适当地转移出去。

第二，有效地提升企业自主创新能力。当前，世界创新强国排在首位的是美国，紧随其后的是英国、日本、法国、德国。中国企业能否实现创新，不仅决定着其能否在产业再集聚的大势中抓住机会，也决定着中国经济的未来。产业集聚区内的企业在专业化生产、人力资本集聚等方面具有优势，在发展的过程中，应意识到企业创新不仅在于技术创新，观点创新和市场创新同样重要，这也对企业提出了更高的要求。首先，企业应对政策体制、法律体制等宏观环境实现动态追踪，现阶段无论是国家层面还是地方层面，都在融资渠道、财政税收、成果转化等方面对企业发展予以政策支持，这些政策有效地降低了企业创新成本。但由于信息不对称性的存在，很多企业未能充分利用政策红利，从而限制了企业创新水平的提升。其次，鼓励校企间联合研发和企业间纵向合作研发，高校在研究环境、人才队伍等方面具有优势，且具有实现科技成果转化的动力，而企业则能够直接把握产业动态和社会需求，二者联合研发是一种有效节约研发支出的方式，可以切实提高企业创新水平；不同于企业横向合作研发要受到产业平均溢出水平的制约，且具有较高的研发风险，企业间的纵向合作研发强调知识的综合利用，更有助于溢出效应内部化，不失为提升企业创新效率的有效措施。最后，企业应加强内部管理，建立有助于自主创新的管理体制，逐渐构建起符合企业发展实际情况的决策机制、激励约束机制等机制体系，增强企业和员工自主创新的内生动力。

第三，注重企业家作用的发挥。企业家因为其独特的异质性与稀缺性，不仅是企业的核心竞争力，更是经济增长的动力源泉和发动机。产业再集聚过程伴随着人力资本的集聚，企业家作为最高层次的人力资本，在企业内部受到利益分配形式和经济组织形式等权责机制的影响，而联结利益相关者、中层管理者、研发人员和普通职工；在企业外部受到宏观政策、合作与竞争、供求关系的影响，而联结政府各相关部门、同行业企业、上下游企业以及消费者。因此，企业应注重企业家作用的发挥。具体而言，首先，完善企业家激励约束机制，在综合运用绩效付酬制、股票期权制、年薪制等分配方式对企业家进行激励的同时，通过董事会和监事会，以及第三方审计、会计等中介对企业家实行常态化考核与监督。其次，加快企业家市场化进程，消除企业家晋升与流动的制度障碍，通过企业家信息平台，尝试以公开选聘制替代委任制，增强企业家之间的竞争，以提升企业家能力。最后，在注重企业家能力培养的同时，强化精神激励作用，提升企业家对企业的责任感、认同感和忠诚度。

参考文献

［1］ 安虎森：《新经济地理学原理》，经济科学出版社，2009。

［2］ 薄文广：《外部性与产业增长——来自中国省级面板数据的研究》，《中国工业经济》2007 年第 1 期。

［3］ 陈超美等：《CiteSpace Ⅱ：科学文献中新趋势及新动态的识别及可视化》，《情报学报》2009 年第 3 期。

［4］ 陈建军、胡晨光：《产业集聚的集聚效应——以长江三角洲次区域为例的理论和实证分析》，《管理世界》2008 年第 6 期。

［5］ 陈建军、夏富军：《垂直分工、产业集聚与专业化优势——兼论长三角地区的制造业优势格局》，《南通大学学报》（社会科学版）2006 年第 5 期。

［6］ 陈立泰、张祖妞：《服务业集聚与区域经济增长的实证研究》，《山西财经大学学报》2010 年第 10 期。

［7］ 程中华、刘军：《产业集聚、空间溢出与制造业创新——基于中国城市数据的空间计量分析》，《山西财经大学学报》2015 年第 4 期。

［8］ 段先胜、杨秋梅：《外国直接投资》，上海人民出版社，1993。

［9］ 樊福卓：《中国工业的结构变化与升级：1985—2005》，《统计研究》2008 年第 7 期。

［10］ 樊士德、沈坤荣、朱克朋：《中国制造业劳动力转移刚性与产业区际转移——基于核心 - 边缘模型拓展的数值模拟和经验研究》，《中国工业经济》2015 年第 11 期。

［11］ 范剑勇：《产业集聚与地区间劳动生产率差异》，《经济研究》2006 年第 11 期。

［12］干春晖、郑若谷、余典范：《中国产业结构变迁对经济增长和波动的影响》，《经济研究》2011 年第 5 期。

［13］高凤莲、段会娟：《产业集聚与经济增长研究综述》，《科技进步与对策》2010 年第 24 期。

［14］管驰明、孙超玲：《新时期服务业集聚研究——机理、影响及发展规划》，东南大学出版社，2013。

［15］郭晔：《我国三大经济区的发展比较——基于城市与区域集聚效应的面板数据分析》，《中国工业经济》2010 年第 4 期。

［16］韩峰、柯善咨：《追踪我国制造业集聚的空间来源：基于马歇尔外部性与新经济地理的综合视角》，《管理世界》2012 年第 10 期。

［17］韩锋、张永庆、田家林：《生产性服务业集聚重构区域空间的驱动因素及作用路径》，《工业技术经济》2015 年第 7 期。

［18］郝寿义、范晓莉：《贸易自由化、企业异质性与空间集聚——探寻中国经济增长影响因素的经验研究》，《西南民族大学学报》2012 年第 7 期。

［19］何奕、童牧：《产业转移与产业集聚的动态与路径选择——基于长三角第二、三类制造业的研究》，《宏观经济研究》2008 年第 7 期。

［20］洪娟、谷永芬：《城市群内产业集聚与区域经济发展——基于长三角 25 市动态面板数据的分析》，《江西社会科学》2012 年第 3 期。

［21］胡晨光、程惠芳、俞斌：《"有为政府"与集聚经济圈的演进——一个基于长三角集聚经济圈的分析框架》，《管理世界》2011 年第 2 期。

［22］黄利春：《要素集聚视角下广东"双转移"的效应研究》，《现代管理科学》2012 年第 11 期。

［23］季书涵、朱英明、张鑫：《产业集聚对资源错配的改善效果研究》，《中国工业经济》2016 年第 6 期。

［24］金碚：《关于"高质量发展"的经济学研究》，《中国工业经济》2018 年第 4 期。

［25］金煜、陈钊、陆铭：《中国的地区工业集聚：经济地理、新经济地理与经济政策》，《经济研究》2006 年第 4 期。

[26] 金中坤、潘镇：《生产率异质性、东道国因素与企业海外投资区位选择》，《中国流通经济》2019 年第 9 期。

[27] 柯丽菲：《新经济地理学视角下生产性服务业集聚影响因素的国际比较研究》，《学术论坛》2016 年第 10 期。

[28] 柯善咨、赵曜：《产业结构、城市规模与中国城市生产率》，《经济研究》2014 年第 4 期。

[29] 〔德〕沃尔特·克里斯塔勒：《德国南部中心地原理》，常正文等译，商务印书馆，2010。

[30] 赖永剑：《集聚、空间动态外部性与企业创新绩效——基于中国制造业企业面板数据》，《产业经济研究》2012 年第 2 期。

[31] 李光德：《港珠澳大桥建设、运输成本降低与大珠三角产业转移研究——一个新经济地理学分析框架》，《当代财经》2011 年第 8 期。

[32] 李国平、张杰斐：《京津冀制造业空间格局变化特征及其影响因素》，《南开学报》（哲学社会科学版）2015 年第 1 期。

[33] 李金昌、史龙梅、徐蔼婷：《高质量发展评价指标体系探讨》，《统计研究》2019 年第 1 期。

[34] 李金滟、宋德勇：《专业化、多样化与城市集聚经济——基于中国地级单位面板数据的实证研究》，《管理世界》2008 年第 2 期。

[35] 李世杰、胡国柳、高健：《转轨期中国的产业集聚演化：理论回顾、研究进展及探索性思考》，《管理世界》2014 年第 4 期。

[36] 李世杰、李凯：《地方政府行为、企业选址与产业集群形成——转轨期中国产业集群现象的一个思考》，《学习与实践》2011 年第 10 期。

[37] 李伟铭、黎春燕：《后发地区产业集群发展的理论模型与案例研究——基于政府扶持的视角》，《华东经济管理》2014 年第 1 期。

[38] 李耀尧、邱永华：《从产业演化视角看产业集聚理论的最新进展》，《云南财经大学学报》2011 年第 5 期。

[39] 梁琦：《产业集聚论》，商务印书馆，2004。

[40] 梁琦：《分工、集聚与增长》，商务印书馆，2009。

[41] 梁琦、黄卓：《空间经济学在中国》，《经济学》（季刊）2012 年第 4 期。

[42] 梁琦、李晓萍、吕大国：《市场一体化、企业异质性与地区补贴——一

个解释中国地区差距的新视角》，《中国工业经济》2012 年第 2 期。

[43] 梁琦、詹亦军：《产业集聚、技术进步和产业升级：来自长三角的证据》，《产业经济评论》2005 年第 2 期。

[44] 梁炜、任保平：《中国经济发展阶段的评价及现阶段的特征分析》，《数量经济技术经济研究》2009 年第 4 期。

[45] 梁兴辉、高冬冬、逯相雪：《城市产业专业化与多样化对经济增长的影响研究》，《商业经济研究》2018 年第 4 期。

[46] 林秀丽、赵佳：《产业集聚与城市经济增长——基于广东 21 个地级市面板数据的分析》，《产业经济评论》2016 年第 2 期。

[47] 刘军、徐康宁：《中国工业聚集的历史研究》，《东南大学学报》（哲学社会科学版）2009 年第 5 期。

[48] 刘满凤、谢晗进：《我国工业化、城镇化与环境经济集聚的时空演化》，《经济地理》2015 年第 10 期。

[49] 刘晴、孙景、苏理梅：《国别集聚、不确定性与异质性企业出口行为》，《国际贸易问题》2020 年第 1 期。

[50] 刘伟、蔡志洲：《产业结构演进中的经济增长和就业——基于中国 2000—2013 年经验的分析》，《学术月刊》2014 年第 6 期。

[51] 刘伟、张辉：《中国经济增长中的产业结构变迁和技术进步》，《经济研究》2008 年第 11 期。

[52] 刘修岩：《产业集聚与经济增长：一个文献综述》，《产业经济研究》2009 年第 3 期。

[53] 刘哲明：《产业集聚过度、技术创新与产业升级——基于珠三角产业集群的研究》，《特区经济》2010 年第 8 期。

[54] 陆军、徐杰：《金融集聚与区域经济增长的实证分析——以京津冀地区为例》，《学术交流》2014 年第 2 期。

[55] 路江涌、陶志刚：《中国制造业区域聚集及国际比较》，《经济研究》2006 年第 3 期。

[56] 吕景春：《珠三角产业集聚：发展路向与战略选择》，《改革与战略》2006 年第 1 期。

[57] 吕铁、周叔莲：《中国的产业结构升级与经济增长方式转变》，《管理世界》1999 年第 1 期。

［58］ 罗能生、谢里、谭真勇：《产业集聚与经济增长关系研究新进展》，《经济学动态》2009 年第 3 期。

［59］ 毛艳华：《珠三角产业集群成长与区域经济一体化》，《学术研究》2009 年第 8 期。

［60］ 〔美〕埃德温·S. 米尔斯主编《区域和城市经济学手册》第 2 卷《城市经济学》，郝寿义等译，经济科学出版社，2003。

［61］ 〔美〕彼得·尼茨坎普主编《区域和城市经济学手册》第 1 卷《区域经济学》，安虎森等译，经济科学出版社，2001。

［62］ 〔美〕吉尔斯·杜兰顿、约翰·弗农·亨德森、威廉·斯特兰奇主编《区域和城市经济学手册》第 5 卷，郝寿义等译，经济科学出版社，2017。

［63］ 〔美〕约翰·弗农·亨德森、〔比〕雅克－弗朗索瓦·蒂斯主编《区域和城市经济学手册》第 4 卷《城市和地理》，郝寿义等译，经济科学出版社，2012。

［64］ 聂普焱、苏银珊：《珠三角产业集聚与城市技术创新的实证研究》，《现代管理科学》2012 年第 11 期。

［65］ 潘文卿、刘庆：《中国制造业产业集聚与地区经济增长——基于中国工业企业数据的研究》，《清华大学学报》（哲学社会科学版）2012 年第 1 期。

［66］ 齐元静、杨宇、金凤君：《中国经济发展阶段及其时空格局演变特征》，《地理学报》2013 年第 4 期。

［67］ 任保平、文丰安：《新时代中国高质量发展的判断标准、决定因素与实现途径》，《改革》2018 年第 4 期。

［68］ 芮宏：《珠三角产业集群可持续发展与公共政策选择》，《广西民族大学学报》（哲学社会科学版）2009 年第 5 期。

［69］ 邵晖：《城市产业空间结构演变机理——基于分工视角的研究》，北京师范大学出版社，2011。

［70］ 师博、任保平：《中国省际经济高质量发展的测度与分析》，《经济问题》2018 年第 4 期。

［71］ 世界银行：《1997 年世界发展报告：变革世界中的政府》，中国财政经济出版社，1997。

[72] 舒元、杨扬:《城市间产业集聚与产业分工演化——基于1998~2007年广东省城市工业发展的实证分析》,《国际经贸探索》2009年第2期。

[73] 宋振东、雷宏振、谢攀:《产业专业化、多样化与产业增长关系研究——基于陕西省32个行业面板数据》,《统计与信息论坛》2017年第11期。

[74] 宋志刚、韩峰、赵玉奇:《生产性服务业的集聚效应与经济增长——基于中国地级城市面板VAR分析》,《技术与创新管理》2012年第1期。

[75] 苏小莉、孙玉琴:《中国异质性企业OFDI区位选择的实证分析——基于东道国技术限制角度》,《经济与管理》2017年第3期。

[76] 孙畅、王纯、张晴云:《创新价值链视域下技术创新与生产性服务业集聚的空间交互效应研究》,《科技进步与对策》2018年第22期。

[77] 孙楚仁、陈瑾:《企业生产率异质性是否会影响工业集聚》,《世界经济》2017年第2期。

[78] 孙久文等:《"建立更加有效的区域协调发展新机制"笔谈》,《中国工业经济》2017年第11期。

[79] 孙浦阳、韩帅、许启钦:《产业集聚对劳动生产率的动态影响》,《世界经济》2013年第3期。

[80] 孙浦阳、韩帅、张诚:《产业集聚结构与城市经济增长的非线性关系》,《财经科学》2012年第8期。

[81] 孙祥栋、张亮亮、赵峥:《城市集聚经济的来源:专业化还是多样化——基于中国城市面板数据的实证分析》,《财经科学》2016年第2期。

[82] 孙晓华、郭旭、王昀:《产业转移、要素集聚与地区经济发展》,《管理世界》2018年第5期。

[83] 唐树伶:《京津冀协同发展背景下河北省产业承接效应》,《中国流通经济》2016年第6期。

[84] 唐运舒等:《产业转移对产业集聚的影响——基于泛长三角制造业的空间面板模型分析》,《系统工程理论与实践》2014年第10期。

[85] 陶攀、荆逢春:《中国企业对外直接投资的区位选择——基于企业异质

性理论的实证研究》,《世界经济研究》2013年第9期。

[86] 藤田昌久、保罗·克鲁格曼、安东尼·J. 维纳布尔斯:《空间经济学:城市、区域与国际贸易》,梁琦主译,中国人民大学出版社,2005。

[87] 汪浩瀚、徐建军:《市场潜力、空间溢出与制造业集聚》,《地理研究》2018年第9期。

[88] 王缉慈:《创新的空间——企业集群与区域发展》,北京大学出版社,2001。

[89] 王缉慈:《现代工业地理学》,中国科学技术出版社,1994。

[90] 王缉慈编著《现代工业地理学》,中国科学技术出版社,1994。

[91] 王曼怡、赵婕伶:《金融集聚影响京津冀产业结构升级研究》,《国际经济合作》2016年第5期。

[92] 王晓硕:《经济集聚的形成与效应研究》,东北财经大学出版社,2016。

[93] 王岩:《京津冀地区经济的时空特征及对协同发展的思考》,《价格理论与实践》2016年第11期。

[94] 王玉海、何海岩:《产业集群与京津冀协调发展》,《中国特色社会主义研究》2014年第4期。

[95] 魏后凯:《改革开放30年中国区域经济的变迁——从不平衡发展到相对均衡发展》,《经济学动态》2008年第5期。

[96] 魏敏、李书昊:《新时代中国经济高质量发展水平的测度研究》,《数量经济技术经济研究》2018年第11期。

[97] 文东伟、冼国明:《中国制造业产业集聚的程度及其演变趋势:1998~2009年》,《世界经济》2014年第3期。

[98] 文玫:《中国工业在区域上的重新定位和聚集》,《经济研究》2004年第2期。

[99] 邬滋:《集聚结构、知识溢出与区域创新绩效——基于空间计量的分析》,《山西财经大学学报》2010年第3期。

[100] 吴福象、杨婧:《产业集群的生命周期及其演化机制——基于开放条件下长三角重点制造业的实证分析》,《华东经济管理》2016年第9期。

[101] 吴亚菲、孙淼:《长三角城市群经济增长和产业集聚的关联效应研

究》，《上海经济研究》2017 年第 5 期。

[102] 席强敏、罗心然：《京津冀生产性服务业与制造业协同发展特征与对策研究》，《河北学刊》2017 年第 1 期。

[103] 〔日〕小岛清：《对外贸易论》，周宝廉译，南开大学出版社，1987。

[104] 谢子远、鞠芳辉：《产业集群对我国区域创新效率的影响——来自国家高新区的证据》，《科学学与科学技术管理》2011 年第 7 期。

[105] 谢子远、吴丽娟：《产业集聚水平与中国工业企业创新效率——基于 20 个工业行业 2000—2012 年面板数据的实证研究》，《科研管理》2017 年第 1 期。

[106] 熊萍萍、王邹辉：《我国服务业集聚水平的测度及影响因素——基于 2003—2015 年行业面板数据》，《企业经济》2017 年第 11 期。

[107] 徐海燕、陈晓键、熊鹰：《产业转移与城镇空间协同发展研究——以珠三角为例》，《经济地理》2014 年第 12 期。

[108] 许德友、梁琦：《珠三角产业转移的"推拉力"分析——兼论金融危机对广东"双转移"的影响》，《中央财经大学学报》2011 年第 1 期。

[109] 颜克益、芮明杰、巫景飞：《产业集聚视角下高技术产业创新绩效影响因素研究——基于中国省际面板数据》，《经济与管理研究》2010 年第 12 期。

[110] 杨超等：《中低技术制造业集聚、创新与地方经济增长——基于木材加工业的实证分析》，《商业经济与管理》2018 年第 10 期。

[111] 杨起予：《以上海为中心的金融产业集聚对长三角经济发展的影响》，《浙江学刊》2009 年第 6 期。

[112] 杨仁发、张殿：《产业集聚与城市生产率——基于长江经济带 108 个城市的实证分析》，《工业技术经济》2018 年第 9 期。

[113] 杨秀云、赵科翔：《区域性产业同构的演化结果与行为模拟》，《河南社会科学》2016 年第 10 期。

[114] 尹希果、刘培森：《城市化、交通基础设施对制造业集聚的空间效应》，《城市问题》2014 年第 11 期。

[115] 〔英〕保罗·切希尔、〔美〕埃德温·S. 米尔斯主编《区域和城市经济学手册》第 3 卷《应用城市经济学》，安虎森等译，经济科学

出版社，2003。

［116］袁冬梅、魏后凯：《对外开放促进产业集聚的机理及效应研究——基于中国的理论分析与实证检验》，《财贸经济》2011 年第 12 期。

［117］曾鹏、李洪涛：《我国十大城市群产业集聚与多样化对经济增长作用比较》，《科技进步与对策》2017 年第 2 期。

［118］张公嵬、梁琦：《出口、集聚与全要素生产率增长——基于制造业行业面板数据的实证研究》，《国际贸易问题》2010 年第 12 期。

［119］张军扩等：《高质量发展的目标要求和战略路径》，《管理世界》2019 年第 7 期。

［120］张亮：《我国民营企业转型升级的政府作用研究——基于政府行为视角的实证分析》，《当代经济管理》2014 年第 5 期。

［121］张三峰：《我国生产者服务业城市集聚度测算及其特征研究——基于 21 个城市的分析》，《产业经济研究》2010 年第 3 期。

［122］张昕、李廉水：《制造业聚集、知识溢出与区域创新绩效——以我国医药、电子及通讯设备制造业为例的实证研究》，《数量经济技术经济研究》2007 年第 8 期。

［123］张秀萍、余树华：《泛珠三角产业集群与区域竞争力问题探析》，《南方经济》2005 年第 12 期。

［124］张延吉、吴凌燕、秦波：《北京市生产性服务业的空间集聚及影响因素——基于连续平面的测度方法》，《中央财经大学学报》2017 年第 9 期。

［125］张永恒、郝寿义：《高质量发展阶段新旧动力转换的产业优化升级路径》，《改革》2018 年第 11 期。

［126］张志彬：《生产性服务业集聚的区际差异、驱动因素与政策选择——基于京津冀、长三角和珠三角城市群的比较分析》，《经济问题探索》2017 年第 2 期。

［127］张宗益、李森圣：《高技术产业集聚外部性特征的动态性和差异性研究——基于时变参数估计的分析》，《产业经济研究》2014 年第 3 期。

［128］郑鑫、陈耀：《运输费用、需求分布与产业转移——基于区位论的模型分析》，《中国工业经济》2012 年第 2 期。

［129］周兵、蒲建勇:《基于财政政策的区域产业集聚实证分析》,《中国软科学》2004 年第 3 期。

［130］周黎安:《晋升博弈中政府官员的激励与合作——兼论我国地方保护主义和重复建设问题长期存在的原因》,《经济研究》2004 年第6 期。

［131］周明生、王帅:《京津冀服务业集聚与经济增长》,《经济与管理研究》2018 年第 1 期。

［132］周圣强、朱卫平:《产业集聚一定能带来经济效率吗:规模效应与拥挤效应》,《产业经济研究》2013 年第 3 期。

［133］周孝、冯中越:《北京生产性服务业集聚与京津冀区域协同发展》,《经济与管理研究》2016 年第 2 期。

［134］Accetturo A., "Agglomeration and Growth: The Effects of Commuting Costs," *Papers in Regional Science*, 2010, 89 (1): 173 – 190.

［135］Atsushi Taira., "Beyond the Cluster: A Case Study of Pipelines and Buzz in the Glocal Relational Space of the Glove-Related Industry of Shikoku, Japan," *The Geographical Journal*, 2020, 186 (1).

［136］Baldwin, R. E., "Agglomeration and Endogenous Capital" *European Economic Review*, 1999, 43: 253 – 280.

［137］Baldwin, Richard E., and Toshihiro Okubo, "Heterogeneous Firms, Agglomeration and Economic Geography: Spatial Selection and Sorting," *Journal of Economic Geography*, 2006, 6 (3): 323 – 346.

［138］Baldwin, R. P. Martin and G. Ottaviano, "Global Income Divergence, Trade and Industrialization: The Geography of Growth Take-Offs," *Journal of Economic Growth*, 2001, 6: 5 – 37.

［139］Baldwin R., Okubo T., "Heterogeneous Firms, Agglomeration and Economic Geography: Spatial Selection and Sorting," *Journal of Economic Geography*, 2006, 6 (3): 323 – 346.

［140］Baptista R., "Do Innovations Diffuse Faster Within Geographical Cluster?" *International Journal of Industrial Organization*, Vol. 18, No. 3, 2000, pp. 515 – 535.

［141］Batisse, C., "Specialization, Diversification and Industry Development in China," *World Economy Research*, 2002, 2: 49 – 62.

[142] Bautista A. D., "Agglomeration Economies, Economic Growth and the New Economic Geography in Mexico," *Urban/Regional*, 2005, 1 (508001): 57 – 79.

[143] Behrens K., Duranton G., Robert-Nicoud, Frédéric, "Productive Cities: Sorting, Selection and Agglomeration," *Cepr Discussion Papers*, 2010, 122 (7922): 507 – 553.

[144] Bernard Fingleton, Danilo Camargo Igliori, Barry Moore, "Employment Growth of Small High-Technology Firms and the Role of Horizontal Clustering: Evidence from Computing Services and R&D in Great Britain, 1991 – 2000," *Urban Studies*, 2004, 41 (4): 773 – 799.

[145] Bhagwati J. N., "Splintergand Disembodiment of Services and Developing Nations," *The World Economy*, 1984, 7 (2): 133 – 143.

[146] Bode E., "Productivity Effects of Agglomeration Externalities," *Third Spatial Econometrics Workshop*, *Working Paper*, 2004.

[147] Bosker M., Garretsen H., "Trade Costs in Empirical New Economic Geography," *Paper in Regional Science*, 2010, 89 (3): 485 – 511.

[148] Brackman, S., H. Garretsenand, C. V. Marrewijk, *An Introduction to Geographical Economics*: *Trade*, *Location*, *and Growth*, Cambridge: Cambridge University Press, 2001.

[149] Brulhart, M., Sbergami, F., "Agglomeration and Growth: Empirical Evidence," *ETSG Working Paper*, 2006.

[150] Brusco, S., "The Emilian Model: Productive Decentralization and Social Integration," *Cambridge Journal of Economics*, 1982, 6 (2): 167 – 184.

[151] Capello R., Lenzi C., "Spatial Heterogeneity in Knowledge, Innovation, and Economic Growth Nexus: Conceptual Reflections and Empirical Evidence," *Journal of Regional Science*, 2014, 54 (2): 186 – 214.

[152] Charlie Karlsson, ICT, "Functional Urban Regions and the New Economic Geography, the Royal Institute of Technology Centre of Excellence for Studies Inscience and Innovation," *Working Paper*, 2004, 9.

[153] Chenery H., Robinson S., Syrquin M., *Industrialization and Growth*:

A Comparative Study, London: Oxford University Press, 1986.

[154] Chertow M., Miyata Y., "Assessing Collective Firm Behavior: Comparing Industrial Symbiosis with Possible Alternatives for Individual Companies in Oahu, HI," *Business Strategy and the Environment*, 2011, 20 (4): 266 - 280.

[155] Chor D., Subsidies for FDI: Implications from a Model with Heterogeneous Firms [C] // es, 2009: 0 - 125.

[156] Ciccone, A., "Agglomeration Effects in Europe," *European Economic Review*, 2002, 46 (2): 213 - 227.

[157] Ciccone A., R E. Hall., "Productivity and the Density of Economic Activity," *The American Economic Review*, 1996, 86 (1): 54 - 70.

[158] Coffey W. J., Drolet R., Polese M., "The Intrametropolitan Location of High Services: Patterms, Factors, and Mobility in Montreal," *Papers in Regional Sciences*, 1996, 75 (3): 293 - 323.

[159] Combes, "Economic Structure and Local Growth: France, 1984 - 1993," *Journal of Urban Economic*, 2000, 47 (3): 329 - 355.

[160] Combes P. P., Démurger, Sylvie, Li S., *Urbanisation and Migration Externalities in China*, McGraw-Hill, 2013.

[161] Daniel J. Graham, H. YounKim, "An Empirical Analytical Framework for Agglomeration Economies," *The Annals of Regional Science*, 2008, 42 (2): 267 - 289.

[162] Desmet K., Fafchamps M., "Changes in the Spatial Concentration of Employment across US Counties: A Sectoral Analysis, 1972 - 2000," *Journal of Economic Geography*, 2005, 5 (3): 261 - 284.

[163] Dixit, A., V. Norman, *Theory of International Trade: A Dual General Equilibrium Approach*, Cambridge: Cambridge University Press, 1980.

[164] Dixit, A. K., J. E. Stiglitz, "Monopoilstic Competition and Optimum Product Diversity," *American Economic Review*, 1977, 67 (3): 297 - 308.

[165] Duranton G., Puga D., "Micro-Foundations of Urban Agglomeration Economies," *Handbook of Regionaland Urban Economics*, 2004 (4): 2063 - 2117.

[166] Ehrl P. , "Agglomeration Economies with Consistent Productivity Estimates," *Regional ence & Urban Economics*, 2013, 43 (5): 751 – 763.

[167] Ellision, G. , Glaeser, EL. , "Geographic Concentration in U. S. Manufacturing Industries: A Dartboard Approach," *Journal of Political Economy*, 1997, 105: 889 – 927.

[168] Exbrayat N. , "Does Trade Liberalization Trigger Tax Competition? Theory and Evidence from OECD Countries," *Working Papers*, 2016.

[169] Exbrayat N. , Stéphane Riou, Zanaj S. , "Carbon Tax, Pollution and Spatial Location of Heterogeneous Firms," *Working Papers*, 2016.

[170] Faber, "Towards the Spatial Patterns of Sectoral Adjustments to Trade Liberalization: The Case of NAFTA in Mexico," *Growth and Change*, 2007, (38) .

[171] Fahime Sadat Saadatyar, Omar Al-Tabbaa, Giovanni Battista Dagnino, Zahra Vazife, "Industrial Clusters in the Developing Economies: Insights from the Iranian Carpet Industry," *Strategic Change*, 2020, 29 (2).

[172] Fallick B. , Fleischman C. , Rebitzer J. , "Job-hopping in Silicon Valley: Some Evidence Concerning the Microfoundations of a High-technology Cluster," *Rev. Econ. State.* , 2006, 88 (3): 472 – 481.

[173] Forslid , M. , and T. Okubo, "Spatial Sorting with Heterogeneous Firms and Heterogeneous Sectors," *Regional Science and Urban Economicies*, 2014, 46 (3): 42 – 56.

[174] Frenken Van Oort F, Verburg T. , "Related Variety, Unrelated Variety and Regional Economic Growth," *Regional Studies*, 2007, 41 (5): 685 – 697.

[175] Fujita, Masahisa, Paul Krugman, Anthony Venables, *The Spatial Economy*, Cambridge, MA: MIT Press, 1999.

[176] Fujita M. , Thisse J. F. , *Economic of Agglomeration: Cities, Industrial Location*, Cambridge: Cambridge University Press, 2002.

[177] Gerald A. Carlino, William R. Kerr, "Agglomeration and Innovation," *Federal Reserve Bank of Philadelphia*, *Working Papers* , 2014: 14 – 26.

[178] Gerlach H. , Ronde T. , Stahl K. , "Labor Pooling in R&D Intensive

Industries," *Urban Econ*, 2009, 65 (1): 99 – 111.

[179] Glaeser E. L. , et al. , Growth in Cities, National Bureau of Economic Research, 1991.

[180] Glaeser E. L. , Kohlhase J. E. , "Cities, Regions and the Decline of Transport Costs," *Review Economic Design*, 2003, 83 (1): 197 – 228.

[181] Glenn E. , Edward L. G. , "Geographic Concentration in U. S. Manufacturing Industries: A Dartboard Approach," *Journal of Political Economy*, 1997, 105 (5): 889 – 927.

[182] Glenn Ellison, Edward L. Glaeser, William Kerr. , "What Causes Industry Agglomeration? Evidence from Co-Agglomeration Patterns," *NBER Working Paper Cambridge*, MA 02138, 2007 (4).

[183] Gopinath M. , Pick D. , Li Y. , "An Empirical Analysis of Productivity Growth and Industrial Concentration in US Manufacturing," *Applied Economics*, 2004, 36 (1), 1 – 17.

[184] Guerrieri, Meliciani, International Competitiveness in Producer, Paper Presented in the SETI meeting Rome, 2003.

[185] Hammond G. W. , Thompson E. C. , "Local Input and Productivity Growth in U. S. Manufacturing: 1972 – 2002," *Journal of Regional Science*, 2011, 51 (2): 339 – 354.

[186] Henderson J. V. , Kuncoro A. , Turner M. , Industrial Development in Cities, National Bureau of Economic Research, 1992.

[187] Hidlebrandt A. , Worz J. , Industrial Specialization and Concentration in CEEs: What are Driving Forces Behind Empirically Observed Patterns, The Wiiw Seminar in International Economics, 2004.

[188] Holmes T. J. , "Localization of Industry and Vertical Disintegration," *Review of Economics and Statistics* , 1999, 81 (2): 314 – 325.

[189] Jacobs W. , Koster H. R. A. , Van Oort F. , "Co-Agglomeration of Knowledge Intensive Business Services and Multinational Enterprises," *Journal of Economic Geography*, 2014, 14 (2): 443 – 472.

[190] Jaffe A. , Henderson R. , Trajtenberg M. , "Geographic. Localization of Knowledge Spillovers as Evidenced by Patent Citations," *Social Science*

Electronic Publishing, 1993, 108: 577 – 598.

[191] Jain K. , "Monitoring Costs and Trade Credit," *The Quarterly Review of Economics and Finance*, 2001, 42: 87 – 110.

[192] Jed Kolko, "Agglomeration, and Co-Agglomeration of Service Industries," *Urbanization Urban Studies*, 2007 (50): 191 – 229.

[193] Keller, W. , "Geographic Localization of International Technology Diffusion," *American Economic Review*, 2002, 92: 120 – 142.

[194] Kerr W. , Kominers S. , "Agglomerative Forces and Cluster Shapes," *Rev Econ State*, Forthcoming.

[195] Kolko J. , *Urbanization, Agglomeration, and Coagglomeration of Service Industries*, National Bureau of Economic Research, Inc, 2010: 151 – 180.

[196] Krugman P. , *Geography and Trade*, Cambridge MA: MIT Press, 1991.

[197] Krugman P. , "Increasing Returns and Economic Geography," *Journal of Political Economy*, 1991, 99 (3): 483 – 499.

[198] Krugman P. , Venables T. , "Globalization and the Inequality of Nations," *Quarterly Journal of Economics*, 1995, 110 (4): 857 – 880.

[199] La Porta, Rafael, Florencio Lopez-de-Silanes and Guillermo Zamarripa, "Related Lending," *Quarterly Journal of Economics*, 2003, 118 (1): 231 – 268.

[200] Marshall A. , *Elements of the Economics of Industry*, London: Macmillan, 1982.

[201] Martin, Philippe, et al. , "Spatial Concentration and Plant-Level Productivity in France," *Journal of Urban Economics*, 2011, 69 (2): 182 – 195.

[202] Martin, R. , P. Sunley, "Paul Krugman' Geographical Economics and Its Implication for Regional Development Theory: A Critical Assessment," *Economic Geography*, 1996, 72: 259 – 292.

[203] Martin P. , Ottaviano, "Growing Locations: Industry Location in a Model of Endogenous Growth," *European Economic Review*, 1999, 43 (2): 282 – 302.

[204] Martin P., Rogers C. A., "Industrial Location and Public Infrastructure," *Journal of International Economics*, 1995, 39 (3-4): 335-351.

[205] Matouschek N., Robert-Nicoud F., "The Role of Human Capital Investments in the Location Decision of Firms," *Regional Science & Urban Economics*, 2005, 35 (5): 570-583.

[206] Melitz M. J., "The Impact of Trade on Infra-Industry Reallocations and Aggregate Industry Productivity," *Econometrica*, 2003, 71 (6): 1695-1725.

[207] Melo P. C., Graham D. J., Noland R. B., "A Meta-Analysis of Estimates of Urban Agglomeration Economies," *Regional Science and Urban Economics*, 2009, 39 (3): 332-342.

[208] Mitra A., Sato H., "Agglomeration Economies in Japan: Technical Efficiency, Growth and Unemployment," *Review of Urban and Regional Development Studies*, 2006, 19 (48): 197-209.

[209] Okubo, Tomiura, "Industrial Relocation Policy, Productivity and Heterogeneous Plants: Evidence from Japan," *Regional Science and Urban Economics*, 2012.

[210] Okubo T., "Firm Heterogeneity and Location Choice," *RIETI Discussion Paper*. No. DP2010-11, 2010.

[211] Okubo T., Picard P. M., "Jacques-François Thisse. The Spatial Selection of Heterogeneous Firms," *Discussion Paper*, 2008, 82 (2): 230-237.

[212] Okubo T., Tomiura E., "Industrial Relocation Policy, Productivity and Heterogeneous Plants: Evidence from Japan," *Regionalence and Urban Economics*, 2011, 42 (1): 230-239.

[213] Olga AlonsoVillar, José María ChamorroRivas, Xulia González Cerdeira, "Agglomeration Economies in Manufacturing Industries: The Case of Spain," *Applied Economics*, 2004, 36 (18): 2103-2116.

[214] Ottaviano, G. I. P., "'New' New Economic Geography: Firm Heterogeneity and Agglomeration Economies," *Journal of Economic Geography*, 2011, 11 (2): 231-240.

[215] Ottaviano G., Tabuchi T., Thisse J. F., "Agglomeration and Trade Re-

visited," *International Economic Review*, 2002, 43 (2): 409 – 435.

[216] Picard P. M. , Okubo T. , "Firms' Locations under Demand Heterogenei-ty," *Regional Science & Urban Economics*, 2012, 42 (6): 961 – 974.

[217] Pierre-Philippe Combes, "Economic Structrue and Local Growth: France, 1984 – 1993," *Journal of Urban Economis*, 2002, 47 (3): 329 – 355.

[218] Pinch S. , Henry N. , "Paul Krugman's Geographical Economics, In-dustrial Clustering and the British Motor Sport Industry," *Regional Stud-ies*, 1999, 33 (9): 815 – 827.

[219] Pons, J. , Tirado, D. A. and Paluzie, E. , "Integration of Markets and Industrial Concentration: Evidence from Spain, 1856 – 1907," *Applied Economic Letters*, 2002, (9) .

[220] Porter M. E. , *The Competitive Advantage of Nations*, New York: Free Press, 1990.

[221] Poter M. E. , "Clusters and New Economics of Competetion," *Harvard Business Review*, 1998 (11): 77 – 91.

[222] Pyke, et al. , "Social Upgrading in Developing Country Industrial Clus-ters: A reflection on the Literature," *Competition & Change*, 2016 (1): 53 – 69.

[223] Qrtaviano, G. LP, *Model of New Eeonomic Geography: Faetor Mobility vs Vertical Linkages*, GllS, Mimeo. , 2002.

[224] Ramasamy B. , Yeung M. , "The Determinants of Foreign Direct Invest-ment in Services," *World Economy*, 2010, 33 (4): 573 – 596.

[225] Ray S. C. , Desli E. , "Productivity Growth Technical Progress, and Efficiency Change in Industrialized Countries: Comment," *The American Economie Review*, 1997, 87 (5): 1033 – 1039.

[226] Richard Baldwin, et al. , *Economic Geography and Public Policy*, Prin-ceton University Press, 2003.

[227] Richard Nodesm, "Factors Associated with the Development of Nonmet-ropolitan Growth Producer Services Industries, 1980 – 1990," *Rural So-ciology*, 2002, 67 (3): 416 – 441.

[228] Rikard F. , Ottaviano G. I. P. , "An Analytically Solvable Core-Periph-

ery Model," *Journal of Economic Geography*, 2003 (3): 229 – 241.

[229] Rikard Forslid, Toshihiro Okubo, "On the Development Strategy of Countries of Intermediate Size—An Analysis of Heterogeneous Firms in a Multi-region Framework," 56 (4): 0 – 756.

[230] Robert-Nicoud F. , A Simple Model of Agglomeration with Vertical Linkages and Perfect Capital Mobility. Chapter1 in New Economic Geography: Welfare, Multiple Equilibria and Political Economy, PhD Thesis, London School of Economics, 2002.

[231] Rosenthal S. , Strange W. , "The Attenuation of Human Capital Spillovers," *Urban Economics*, 2008, 64 (2): 373 – 389.

[232] Samuelson, P. A. , "The Transfer Problem and Transport Costs, Ⅱ: Analysis of Effects of Trade Impediments," *Economic Journal*, 1954, 64 (254): 264 – 289.

[233] Sassen, S. , *The Global City: New York, London, Tokyo*, Princeton, NJ, Princeton University Press, 1991.

[234] Saxenian A. , "The Origins and Dynamics of Production Networks in Silicon Valley," *Res. Policy.* , 1991, 20 (1): 423 – 437.

[235] Sbergami, F. , "Agglomeration and Economic Growth: Some Puzzles," *HEI Working Paper*, No. 2.

[236] Schumpeter, J. A. , *The Theory of Economic Development*, Cambridge, MA: Harvard University, 1911.

[237] Seott A. J. , "Flexible Production Systems and Regional Development: The Rise of New Industrial Spaces in North America and Western Europe," *International Journal of Urban and Regional Research*, 1988, 12: 71 – 86.

[238] Solow R. M. , "Technical Change and the Aggregate Production Function," *The Review of Economics and Statistics*, 1957, 39 (3): 312 – 320.

[239] Stopper, M. , Walker, R. , *The Capitalist Imperative: Territory. Technology and industrial growth*, New York: Basil Blackwell, 1989.

[240] Storper M. , Venables A. J. , "Buzz: Face-to-Face Contact and the Urban Economy," *Journal of Economic Geography*, 2004, 4 (4): 351 – 370.

［241］ Sviekauskas, L. , "The Productivity of Cities," *Quarterly Journal of E-conomics*, 1975, 89: 393 – 413.

［242］ Takatoshi Tabuchi, Jacques-Franois Thisse, "Agglomeration and Trade Revisited," *International Economic Review*, 43（2）: 409 – 435.

［243］ The United Nation, World Urbanization Prospects, *The 2014 Revision*, New York, 2014.

［244］ Toshihiro Okubo, "Trade Liberalisation and Agglomeration with Firm Heterogeneity: Forward and Backward Linkages," *Regional Science & Urban Economics*, 39（5）: 530 – 541.

［245］ Van, Dijk, Jouke, et al. , "Firm Relocation Decisions in The Nether-lands: An Ordered Logit Approach," *Papers in Regional Science*, 2000.

［246］ Venables A. J. , "Equilibrium Location of Vertical Linked Industries," *International Economic Review*, 1996, 37（2）: 341 – 360.

［247］ Williamson J. G. , "Regional Inequality and the Process of National De-velopment: A Description of the Patterns," *Economic Development and Cultural Change*, 1965, 13（4）: 1 – 84.

［248］ Wood P. , "Urban Development and Knowledge-Intensive Business Serv-ices: Too Many Unanswered Questions?" *Growth and Change*, 2006, 37（3）: 335 – 361.

［249］ Yang X. K. , Jeff Borland, "A Microeconomic Mechanism for Economic Growth," *Journal of Political Economy*, 1991, 99: 460 – 482.

后　记

　　空间经济学的崛起为研究产业空间布局提供了坚实的理论基础，但是空间经济学的复杂性使其相关研究具有较高难度，现有的对空间经济学进行理论解释的模型也仅是重点考察其中的某一方面，主要包括 Martin 和 Rogers 的 FC 模型（自由资本模型），Ottaviano 和 Forslid 发展起来的 FE 模型（自由企业家模型），Baldwin 的 CC 模型（资本创造模型），Martin 和 Ottaviano 的 GS 模型（全域溢出模型），Baldwin 、Martin 和 Ottaviano 的 LS 模型（局部溢出模型），Krugman 和 Venables 的 CPVL 模型（核心 - 边缘垂直联系模型），Robert-Nicoud 的 FEVL 模型（自由企业家垂直联系模型）等。

　　上述模型在考察产业再集聚形成机制的过程中，虽然已经从产业集聚效应、信息技术、政府行为等不同角度对产业再集聚的内部机制进行了细致分析，但是并没有构建出一个较为完整的数理框架。虽然阐述制造业集聚的新经济地理学的相关理论与模型已经较为完善，但产业再集聚更多是以服务业集聚为主体的发展模式，而服务业集聚与制造业集聚存在天然的行业差异，构建理论的微观基础不同，因而还没有很好的模型能够解释服务业集聚的运行机制，这无疑是一个很大的难点。本研究借助新经济地理学的"核心 - 边缘"模型，从工资视角出发尝试构建了服务业集聚影响经济增长的模型。当然，通过构建数理模型的方式对服务业集聚内在机制进行深入的探讨，更好地从微观视角分析产业再集聚的形成机制是本研究接下来的重要研究方向。

　　另外，在进行实证分析时，鉴于数据可得性与可操作性，主要采用各城市区位熵指数、服务业就业密度作为衡量产业集聚的指标，而一些更为理想的反映产业空间布局的指标没有得到更好的利用，比如 E–G 指数、HHI 指数等，这可能会在一定程度上影响对产业集聚程度的精确衡量。并且，数据考察范围细化到城市层面，对城市内部结构关注不够。所以，采用更加细致的微观数据，从城市内部尤其是特大城市内部考察产业空间结构在县域层面的布局和调整也是本研究接下来的一个研究方向。

最后，在针对研究结论给出政策建议时，仅仅对东北地区重工业集聚中心的衰弱进行有针对性的案例分析，而没有对其他的案例进行研究和调研，尤其是对企业层面的分析不足，政策更多是从宏观的角度提出的纲领式的建议，对企业在产业空间布局调整中的作用和定位缺乏从微观视角的考察。如果能在这方面进行更为深入的实地调研和进一步的引申，尤其是针对东部沿海发达地区的产业转型和产业再集聚现象，选择具有代表性的县域经济和企业进行实地考察和分析，将会有助于更好地结合实际理解不同地区的产业调整与再集聚模式，也会使本研究更具有实践价值。

尽管作者在本书撰写过程中尽了自己最大的努力，但由于水平有限，书中肯定有许多不足之处，恳请广大专家和读者们批评指正。

周明生

2020 年 3 月于北京

图书在版编目（CIP）数据

特大城市产业再集聚及空间效应／周明生，王帅，
王冬著. -- 北京：社会科学文献出版社，2021.6
ISBN 978 - 7 - 5201 - 8468 - 7

Ⅰ.①特… Ⅱ.①周… ②王… ③王… Ⅲ.①特大城
市 - 产业发展 - 研究 - 中国 Ⅳ.①F269.2

中国版本图书馆 CIP 数据核字（2021）第 100146 号

特大城市产业再集聚及空间效应

著　　者／周明生　王　帅　王　冬

出 版 人／王利民
组稿编辑／恽　薇
责任编辑／颜林柯
文稿编辑／汪　涛

出　　版／社会科学文献出版社·经济与管理分社　（010）59367226
　　　　　地址：北京市北三环中路甲29号院华龙大厦　邮编：100029
　　　　　网址：www.ssap.com.cn
发　　行／市场营销中心（010）59367081　59367083
印　　装／三河市龙林印务有限公司

规　　格／开　本：787mm×1092mm　1/16
　　　　　印　张：15　字　数：242千字
版　　次／2021年6月第1版　2021年6月第1次印刷
书　　号／ISBN 978 - 7 - 5201 - 8468 - 7
定　　价／98.00元

本书如有印装质量问题，请与读者服务中心（010 - 59367028）联系